証言

天安門事件を目撃した日本人たち

「一九八九年六月四日」に何が起きたのか

六四回顧録編集委員会 編

ミネルヴァ書房

中国政法大学の学生によって天安門広場・人民英雄記念碑前に安置された胡耀邦追悼の最初の花輪を見守る市民たち（1989年４月16日，信太謙三撮影）

胡耀邦の死を悼む壁新聞が貼り出された北京大学・三角地帯に集まった学生たち（89年４月16日，信太謙三撮影）

整然と行われた学生デモとそれを見守る北京市民（89年５月４日，北京市西部の復興門にて，田村宏嗣撮影／朝日新聞社提供）

天安門広場で「ネズミを捕らない猫はなぐり殺せ！」と，最高実力者・鄧小平を批判する横断幕を掲げる学生（89年5月17日，信太謙三撮影）

天安門広場に設置された「民主の女神」像の周囲に集まる市民たち（89年5月末～6月初め，中藤隆之撮影）

北京市中心部に向かう軍用トラックを停止させ，兵士を説得する北京市民たち（89年5月，中藤隆之撮影）

天安門広場を占拠した学生・労働者たち（89年5月，中藤隆之撮影）

甘粛省蘭州市の「蘭州師(範)専（科学校）＝現蘭州城市学院」など地方の学生テントも目立った天安門広場（89年6月初め，中藤隆之撮影）

北京市西単付近の復興門内大街で，余燼燻ぶる軍用車を眺める市民たち（89年6月4日，北京在住の中国人撮影）

北京市西単付近の復興門内大街で，焼き討ちに遭ったトロリーバス（89年６月４日，北京在住の中国人撮影）

北京市西単付近の復興門内大街で，燃え盛る軍用車両やトラック（89年６月４日，北京在住の中国人撮影）

「これはペンキではない。人血だ」と商店の壁に書かれた血文字（89年６月４日，北京市西単で，中橋和盛撮影）

はじめに

本書は一九八九年の春から初夏にかけて発生した中国の民主化要求運動「天安門事件」の現場に居合わせた日本人ら四四人の証言集である。あの民主化運動は首都北京だけでなく、上海《しゃんはい》や広州《こうしゅう》、天津《てんしん》、西安《せいあん》、武漢《ぶかん》、深圳《しんせん》など全国各地で発生した。しかし、雌雄を決したのはやはり北京の動きであり、最終的に人民解放軍が天安門広場の学生たちを強制排除して幕を閉じた。改革派の指導者だった胡耀邦《こようほう》が急死した翌日の四月一六日の追悼行動から、武力弾圧の六月四日までのちょうど五〇日間の激動である。周知のようにこの事件を契機に党内トップの総書記だった趙紫陽《ちょうしよう》は失脚した。最高実力者だった鄧小《とうしょう》平《へい》が掲げた改革開放政策は政治改革が後退し、権威主義体制の強化とともに経済発展一辺倒へと大きく舵を切り替えた。一九四九年の中華人民共和国の成立以降、建国四〇年目で初めて迎えた大転換点となった歴史的出来事でもあった。

執筆に加わったのは事件を体験した日本国大使館員、ジャーナリスト、商社マン、メーカー社員、金融業、留学生など各界の人々で、三〇年前に記した自分のメモや日記・記憶を頼りに筆を執った。その大半は北京駐在者だったが、上海や香港で留学生、駐在員だったり日本からの出張者だったりした場合も含まれている。あの時、事件に遭遇した日本人は何を見て、何を考え、どう行動したのかについて振り返り、記録に残しておく価値がある、と判断した事柄を中心に収録した。天安門事件に関しての書籍は外国語版を含めて無数に上るが、邦人を中心にまとめた証言集は初めてである。

具体的には、事件のハイライトとなった六月三日夕から翌四日朝までの二四時間の動きを必死で追いかけ続けた自衛隊出身の駐在武官や、警察庁から出向していた日本国大使館員、天安門広場に学生たちとともに最後の瞬間まで残ったジャーナリストの証言などがある。

広場に最も近いホテル「北京飯店」には日系企業の多くがオフィスを構えていた。広場の南東付近には旧米国公使館の「23号賓館」があり、大手商社などの事務所があった。当然、日系企業の駐在員たちは五〇日間、連日のように広場での学生・労働者の動きを観察することができた。

六月三日夜の「北京飯店」には作家の水上勉を団長とする日本文化界代表団も滞在していた。これも偶然だが、邦人医師が北京での医療交流で六月三日に北京入りしており、中国側の医師はじめ医療従事者の緊張ぶりも改めて知ることができる。

松下幸之助《まつしたこうのすけ》が鄧小平との直約束で立ち上げた北京の松下（現パナソニック）カラーブラウン管工場では、天安門武力弾圧の前日に製品第一号が完成し、社員たちは騒動と混乱の中でも生産活動を継続させた秘話が語られている。

圧巻の一つは、全日空の北京事務所が、中国から避難する邦人や外国人に対して、ワープロ打ちの臨時航空券を発券し、日本に送り出す〝超法規的措置〟をとった事実も初めて明らかにされている。第二次世界大戦中、ユダヤ人らに入国ビザを発給し、「東洋のシンドラー」と呼ばれる伝説の外交官・杉原《すぎはら》千畝《ちうね》を彷彿とさせるようなケースが起きていたのである。

なぜ事件後三〇年を経た時点でこのような証言集を作成することになったのか。それは当時、北京に駐在していた人の多くが第一線を退き、比較的自由にモノを言える時期を迎えていたことが最大の理由である。その意味では、事件後二〇年でもなく、四〇年でもないまさに三〇年という節目だったのである。

執筆依頼の過程で気づいたことは、四四人の多くが天安門事件をつい昨日の出来事のように覚えていて生き生きと語り始めたことである。当時、北京駐在の米国大使だったジェームズ・リリーは自身の回顧録『チャイナハンズ』の中で、「（天安門の）武力鎮圧を体験した者は、中国人であれ、外国人であれ、事件を簡単に忘れることはないだろう」と語っているように、非日常性の極致であり、強烈な記憶として心に刻まれた出来事は、簡単に忘却できるものではない。太平洋戦争の悲惨な体験の記憶を三〇年後でも語れたことと同じだろう。ただ、三〇年という時間軸は、こうした回顧録を世に送り出すことができるぎりぎりのタイミングだったかもしれない。

本書が将来にわたって貴重な日本人の記録となることを願う。

六四回顧録編集委員会代表　濱本良一

証言　天安門事件を目撃した日本人たち――「一九八九年六月四日」に何が起きたのか　目次

第Ⅱ部　銃声と混乱の中で……69

※各文章の冒頭に記載した執筆者の肩書は、天安門事件発生当時のものである。

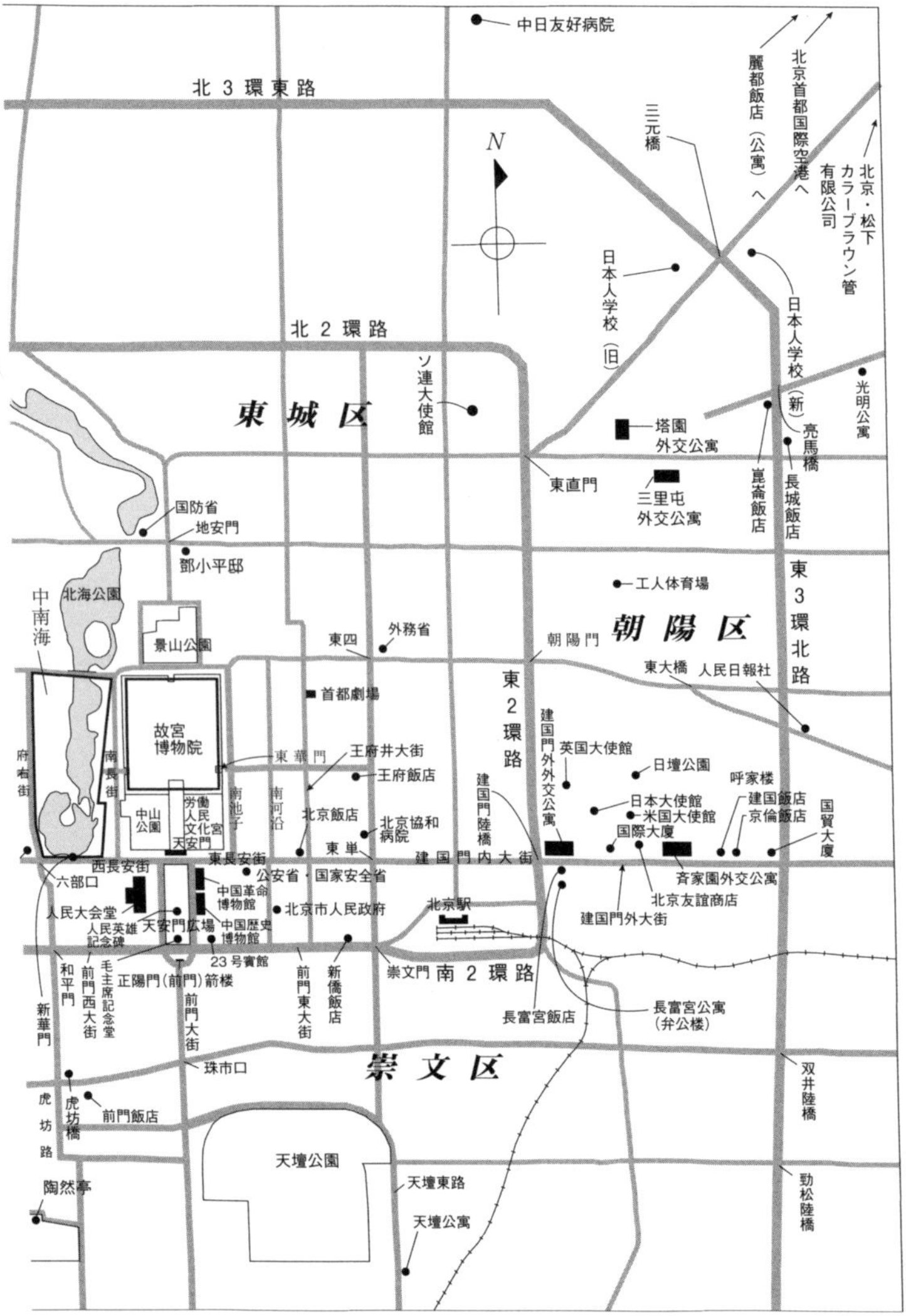

（張良『天安門文書』文藝春秋，2001年，をもとに大幅加筆）

中央民族学院へ
人民大学
北京大学・清華大学へ
学院路
北京語言学院へ
北3環西路
中国政法大学
北京友誼賓館
北京師範大学
海淀区
北京動物園
西直門
新街口
白石橋
西城区
西3環北路
車公荘
阜成門
釣魚台国賓館
全国政協礼堂
西四
西2環路
玉淵潭公園
党組織部
八宝山，石景山，国防大学方面
永定河運河
燕京飯店
南礼士路
国家教育委員会
中央テレビ局
軍事博物館
民族飯店
電報大楼
万寿路
復興路
公主墳
党対外連絡部
復興門外大街
復興門陸橋
西単
党統一戦線工作部
翠微路
復興病院
北蜂窩路
北蜂窩
木樨地
新華社
復興門内大街
宣武門
蓮花池
六里橋
宣武区
0 1 2km
陶然亭公園
豊台区

1989年当時の北京市内

第Ⅰ部　あの日、広場で見たものは

1　あの夜、戒厳軍はこう動いた

元日本国大使館防衛駐在官　笠原直樹

頭から爪先まで衝撃

防衛省・陸上自衛隊出身の私が日本国大使館付の防衛駐在官として北京に着任したのは、天安門事件に先立って戒厳令が発令されて五日後の一九八九年五月二五日だった。三〇年前の私の北京の第一印象は「東京とは違い、とにかくにぎやか。とても戒厳令が出ている街とは思えない。それにしても暑くて、汚く、自転車が多い」というものだった。

私の手元に残っている当時の個人メモを見ると緊迫の三〇時間余はこのようなものだった。事態が急変したのは六月三日午前一時半（日本時間同）頃だった。自宅アパート「斉家園外交公寓」四階の自室窓から、二〇〇〇〜三〇〇〇人の規模の白シャツ姿の人民解放軍兵士が天安門広場の方角に向かい、整然と行進している姿を宵闇の中に目撃した。衝撃が頭から爪先まで走った。

戒厳令が発令されて以降、市民の説得に遭遇して撤退していた解放軍が遂に再出動したのだ。私はジーパンとTシャツ姿で、近くの日本国大使館に駆け込んだ。大使館の政治部の部屋はまだ明かりがつき館員が残業していた。私は大使館にあった婦人用自転車を借りて、兵士たちについて天安門広場へ向かった。

深夜にもかかわらず道路はすごい人出だった。学生らしき多数の人々が道路に車を引き出し、バリケードを作って解放軍の兵士をブロックしていた。学生と兵士とヤジ馬でまったく身動きがとれない。

兵士は上着を脱いで白シャツ姿、武器は持たず水筒と雑嚢のみだ。相当歩かされたらしく汗をかき、疲れ切っている。みな子供のように若い。指揮官らしき者はいない。市民に強烈な罵声を浴びせられているだけで、なすすべを知らないようだった。

もみ合うこと約一〇分間、兵士たちは突然、帰り始めた。その姿は敗残兵のようだった。市民は容赦なく兵士に罵声を浴びせた。今から思えば、翌日の武力制圧に向けた前哨戦だったのだが、印象的だったのは軍を広場に接近させまいとする市民の強い抵抗の意志だった。

三日午後、アパートで仮眠していた私に大使館から電話があった。「建国門陸橋のところに解放軍が来ているそうです。見てきてくれませんか」。行ってみると建国門陸橋は凄い人だかりだった。解放軍のトラック約五〇台が市民に止められている。トラック後部を覗くと武装した完全武装の兵士がぎっしり詰まっていた。「解放軍は本気の出動だ」と察したが、結局、この一〇〇〇〜一五〇〇人の部隊は市民に阻止されて最後まで動けなかった。

大使館に戻り、私は館員が各自集めてきた情報について、時間、場所、内容、収集者を定型カードに記録するよう依頼した。さらに大使館内の壁に貼ってあった北京市の大地図を剥がして部屋の床に置き、政治部を「オペレーションルーム」にした。地図の上にアクリル板を敷きその上に「兵隊が何十人」などと入手した情報をグリス鉛筆で書き込み、情報の共有を図ったのである。

大勢の市民が猛烈に抗議

三日午後八時、空はまだ明るかった。私は自転車で長安街（建国門外・内大街、東長安街）を西進し、天安門広場まで行くことにした。興奮した市民がやったのだろう、中央分離帯の鉄柵などが道路に並べられたり、交差点にバスが並べられたり、至る所に障害が作られていた。長安街のあちこちには市民が集まり、広場から帰ってきた人をつかまえては情報交換をしていた。みな相当に興奮していた。さらに進んで中南海《ちゅうなんかい》・新華門まで来た。

そこでは兵士が一線に並び、中南海への市民の進入を阻止していた。大勢の市民が、兵士にかみつくようにして抗議している。潜り込んで観察すると、兵士たちはヘルメットに弾帯姿だったが、武器は持っていなかった。近くの市民に聞いてみると、昼間、どこからか多数の兵隊が沸き出てきて、市民に押されて中南海に逃げ込んだらしいと分かった。あちこちに軍が出ているのだ。

事態が急変したのは三日午後一一時頃だった。大使館に戻っていた私のもとに北京飯店内に確保した監視拠点の部屋から情報が入った。「戦車が一両、建国門陸橋の方へ走っていった」というものだった。同僚とともに建国門陸橋の東側（建国門外大街）に出て見ると、すでにいったん建国門陸橋を通り過ぎていた装甲車（戦車ではなかった）一台が、引き返して時速五〇～六〇キロでグングン近づいて来た。薄暗い中で見ると不気味ですごい迫力だった。眼前を通過すると建国門陸橋へと突進していった。

多くの若者が駆け足や自転車で追いかけて行く。私たちも追いかけた。建国門陸橋上にいた市民の多くは装甲車を止めようと、その場を動かなかった。装甲車は市民の前に来ると速度を落とした。周囲に安堵感が流れた。その時、若者が装甲車の上に這い上がった。その途端にエンジンをふかして装甲車が急発進したのだ。

「アーッ、突っ込む」。装甲車は市民の群れの中に突っ込み、そのまま西の方向に消えた。「ヤースーラ（圧死了＝轢き殺したの意）」などと叫んで、付近は大騒ぎになった。誰かが轢き殺されたに違いない。だが、周囲はものすごい人で近付けない。建国門陸橋にいた解放軍のトラックと兵士は行動を起こしていなかった。ただ、市民は興奮状態に陥っている異様な雰囲気だった。

私は地図上に記された全般状況を見て、六月三日夜の情勢をこう分析した。

「市内中心部の天安門広場に向かって、四方から解放軍が進入しようとしており、2環路（第2環状線道路）または3環路（第3環状線道路）との交差点等で、それぞれ学生・市民と対峙している。建国門陸橋のような状況があちこちで起こっている。とくに市内西部に解放軍は重点を置いているようだ。強硬策を取る可能性が高い」。当時のこの分析は後からみても正確だった。

広場から四～五キロ離れた日本大使館のオペレーションルームには、広場近くの北京飯店で監視を続ける大使館員や市内に点在していた商社マンら民間人からもさまざまな情報が入った。六月三日深夜から四日未明に入った情報資料を紹介する。

三日午後一〇時半、市内西部の木樨地で、武装警察が発砲して三人の学生が血まみれで運ばれて行った。同四〇分に西単で軍用バスを学生・市民が占領、銃を手にしてバスの上によじ登っていた。同四五分、民族飯店前で催涙弾が炸裂して学生と一〇〇～一五〇人の軍が対峙した。兵士が盾を持って防戦し、別の兵士が催涙弾を連射し、市民が逃げ惑っていた。

戦車が射撃しながら広場に突入

西単は天安門、中南海から西方向にある繁華街である。民族飯店は西単よりさらに西に位置する。市内西部からメインストリートを経て天安門広場に向けて進んだ軍部隊は早い段階で、木樨地などで市民と衝突し、武装警察が発砲して流血の惨事が起こり、さらに東方に位置する民族飯店、西単、新華門でも衝突が起こっていた。

北京飯店内の拠点部屋から「南と西から発砲音が聞こえた」という報告が入ったのは日付の変わった六月四日午前〇時五〇分だった。私はとうとう軍が組織的な射撃を開始したと感じた。

午前一時一五分、学生・民衆が広場の西側で火を燃やしている。二時一五分、天安門と広場に挟まれた長安街付近で催涙弾と思しき約四〇発が発射され、市民は東方向に逃げた。二時三五分、実弾を発射していることはほぼ間違いない。市民四～五人が血まみれで重傷を負うなど広場は相当に危険な状態となった。三時、広場の方向から盛んに銃声が聞こえ、救急車が走っている。相当数の死傷者が出ている模様だった。三時、軍は天安門広場の制圧を始めたようだが、今は止まった。北京飯店から東側方向には学生・市民が多数いるのが目撃できた。三時、戦車が射撃しながら天安門広場に突入。広場にいた学生を制圧。その後、無差別に広場を走行した。

三時一五分、長安街（東長安街）沿い北京飯店前で兵士が自動小銃を発射し多数の市民が撃たれた。三時三〇分、兵士の最前線は北京飯店の西側二〇〇メートル地点に迫り、学生・市民は兵士から一〇〇メートル離れて対峙していた。負傷者は「平板車（リヤカー）」一〇台、小型車一台で運ばれて行った。四時三〇分、広場の方向から学生の「李鵬下台（李《り》鵬《ほう》辞めろ）」のシュプレヒコールが聞こえた。四時三八分、天安門広場の照明が一斉に点灯した。同時に西長安街から人民大会堂西側にトラック二〇～三〇台が入った。広場方向から学生の「李鵬下台」のシュプレヒコールがまだ聞こえた。

五時四六分、戦車・装甲車二十数両が東から天安門広場の方向に通過した。直後に市民が集まると、兵士が発砲し、けが人が出た。北京飯店前ではバスが燃え、広場の方向からは機関銃や自動小銃の連射音が聞こえた。六時五分、天安門広場は落ち着いた模様になった。

窓の外がすっかり明るくなってきた。大使館オペレーションルームにいる誰も一睡もせず働き続けた。解放軍は戦車まで動員して武力を行使し、学生・市民の民主化運動を鎮圧した。長い間、日中友好のために頑張ってきた外務省の中国問題担当者たち、いわゆる〝チャイナサービス〟といわれる人たちのショックは大きかった。「市民に銃を向けるような、こんな中央政府はダメだ。いつかは倒れるよ」「情けない。予想もしていなかった」。皆が皆ガックリきていた。

かさはら・なおき　一九五〇年生、長野県出身。防衛大学校卒。陸上自衛隊、駐中国防衛駐在官等勤務。二〇〇七年退官。原稿執筆に際して、時事通信・城山英巳電「防衛駐在官メモが語る〈六四天安門事件〉上・中・下」（二〇一九年六月配信）を参照した。

2　デモ鎮圧の視点から見た天安門の激戦

日本国大使館一等書記官＝警察庁出向　南　隆

毎日昼と夜に広場を視察

この夏、八年ぶりに訪問した北京市内は、道路はどこもかしこも大型の高級車で溢れかえっていた。アウディーA8を運転している中国人の友人はまだ四〇代で、東京と北京を毎週のように行き来している。

車が建国門外と環状2号線の立体交差路に差し掛かった時、私が「この辺だけは昔の面影があるね。六・四事件の未明ここを戦車が猛スピードで次々に突っ走ってね」と話しかけると、彼は「私はあのころ中学生でした。天安門事件はほとんど記憶にありません」と回答し、私は愕然とした。

さらに度肝を抜かれたのは、「うちの子供は日本へ戻るとまるで農村のようだというのですよ」と言われた時だ。三〇年前、北京の市街地で愛用の日本車を駐車して戻ると、黒山の中国人の人だかりができていた。その後三〇年の歳月を経て現実となった日中間の経済力の逆転を思い知らされた。

一九八九年三月上旬、私は北京の日本国大使館に着任した。運悪く直後に母が末期癌であることが判明、余命は週単位だと医者に国際電話で宣告された。母は六・四の数日後に死去したが、四・一五の胡燿邦死去に伴って発生し、五〇日間で粉砕された中国民主化運動は、自分の中では今でも母の闘病生活と重なって見える。

警察庁出身である私は、大使館で中国の内政を所掌していた。その他は、中国公安省（日本の警察庁に相当）との連絡業務であるが、当時はまだ無錫《むしゃく》（江蘇省）で開始した交通管制センター支援プロジェクト以外公安省との実務交流は乏しかった。それでも公安省の方々とは定期的に意見交換を行っていた。

四月下旬、日ごとに参加者が増える中国のデモは壮観であった。中国語能力が低かった私は、とにかくデモ隊の士気を自分の肌で感じようと、毎日昼夜の二回、天安門広場を視察した。五月上旬には、大使館の中国人スタッフまでデモに参加するようになり、出身母体別に籠城している広場内の拠点に案内までしてもらった。デモのエネルギーを測る基準として、私は抗議者の要求形態を「利害」「理念」「感情」の三段階に分け、分析を試みた。もちろん、「感情」の段階に至ると抗議運動の平和的解決は困難となる。「成田闘争」「沖縄基地問題」然りである。

当初、中国の民主化要求運動は学生による「七項目の要求書」などの教育改革をスローガンとして挙げていたが、五月上旬のいわゆる一〇〇万人デモの際には、「李鵬下台（辞任せよ）」「鄧小平下台」の感情的スローガンに一気に飛躍した。初期段階でデモを収束させられなかった原因は、当時中国共産党内部で権力闘争があったからだと言われている。たしかにデモ隊のテントで覆いつくされた天安門広場を長期間野放図にしている公安当局の真意を測りかねた。

楽観視していた大使館上層部

わが日本大使館上層部はこうした動きに対し、終始楽観的な見方が基調であった。五月上旬、大使館で月一回の全体会議が開催された際、中島敏次郎大使が、「各国の大使は、現在の動向をきわめて憂慮しているようだが……」というような趣旨の発言をしたのだが、チャイナスクールの某幹部は、「何の楽しみもない中国人にとっては夕涼みのようなものですよ」というようなコメントを発していたくらいだ。

五月二〇日、中国政府が戒厳令を発令すると、付和雷同していたデモ参加者は雲散霧消し、天安門広場に居座る抗議者は、確信的な学生活動家を中心に数千人規模に減少した。それに反比例するかのように広場には私服警官の数が増えた。私は上司に頼み込み、北京飯店の一室を拠点として確保してもらった。

五月下旬になると、いよいよ中国当局は鎮圧に乗り出すのではないかとの噂が流れ始めた。六月二日夜遅く、車で長安街を建国門外から天安門に向かって走行させた。街の角々に数十人単位の市民が集結し、「今晩、人民解放軍が攻めてくる」と口々に語っていた。しかし、街はいたって静寂だった。おそらくまたデマの類だろうと思いながら長安街を引き返したところ、翌三日午前一時頃だったろうか、建国門陸橋の東方から、一見して兵士と分かる集団が小走りに進軍してくる場面に遭遇した。ざっと数は五〇〇〇人くらいであったように思われた。

天安門広場でのデモ隊排除が任務ではないかと感じたが、兵士たちは武装していないどころか、水筒と雑嚢入れのようなバッグを肩からクロスにかけていただけであった。しかもなんとなく統制がとれていないように思えた。私は車を再度Uターンさせ、天安門広場に先回りして駐車し、歩いて引き返した。市民とのガチンコの現場は北京飯店前だった。しばらくすると小競り合いが始まり、乱闘となった。あっという間に、兵士は散り散りになり、路地まで市民が石もて追い回すという異様な光景が展開された。

午前三時頃、天安門広場から歩いて西に向かうと、いつの間にか、そこかしこに市民が多数集結し、西単では、軍用車両やバスが市民にブロックされていた。何人かの若者は、兵士から奪った首輪のような拘束器具を戦利品のように振りかざし、気勢を上げていた。まさに「革命前夜」と言って過言ではなかった。私は明け方いったん大使館に戻り、電報を打った。三日未明の動きは、翌日の武力弾圧を正当

兵士たちが乗るバスを奪い，車内の「戦利品」をかざして歓声を上げる市民たち。この日の夜，軍隊による天安門広場占拠を目指した本格的な進軍が始まった（1989年６月３日未明，北京市西単付近，南隆撮影）

化するための「反革命行動」の環境づくりであったとする説が現在では通説であるが、現場の光景に振り回されていた私には見当もつかなかった。

六月三日の昼には再び多くの市民が天安門広場を埋め尽くした。ひょっとすると、ひょっとするのではないかという気持ちも一瞬脳裏をかすめた。が、そうはならなかった。人民解放軍の兵士を乗せたトラックがほどなく近郊から到着し始めたからである。これを阻止しようとする市民が兵士を説得する場面にあちこちで遭遇した。

夜半になってから情勢は激変した。各地で銃声がとどろき、遠方からは空砲であろうか、大砲の音も頻繁に聞こえるようになった。軍が天安門広場を包囲するに至る経緯は、多くの目撃証言があるので割愛する。北京飯店の前では、既に天安門広場を制圧した兵士たちが、横一線に整列し、学生や市民に向けて水平に銃を構えていた。なお叫びながら抵抗を続ける多くの抗議者たちの後方に紛れ、私は事態を見守っていた。今でも信じられない光景を思い出す。

果敢にシュプレヒコールを上げる抗議者たちに対し、兵士が時折発砲する。すると、蜘蛛の子を散らすように全員が逃げるのだが、前方にいた者数人は撃たれて倒れる。血だらけになった被害者を仲間たちがリヤカーで救出する、という行為が幾度となく繰り返されたことである。火炎瓶すら持たない丸腰で、撃たれることが分かっているのに、何がそこまで彼らを狂気にかりたてるのか、私は理解に苦しんだ。

事件を通して知ったわが国の弱点

午前二時頃になると、後方にいた私の耳元にも流れ弾が飛ぶ風を感じるようになった。さすがに身の危険を感じ、拠点のある北京飯店に戻った。だが、ホテルのゲートは閉められており、何とか塀をよじ登り正門玄関から入った。一瞬にして一〇人ほどの公安関係者に取り囲まれた。私は身分証明書を提示し、彼らから発せられる細かい質問を拒否したが、「戒厳令はすべてに優先する」とがなりたてられた。玄関の外では銃声が途絶えなかった。

わずか数日前に、同じく北京飯店内で公安関係者に踏み込まれた邦人記者への支援を行った際、残念ながら当方にはこうした事態への対処能力がないことを認識していたので、大使館には一切報告をしなかった。もし、報告すれば、私の行為をとがめられ、よけいな問題に発展することが容易に推察されたからである。

天安門事件を通じて、私は真の緊急事態においては、行きつくところ国民は自己責任で自分の安全を守らなければならないということを冷厳な事実として学ぶことになった。この思いは三〇年を経た今も変わらない。警察という機関で禄を食んだ者が何をたわけたことを言うかと批判されそうであるが、戦後のわが国の弱点は、国民が外国から被害を受けた時のカウンターパンチを国家が行使しようとする気力を喪失していることである。

一〇分ほどで私服警官とのやり取りを終え、北京飯店内の拠点部屋に戻った。その後は長安街を猛烈なスピードで天安門広場へと進軍する戦車や装甲車の動きを大使館の良き同僚であった笠原直樹・防衛駐在官とともに部屋のベランダから観察した。が、安全な場所から見る光景に、既に傍観者の立場に身を置いている自分を改めてみた。

翌朝、一応の決着をみた後で、歩いて大使館に戻った。長安街には、銃を持った兵士が等間隔で警備に当たっていた。さすがに大使館には多数の館員が集まり、騒然としていたが、某上級幹部から「昨晩はどうだった？　大したことはなかったのではないの？」という質問を浴びせられ、返す言葉もなかった。その彼は前夜マージャンに興じていたと別の館員から聞き及んだ。

戒厳令は、翌九〇年一月一〇日まで続いた。私は事件後に公安省のカウンターパートに連日電話をし、状況を把握しようとしたが誰も電話に出なかった。二カ月ほど経過して、ようやく彼らは姿を現し、食事に招待してくれた。

「わが国は大変な風波に見舞われた」と言ったようなあいさつで食事は始まったように記憶する。宴席を設けてくれた公安省幹部は、当日の私の行動を知っているらしく、酔いも回ってくると「戒厳令下ではあんなところに外出してはだめですよ」と笑いながら私を諭した。その後、天安門事件の反省に基づいたのか、中国公安省はデモ鎮圧に対処できる治安部隊「防暴」を創設した。数年後、防暴部隊の訓練を見学する機会を得たが、個々の隊員の身体能力と完成度の高さに舌を巻いた。

みなみ・たかし　一九五二年生、東京都出身。東京大学法学部卒。七八年警察庁入庁。八九年三月〜九二年三月まで在北京日本国大使館一等書記官。九六年警視庁公安部参事官。九八年警察庁公安第三課長、二〇〇二年内閣情報調査室国際部主幹、〇六年栃木県警本部長、〇七年内閣審議官、一四年退官。

3　暴力の真空地帯だった天安門広場

朝日新聞外報部記者　永持裕紀

命綱のコレクトコール

六月四日午前四時（現地時間）。それまで天安門広場を煌々と照らしていた照明が一斉に消された。南北一キロの広場がすっぽりと巨大な闇に包まれた。この夜は新月だったため上空も真っ暗だ。広場の中心ともいえる人民英雄記念碑にとどまった学生たちにざわめきが広がった。「おおーっ」というような、恐れや戸惑いの声だ。支援のために記念碑近くにいた何十人かの市民たちは、蜘蛛の子を散らすように広場の外に走り去って行く。

この先、一体どんなことが起こるのか。真っ暗闇の中での、背中がぞくぞくするような緊張感を、私はいまでも思い起こすことができる。その時私は、記念碑から東に約一〇メートル離れたテントの物陰に身を潜めていた。

朝日新聞外報部の記者だった私は、戒厳令下の北京の応援取材を会社から指示され、五月二八日に到着。以来、学生たちが占拠した広場に日参して若者の言葉に耳を傾け、動きを取材してきた。そして六月四日午前一時頃からは天安門広場を動かなかった。北京中心部に進攻してきた戒厳部隊が広場に残った学生たちにどんな行動に出るか。最後まで目撃しようと覚悟を決めた。

もっとも、広場を離れなかったのは東京への送稿上の理由も大きい。当時の朝日北京支局は、広場から長安街を東に約四キロ行った地点にあり、私はそのころ北京でも普及し始めていたトランシーバー型携帯電話を持っていなかった。天安門の東の位置にある北京飯店に備えられていた、国際電話ができる公衆電話ブースからのコレクトコールだけが東京への送稿手段。それがいわば仕事の命綱だった。くわえて三日午後八時頃からは支局との行き来は不可能になった。支局に通じる東長安街の大通りは、戒厳部隊進攻を食い止めるためのバリケードとして、大きなトロリーバスや中央分離帯の鉄柵が並べられ、寸断状態になったからだ。

広場と北京飯店との距離は約四〇〇メートル。三日夜から何度となく私は、広場やその周辺の状況を、この公衆電話で東京に吹きこみ、そうしているうちに日付はいつしか四日に変わっていた。

広場やその周辺が騒然とした空気に包まれたのは、四日午前〇時一五分頃だった。戒厳部隊の一台の装甲車が、毛沢東の肖像画がかかる天安門の真下まで轟音を上げて突進してきたのだ。学生たちが座り込みを始めた五月一三日以来、いわば解放区となっていた天安門広場エリアへの、初めての軍の侵入。軍の「本気」を察した市民たちは叫び声を上げながら逃げ出した。一方で、バスや鉄柵を追加してバリケードをさらに頑丈にしようと走る人も多かった。

実はこのころ既に、郊外から広場を目指す進攻の過程で、兵士たちは行く手を阻む市民や学生たちに発砲し、流血の事態が起こっていたのだが、私も含めてずっと広場周辺にいた人間には、悲劇は伝わっていなかった。全体像がさっぱりつかめない中で、学生や市民の言葉を聞いて回るしかない。大勢の兵士が広場南側の前門付近に集結していることを聞きつけて、約一キロ離れた現場まで走った。とにかくよく走った夜だった。

「袋のネズミ」状態の広場

三日時点で座り込みを続ける学生は約四五〇〇人いたが、その多くは軍の進攻を食い止めるために三日夜から市内各所に向かった。広場に残った約五〇〇〇人は、碑の周りにある三段の四角い台座（約一〇メートル四方）に座り込んだ。非暴力の民主化運動の聖地を最後まで守り抜く姿勢を示していると、私は受け止めた。

午前二時半を過ぎると、威嚇射撃も収まって、巨大な広場は不気味に静まってきた。広場やその周辺の様子を知るために私は歩き回った。北側の、毛沢東肖像画の下あたり、最初の装甲車が突進してきた地域には、多くの装甲車やトラック、そして戦車がずらりと配置されるようになった。広場東側の中国革命博物館（現中国国家博物館）の玄関前では石段などに数百人以上とみられる兵士が座り込んでいた。南側も、さきほど取材した完全武装の兵士たちの数がぐっと増していた。「袋のネズミ」「一網打尽」という言葉を思い浮かべた。だが、危険だ、この場から逃れようとは不思議に考えなかった。

民主化運動の結末を見届けたいという気持ちがもちろん強かったが、もう動きたくない、いや動けないという、体力的な理由も大きかった。三日の終日、取材で飛び回っていた間、口にしたのはホテルの部屋に備えられていたチョコヌガー一本だけ。水もろくに飲めずにいた。四日未明のこの時に広場を歩き回る際、革命博物館の近くにある給水施設が壊れ、水がほとばしり出しているのを見つけた私は、思う存分それを飲み、頭や顔にかけてほてりを冷ました。学生たちが座り込みに使っていたテントの一つに入って、ほんの短い間身を横たえた。広場の硬い敷石が背中に痛かった。

祈るような気分だった

午前三時頃からは記念碑の中に入った。入口で「誰だ」とチェックされ、「日本の記者だ」と言うと、「十分注意して」「学生への質問はだめだ」と言われた。「死を恐れず」などと書かれた鉢巻を締めながら碑に陣取る学生たちの間には、こっくりこっくりする姿も目立った。大きな金盥に入れた水に白い粉末を混ぜて、それを柄杓でお椀に入れてはごくごく飲んでいた。粉末には「カルシウム分が入っている」と言っていた。飲んでみたが、甘くも何ともなかった。

すぐ近くにはジュースの空き瓶。火炎瓶だろうかと近づいてみると中には何も入っていなかった。そして角材などではなく、叩いた瞬間にぺしゃりとなりそうな竹の棒が数本。赤く塗られた大太鼓も一つあった。とにかく戒厳部隊に力で抵抗する構えは、学生側にはなかったのだ。

北京到着後、この記念碑では学生リーダーによる演説や記者会見が毎日続いていた。女性リーダー・柴玲《さいれい》さんの夫だった封従徳《ほうじゅうとく》さんは、「中国史は常に敵を暴力で追い払う構造の下に続いてきた。中国共産党も階級闘争というイデオロギーでこれを助長してきた。僕たちはこれまでの中国になかったことをする」と、いささか気負い気味に語っていた。この「非暴力の理念」に私は大きな魅力を感じた。

私はその年の春まで経済部記者だったが、上海・復旦大学に留学するため外報部に異動していた。中国での取材には当時もいまも取材ビザが必要だが、香港から観光ビザで北京入りした私はいわば覆面取材。正式な特派員の記事に入るクレジット（署名）もなく、こうした封さんの言葉などを伝える私の記事は、「北京支局」というクレジットで紙面に掲載された。同時代の東アジアで、歴史にも関わろうとする大きな考えを生き生きと語る若者を知ることができた喜びを私は心から感じていた。だからこそ、非暴力の若者たちがここで撃たれることなど、あってはならない、そんな悲劇がどうか起こりませんようにと、私は祈るような気分だった。

いつの間にか忍び寄る兵士

そして、冒頭に書いた午前四時からの真っ暗闇の時間が始まった。支援の市民たちがあわてて逃げ出す様子を見て、さあ、自分はどうするかと迷ったが、気持ちはすぐに固まった。学生たちと一緒にいて、

天安門広場内の建造物の位置

注：★印は6月4日午前4時頃から学生の撤退時まで筆者・永持がいた場所。矢印は学生たちの退去ルート。

もしも万が一、彼ら彼女たちが一人でも銃弾の犠牲になることがあったなら、それを何としても伝えよう。記者の務めを果たそう。自分にそう言い聞かせた。

「安心しよう、落ち着こう」。リーダーのマイク越しの声が闇の中を流れた。スピーカーは高さ三八メートルの碑の上方に取り付けられている。革命歌「インターナショナル」が何度も流れ、リーダーたちが三、四人で交代しながら、「私たちの達成したことを考えてみよう」、「私たちは民主と自由の意味を中国人民の胸に刻むことができた」、「胸を張ろう。敗北したのではない」と語り続けた。当時はまったく分からなかったのだが、学生たちに「撤退」を呼びかける、二〇一〇年にノーベル平和賞を受賞した劉暁波さんたちの言葉だった。

午前四時四〇分、広場の照明が突然再び点灯した。あまりに眩しすぎて、くらくらっとした視界の端に、カーキ色のヘルメットと迷彩服姿の兵士の姿が入った。いつの間にか暗闇の中を忍び寄っていた三〇人ほどが硬い表情で碑の下に立っていた。手には自動小銃。同時に、人民大会堂から大音量の放送が流れた。「天安門広場は人民の共通の財産である。その秩序を守ることが人民の責務であると北京市人民政府は警告する」。

既に書いたように、私は記念碑から約一〇メートル離れたテントの陰にいた。兵士の一人は学生が使っていた飲料水を入れる白いポリタンクを、「何だ、こんなもの！」と言わんばかりの憎々しげな表情で蹴り倒し、テントを引き倒した。「人民解放軍が人民に銃を向けたぞ」、「人民の軍隊は人民を愛せ」。非難の声を流すスピーカーを兵士が撃つ。はずれ弾が花崗岩の碑を削って火花が飛んだ。ターン、ターンと何度も銃声が響き渡り、スピーカーは沈黙した。学生の多くは下を向いて、必死に恐怖に耐えている様子だった。

学生たちは「無傷」

「記念碑の学生たちに乱射」という報道も当時あったが、結果的にそういう最悪の悲劇は避けられた。学生に撤退を促した劉さんたちリーダーが軍側と交渉したとも伝えられる。空が白み始めた午前五時過ぎ、学生たちは次々と碑から降りて、兵士に銃を向けられながらも広場からの退去が始まった。私は四日未明に広場を歩き回る際、記念碑の南にある「毛主席記念堂」東側、「新大陸」など細い道に面した天安門広場東南口周辺には、どういうわけか兵士の姿がないことを確認していた。軍が「網」のほころびを設けていた形だ。万が一、記念碑で発砲などの非常事態が起こった際にはここに逃げ込もうと私自身も目星を付けていたその東南口が、学生たちの退去口ともなった。

退去する学生たちの姿を、私は記念碑近くのテントの陰に立ち続けながら見守った。このまま何事もなく学生たちは広場を出ることができるのか分からず、自分自身の緊張感は続いていた。最後の一人が碑を離れるのを見届けると同時に、列の最後尾について一緒に歩いた。「黒龍江大学」とプリントされたオレンジ色のTシャツを着た痩せた男子学生に、「怖かっただろう」と話しかけた。彼は「悔しい」と、目にうっすら涙が浮かべながら、か細い声で答えた。それを聞くと、学生たちの「感想」をいま断片的に尋ねることが何だかとても薄っぺらなことのように思えた。それに取材を続けることは私自身、肉体的にももう無理だった。天安門広場の硬い敷石の上での座り込みで使った寝袋や日常用品を抱えながら、大学名が書かれた旗の下を黙々と歩く学生たちの列の横を、私もただ歩いた。

ちなみに、朝日新聞社からは当時写真部カメラマンで、北京取材中だったA氏も、四日未明から学生たちが撤退するまで人民英雄記念碑周辺にいて、一部始終を見届けていた。お互いが広場に残っていることを、この当時はどちらも分からなかったのだが、今回この原稿をまとめるにあたってA氏に話を聞いたところ、広場の照明が再び点灯した午前四時四〇分頃には、彼は記念碑の西側にいたようだ。そして、西側の人民大会堂の方向から、銃を手にした兵士たちが進んでくる様子を見たという。兵士たちは隊列をなし、最前列の数人は敵地に忍び入るかのように匍匐前進、第二列は片膝をつき援護態勢をとり、じりじりと広場に入ってきた。そして直径約五〇メートルの空間ができると、そこに戦車が入ってきた。「まるで陣地を広げるようだった」とA氏は語った。戒厳部隊の兵士たちにとって天安門広場は、「敵からの奪還目標」そのものだったのだろう。

学生たちが天安門広場の人民英雄記念碑を退去するにあたって、「兵士による発砲は威嚇射撃のみだった」という事実は、私もA氏も共に目撃したものだ。A氏は、無傷の学生たちが撤退する様子も撮影していた。そのカットも改めて見せてもらったところ、やはり悔し泣きする学生の姿も収められていた。だから、「無傷」とはいえ、彼ら、彼女たちが受けた精神的なダメージは、傍からはうかがい知れないほど大きかったに違いない。

私自身は三日夜、東長安街がバリケード作りで大混乱した際、カメラを失ってしまった。乗っていたタクシーにカメラを置いたままひとまず降りて、そのままはぐれてしまったのだ。メモ帳も、広場やその周辺を動き回る際に、どこかで落としてしまった。四日朝、支局に辿り着いてから改めてまとめたメモを基に本稿を執筆している。

学生たちとともに、東南口から広場を出た後、朝日が差し込む中を、北京飯店を目指した。軍隊になじみのなかった戦後生まれの日本人として、装甲車や戦車が目の前で走り回る状況、間近な距離で銃が発射される恐怖は、生まれて初めての衝撃的な体験だった。その緊張からの解放と疲労とでふらふらだったが、北京飯店前の東長安街まで来ると、背中をいきなり大きな力で叩かれたような気分に襲われた。広い道路に倒れている男性の遺体が目に入ってきたのだ。

死者の遺体の、力がまったく入っていない様子は遠目でもはっきり分かるということを、私は初めて知った。生きている人が倒れている様子とは明らかに違う、命をあっけなく奪われた人の姿を見て、暴力や惨劇の真空地帯のようだった天安門広場の外で起こったことのむごさが、一気に身に迫ってきた。北京全体で一体何人の命が犠牲になってしまったのだろう。そう思いながら、やりきれない気持ちで手を合わせた。

ながもち・ひろき　一九五七年生、兵庫県出身。八一年大阪外国語大学中国語学科（現大阪大学外国語学部）卒。同年朝日新聞社入社。八九～九〇年復旦大学留学。九三～九七年北京特派員、九八～二〇〇〇年香港支局長、〇四～〇七年台北支局長。外報部やオピニオン編集部次長、高山支局長などを経て、一八年に退社し、ネットメディア「ジェイ・キャスト」中国語版編集長を務めた後、現在同県伊丹市の高齢者福祉施設勤務。

4 銃弾の下を潜り抜けて

防衛庁防衛研究所教官　安田　淳

北京到着時の不可思議

「今夜の北京はあまり安全ではないかもしれないから、外に出ないでこのままホテルにいた方がいい」。中国の友人のこのひと言から私の六月三日は始まった。上海留学中の私は、翌日以降、いくつかの大学や研究所を訪問する予定で、この日の午後遅く北京首都国際空港に降り立った。道路封鎖やストライキによって交通機関がマヒし、多くの到着客が市内へ入れずに空港ターミナルで足止めを食っているなか、どうしたものか、当時としては珍しくクルマで迎えに来てくれたこの友人は、あらゆる抜け道を駆使して北京市内まで連れ入ってくれた。

予約してあった市内崇文門近くの小さなホテルにチェックインすると、友人は「まだこれから仕事があるからこれで帰るけれど」に続けて、冒頭のひと言をつぶやいて帰ったのである。彼はこの日の夜に何が起きるのか、知っていたのだろうか。

四月の学生運動の始まり、五月の戒厳令をいずれもその都度のタイミングで北京に居合わせ、改めてこの日にまた北京に舞い戻った私は、彼の意味深なつぶやきにまともに従うつもりはなかった。彼の姿が消えるやいなや、天安門広場の様子を見に行くと、大変な熱気と興奮に包まれた、しかし四月以来見慣れた学生たちの姿がそこにあった。

その後の夜の大混乱を明確に予想したわけではなかったが、まずは腹ごしらえをと、北京飯店一階のラウンジでサンドイッチを注文して待っていたところ、周囲にいた外国メディアの記者たちらしい一群が、カメラを担いで慌てて外へ駆け出していく。何事かとこちらもその尻馬に乗って北京飯店前の長安街に出てみると、人民の群れが口々に興奮して何かを叫んでおり、どうも人民解放軍兵士の一団が広場に突っ込んで行ったという。

一体どういうことかといぶかっているところへ、一〇〇人ほどと思しきお揃いの白いTシャツにオリーブドラブ色のズボン、スニーカー姿で坊主頭の若者が広場方向から駆け戻ってくる。中にはどうも殴られたらしい様子の者もおり、いわばホウホウの体というありさまである。

身近な中国人に聞いてみると、丸腰の若い兵士の一団が広場の方向へ駆け込んで行ったが、市民にせき止められ、中には暴行されて逃げて戻ってきたという。これまでになかった新しい事態であり、これは何かがあると感じた。この時点で外はまだ薄明るかった。

その後、同じ北京飯店の一四階の客室バルコニーから外の様子をうかがい続けたが、暗くなった空の下、オレンジ色の街灯の中に群衆が蠢いていつまでも立ち去らない以外は、特段の進展は見られない。しかし、日付が変わった四日午前一時過ぎ、客室バルコニーでも広場の南方向から銃声らしき音が聞こえ、照明弾が打ち上げられたように見えた。

いよいよ始まった広場の大混乱

午前一時四〇分、バルコニーから、天安門前あたりにポツンと火の手が上がったのが遠望され、ただならぬ気配を感じ、実見しに行った。北京飯店を出ると、長安街は相変わらずの人の群れで、これをかき分けようやく辿り着いた天安門前で目にしたのは、燃え盛る装甲兵員輸送車だった。自国民を守るべき軍隊の装備品が、自国民によって火をつけられている。この光景には、言い知れぬ不気味さを感じた。

北京飯店に戻る前に、広場の様子を見ようと、大学の留学生証をかざして広場中心に向かう。広場はだいぶ以前から、学生たちによって何重かのバリケードが築かれ、いわば検問が設けられて、学生証のない者は容易に入れないようになっていた。留学生証とはいえ学生証である。滞りなく広場の中に入れたが、たしかに学生たちは興奮して何かを叫び、拡声器から学生放送がなにやら切迫して呼びかけていた。

それでは北京飯店に戻ろうかという瞬間だった。午前二時少し過ぎ、天安門前あたりで爆竹のような乾いた破裂音がした。音のした方を振り返ってみると、先ほどは気がつかなかったが、天安門前の長安街に数台の軍用ジープらしい車両が並び、その車内から突き出された棒状のものの先に火花らしきものが見えた。

後から考えれば何が起きたのかすぐに分かりそうな光景に、この時点ではまだ戸惑っていると、空気を切り裂くするどい流れが幾筋か通り抜ける。悲鳴と叫びの人の群れが大パニックとなって雪崩打つ。これは実弾を撃っている、そう思ったらあとは走った。ひたすら発射音と反対方向へ走るが、後ろから何かが追い越していく。それがどうも耳たぶに衝撃波となって感じられる。当然だが、銃弾が私を追い越して行った。弾が当たるとか、かするとかは、後で思い返すとゾッとしたが、この時は考えるヒマなどない。むしろこちらも興奮してハイな気分だった。走って目指す先は広場東側の中国革命博物館である。すると右横を並ぶように走っていた黒縁眼鏡の若者が、突然口から血を吐いて倒れこむ。それを振り返ると、周囲の友人らしき者たちが抱え上げ引きずった。広場の石畳にチラッと見えた血の帯は、さらに現実の修羅場を実感させた。

さしあたり身を隠せるものを探しつつ走るが、広場のごみ箱がところどころに転がっている程度であって、とても盾にはなりそうにない。その先にあるのは、広場周囲の街路樹だが、これもさほど頼りにならないヒョロヒョロの細い松だった。何とかその幹にへばりついて息を整えたが、引き続いて飛来する銃弾とパニックの学生たちの流れを見物しているわけにはいかず、もっと逃げなければということが本能的に分かった。こうなればあとは野となれ山となれである。もう一度ダッシュして革命博物館の植え込みの中に逃げ込み、その建物沿いに走り抜けて長安街に戻った。

長安街は、天安門方向からの怒濤の如き人の流れで、中にはリヤカーや自転車に乗せられ、あるいは担がれた血まみれの人の姿が見られた。銃声と衝撃波と血、ということは、明らかに殺傷を目的として銃弾が発射されていた。

北京飯店まで逃げ帰り、入口に辿り着くと、そこにはテーブルが出されて私服の公安らしい雰囲気の数人による検問が設置されていた。中国人が逃げ込むのを阻止している様子である。パスポートを振りかざし、ボディチェックをされ、たまたまズボンのポケットに入っていた新品の未撮影フィルムを有無を言わさず没収され、ようやく館内へ押しやられた。

東長安街の一進一退

六月四日午前四時過ぎ、未明の天安門広場における実弾射撃の大混乱の後、早朝の薄明下だったか、街路灯が照らされていたかは記憶に定かでないが、いったんゴーストタウンのような様相を呈した北京飯店前の東長安街は、西進する戦車や装甲兵員輸送車の走行音が地響きとなって轟いていた。

指揮通信車と思しき軍用車両も含めて、延々と続く車列が天安門広場へ向かう。まさに占領地への進駐といった光景だった。そして車列が通過した後から、いつのまにか市民の群れがひたひたと押し寄せ、それに対して天安門方向から小銃が斉射される。同五時半過ぎ、北京飯店一四階の客室バルコニーからは、革命博物館と歴史博物館にさえぎられて広場は直接見通せないが、その建物越しに、乱射と言えそうな銃声が響いた。どう見ても異常な状況だった。広場の人々に実弾を浴びせているのか、それとも威嚇して排除しているのか、現場が見えないのはもどかしい。

午前七時を過ぎるころから、いわば攻防戦のような奇妙な光景が繰り広げられた。東長安街の広場東側付近では、兵士が横一列で銃を構えている様子であるが、どこからともなくまた現れた人の群れが北京飯店の前を通過して、広場へ徐々に近づいていく。群れの先頭が、銃を構えた兵士の列まで二〇〇〜三〇〇メートルといったところへ達すると、兵士が一斉射撃する。当然、人の群れは潮が引くように、しかし大パニックになって、もと来た東方向へ逃げ惑う。逃げる群れの後端ばかりでなく、群れの中央あたりでも倒れ込む人が何人も見える。水平でなく上方に向けて発射された弾が、弾道を描いて群れの中央に落ちてくるのだろうか。

奇妙なことに、このあとほぼ一時間を単位として昼近くまで、このパターン、つまり群れが近づき兵士が斉射し、群れが逃げるという光景が繰り返された。その過程では、逃げ遅れて兵士らに捕まり、殴る蹴るの暴行を受ける者、置き去りにされた自転車を取りに戻り、これまた兵士に捕まって引き立てられる者がいる。軍に対する精いっぱいの抵抗なのかもしれないが、それにしても危険な広場になぜこれほどまでの多くの市民が、蹴散らされてもまた近づくのだろうか。少なくとも負傷者は確実に増えていただろう。壮大な軍用車両の車列と、何度も押し寄せる市民の波への発砲というこの光景は、さらに翌五日まで時折繰り返された。

建国門外の奇妙な出来事

その後、北京飯店は軍が接収するとの情報が日本大使館からもたらされ、私はここから徒歩で建国門外の外交公寓へ移動した。西楼七階にあった小竹一彰・大使館専門調査員（現久留米大学名誉教授）の自宅に居候させてもらうことになったのである。六月六日午前一一時頃には、建国門の立体交差に戦車二五両と装甲兵員輸送車三両、そして軍用トラック約三〇台が、まさに東西南北に睨みを利かせるといった態勢で布陣していた。

面白いことに、夜になると、その戦車が居座っているあたりの暗闇から、金属がこすれあうようなガリガリという音が聞こえる。おそるおそる外交公寓の内階段を降り、二階踊り場の窓をそっと開けて覗くと、どうも闇に埋もれて群れている兵士の間からチラチラと小さな炎が見え、そこから金属音が続く。同時に、ほのかな炒め物のいい香りがするところからすると、兵士たちが中華鍋をふるう夕食の風景であったかもしれない。

翌七日午前一〇時近く、私は公寓の窓から、建国門外大街を天安門方向から東へ移動中の軍用車両を数えていた。そのほとんどは、荷台に兵士たちを満載した軍用輸送トラックで一六一台にも及び、その他にジープやタンクローリー等を含む大車列であった。それまで広場に進駐していた兵士の交代なのであろう。一〇時一〇分頃、通過中の車列が突然停止し、荷台の兵士たちが上を向いたように見えた途端、彼らが一斉に小銃を上に向けて構えたので、思わず窓から顔を引っ込めた。その瞬間、大銃声が響きわたり窓ガラスが震えた。

後に分かったことは、車列の兵士たちが一斉に公寓の建国門外大街に沿った南面に実弾を発射し、一部の居室には銃弾が飛び込んで、室内で跳弾となった。幸い私の滞在していた部屋に被害はなかったが、その銃撃は一瞬ではなく、数分以上にも及ぶ長さに感じられた。銃声が止むと、何ごともなかったかのように車列はまた東進し始めた。

その後の軍の説明によれば、「暴徒」が公寓の上層階から軍の車列に向けて発砲したため、対抗措置を講じたとのことだった。だからだろうか、直後に公寓敷地の門が封鎖され、軍による捜索が行われているとの情報を、同じ公寓のNHK北京支局から電話で聞いた。

たしかに部屋の天井から、何人もが歩き回るドカドカという乱暴な足音が響いてきた。ここは最上階なので、この上は屋上である。すると突然、部屋の玄関ドアを強く叩く音がする。誰何すると、「ハウスキーピング！」との答えが返ってきた。「必要ない」と叫ぶと先方は立ち去って行った。私は踏み込まれるかもしれないという恐怖の胸をなでおろした。銃弾に追われて逃げ回るよりも、生身の兵士が面前に現れるという身近な怖さを実感した。

三日経っても、北京ではまだまだ異常な状況が繰り広げられていた。

やすだ・じゅん　一九六〇年生、東京都出身。八九年慶應義塾大学大学院法学研究科博士課程単位取得満期退学。八六～九五年防衛庁防衛研究所教官。その間八八～八九年上海・復旦大学に留学。九五年慶應義塾大学法学部専任講師、九九年同助教授、二〇〇五年同教授。専門は中国の軍事・安全保障。共編著に『中国をめぐる安全保障』（ミネルヴァ書房、二〇〇七年）など。

5　学生の行動を追い続けた私の記録

毎日新聞記者　野崎伸一

私が新聞社を休職し、北京の清華大学に語学留学中の八九年四月に中国共産党の前総書記・胡耀邦が死去し、天安門事件の発端となった学生たちの追悼デモが始まった。以来、軍による武力鎮圧までの五〇日間、私は留学生という自由な立場で天安門広場や各大学のキャンパスで学生たちの行動を追い続けた。出会った学生たちが何を考え、どう行動したのか。当時のメモを基に私が目撃した同事件を報告する。

胡耀邦の死

一九八九年四月一五日、共産党の前総書記・胡耀邦死去のニュースが流れると学生たちの反応は早かった。清華大学や近くの北京大学の構内の壁や掲示板には胡を悼む大字報（壁新聞）が重ねるように貼られ、その数はあっという間に一〇〇枚を超えた。大字報を食い入るように読む学生、熱心にメモをする学生、そして演説をぶつ人の周りに人だかりができた。

胡は改革派の旗手、清官（清潔な役人）として人気が高く、反右派闘争（一九五七年）や文化大革命（一九六六〜七六年）で迫害された三〇〇万人以上の名誉回復に尽くしたことで人々の信望も厚かった。その胡が二年前に総書記を辞任し政治局委員に降格された。八六年に安徽省合肥市で民主的な議員選挙を求める地元大学の学生たちのデモが発生し、支援の動きは全国の大学に広がった。この時、胡の学生に対する寛大な対応（ブルジョワ自由化に対する対応の甘さ）がデモ拡大の原因とされ、責任を問われたのだ。

大字報の前にいた数人の学生に意見を聞くと、「鄧（小平）、趙（紫陽、胡の後任の総書記）の息子は権力をバックにブローカーとしてボロ儲けしている」「給料のいい仕事、外国留学などの特典はコネがなければだめだ」「幹部と庶民の生活に差がありすぎる」。党幹部や政治体制を激しい口調で批判した。

死去の翌日、「天安門広場に学生たちが集まり始めている」との情報を耳にした。すぐにタクシーで天安門広場に向かった。広場の中央に立つ人民英雄記念碑の周りには追悼の花輪や胡の遺影、「奠（弔う）」の一文字が書かれた額などが供えられ、記念碑を取り囲むように学生たちが座り込んでいた。そこにいる学生たちによると、北京市内の中国政法大学の学生たちが最初に供えたということだった。

胡の死因は心筋梗塞と伝えられた。突然の死にもかかわらず各大学の対応は早かった。その理由を知人に聞くと、この年が中国の愛国運動の原点とされる五四運動の七〇周年にあたり、市内の各大学では五月四日の記念日に向けて、その準備を進めていた。五四運動のスローガンの一つは「民主と科学」。胡はその人柄に加えて、「民主」への関心も高かったことから追悼デモの呼び掛けに共鳴する学生たちは多かったという。

学生の追悼デモ

北京市内の各大学から次々と天安門広場に向かう追悼デモが始まった。デモでは胡の再評価のほか民主化・自由化を求めるプラカードも散見されたが整然としていた。記念碑周辺に夜を徹して座り込む学生たちが増え始めた。

四月一八日夜、突然、天安門広場にいた学生の一部が広場前の大通り（東長安街）を横切って向かいの中南海（共産党本部や要人の居住区などがある区域）の正門・新華門の入口に押し掛け、抗議の声を上げた。李鵬首相との面会を求める学生たちと門の前の警護部隊が対峙する形になったが、衝突することはなかった。ただ、中南海は中国政治の心臓部。その正門で抗議行動が行われたことは聞いたことがない。追悼とかけ離れた突然の行動に驚いた。

清華大学のキャンパスを回ると、壁新聞に「一九八七年一月の政治局拡大会議の討論の全過程と今年四月八日政治局会議の全録画の公表」、「一九八八年の経済・治安に対する李鵬首相の失敗の公表と責任追及」など胡追悼の一方で、政権批判も目につき始めた。胡の辞任を決定したのが一九八七年一月の政治局拡大会議、胡が倒れたのが一九八九年四月八日の政治局会議での発言後で、この一週間後に胡は亡くなった。

胡耀邦追悼大会

四月二二日午前一〇時、天安門広場の西側の人民大会堂で党主催の胡の追悼大会が始まり、その音声が広場に常設のスピーカーから流れてきた。大勢の学生で埋まった広場がこの時は静まり返った。天安門広場近くに貼り出された壁新聞にこう書かれていた。「死ぬべき人間が生きていて、死んではならない人間が死んでしまった」。胡を降格した最高権力者、鄧小平への批判だ。

追悼大会後、広場にいる学生たちが戒厳令という言葉を口にするのを聞いた。戒厳令発布は約一カ月後である。広場で取材していると、その後も似たようなことが何度かあった。その時点で真偽の確認のしようもない党指導部内の情報が広場にいる学生に伝わり、口コミであっという間に広がった。総書記の趙紫陽が学生の追悼デモに寛容で首相の李鵬が批判的だというのも耳にした。一体誰が何のためにそんな情報を流しているのだろうかと思った。

二三日に天安門広場で北京市内の各大学で新たに組織された学生自治会を集約する北京市大学臨時学生連合会が結成された。党公認の全国組織である学生連合会とはまったく別の自主組織だ。二八日には同連合会を発展させた北京市大学自治連合会が設立された。指導部は北京政法大学や北京大学、北京師範大などの周勇軍や王丹、ウアルカイシ、柴玲、封従徳ら。以後、この自治連合会が学生運動の司令塔となる。

中国では党が公認しない組織は非合法組織として摘発されるリスクがあり、自治連合会の指導者たちも天安門事件後、反革命分子として当局に追われ、海外逃亡したり拘束されて服役したりすることになる。

『新聞導報』

この頃、天安門広場では党・政府批判のガリ版刷りのビラが出回るようになった。その多くは発行人不明や大学名だけが書かれた一枚のビラだが、四月二四日に『新聞導報』というタイトルのＢ４版の三頁のガリ版刷りの新聞の創刊号が広場の学生たちに配られた。創刊号の発行責任者は北京大学の学生たち。その後、同紙は彼らと北京市内の他大学の学生たちとの共同発行となった。

創刊号を編集した北京大学の学生と私は、天安門広場で知り合った。小柄でボソボソと語る彼は、北京大の仲間二人と新聞作りを担った。中国ではメディアもすべて党の管理下に置かれ、党公認でない印刷物の発行は非合法活動として重罪になるため極秘に進めた。「創刊号の版は三日前に出来ていたが、（配布するのが）怖くて隠していた。ある場所で五〇〇部印刷し、天安門広場の学生に配った」と打ち明けた。改めて創刊号を見てみると、この三日間に最初の版を加筆・修正した改訂版を作成したことが掲載記事の日付から分かる。

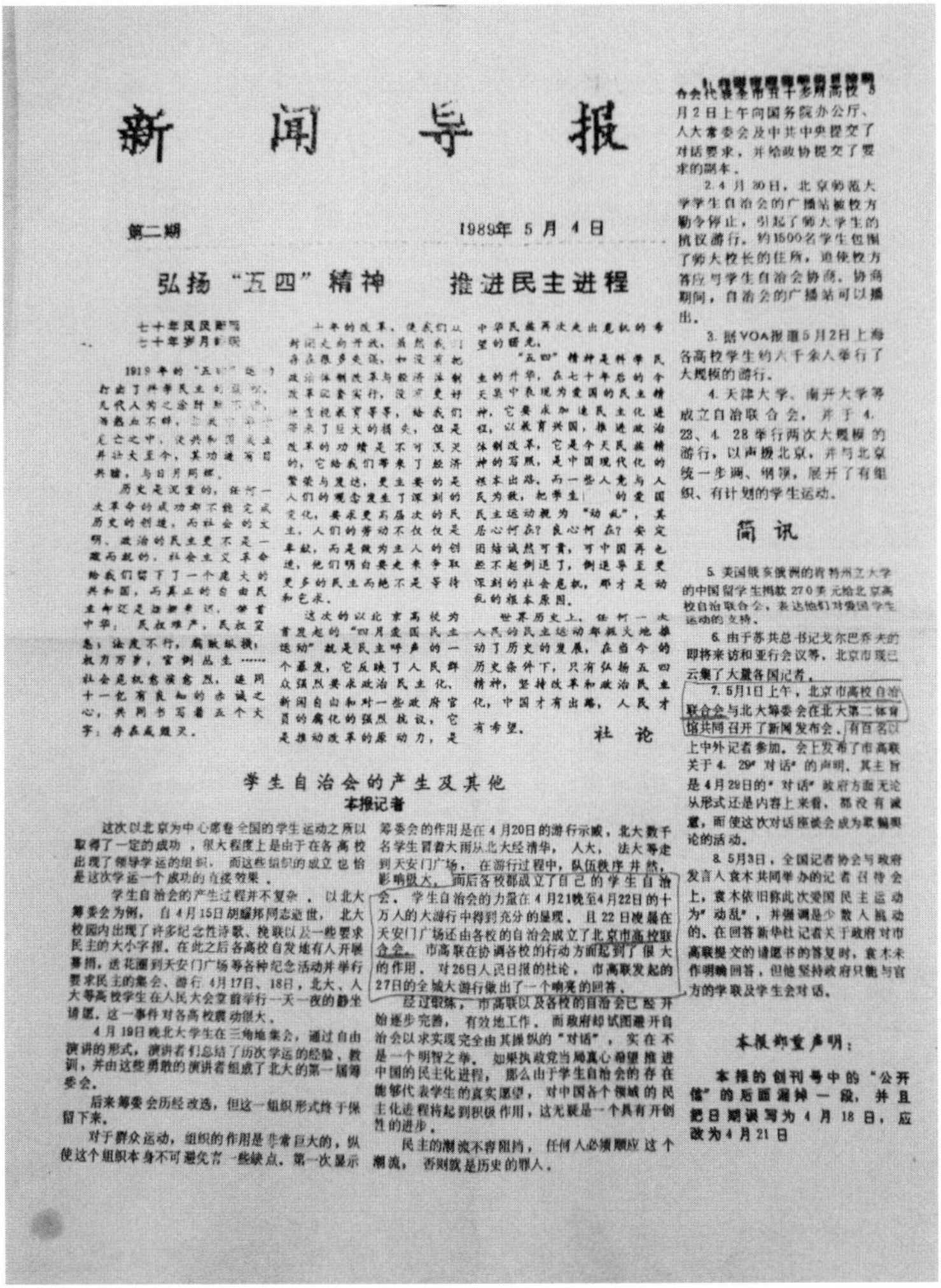

新闻导报

第二期　　1989年5月4日

弘扬"五四"精神　推进民主进程

七十年风风[illegible]
七十年岁月[illegible]

1919年的"五四"运动打出了科学民主的旗帜，无代人为之奋斗不止，有热血不断，[illegible]之中，使共和国走上并让大至今，其功绩可昭共睹，与日月同辉。

历史是沉重的，任何一次革命的成功都不能完成历史的创造，而社会的文明、政治的民主更不是一蹴而就的，社会主义革命给我们留下了一个庞大的共和国，而真正的自由民主却还是遥远未识，神州中华：民权难产，民权窒息；法度不行，腐败纵横；权力万岁，官倒丛生……社会危机愈演愈烈，迷网十一亿有良知的赤诚之心，共同书写着五个大字：存在或毁灭。

十年的改革，使我们从封闭走向开放，虽然我们存在很多失误，如没有把政治体制改革与经济体制改革配套实行，没有更好地重视教育等等，给我们带来了巨大的损失，但是改革的功绩是不可泯灭的，它给我们带来了经济繁荣与发达，更主要的是人们的观念发生了深刻的变化，要求更高层次的民主。人们的劳动不仅仅是奉献，而是做为主人的创造，他们明白要去来争取更多的民主而绝不是等待和乞求。

这次的以北京高校为首发起的"四月爱国民主运动"就是民主呼声的一个幕发，它反映了人民群众强烈要求政治民主化、新闻自由和对一些政府官员的腐化的强烈抗议，它是推动改革的原动力，是中华民族再次走出危机的希望的曙光。

"五四"精神是科学民主的升华，在七十年后的今天集中表现为爱国的民主精神，它要求加速民主化进程，以教育兴国，推进政治体制改革，它是今天民族精神的写照，是中国现代化的根本出路。而一些人竟与人民为敌，把学生[illegible]的爱国民主运动视为"动乱"，其居心何在？良心何在？安定团结诚然可贵，可中国再也经不起倒退了，倒退导至更深刻的社会危机，那才是动乱的根本原因。

世界历史上，任何一次人民的民主运动都极大地推动了历史的发展，在当今的历史条件下，只有弘扬五四精神，坚持改革和政治民主化，中国才有出路，人民才有希望。

社论

学生自治会的产生及其他

本报记者

这次以北京为中心席卷全国的学生运动之所以取得了一定的成功，很大程度上是由于在各高校出现了领导学运的组织，而这些组织的成立也恰是这次学运一个成功的直接效果。

学生自治会的产生过程并不复杂，以北大筹委会为例，自4月15日胡耀邦同志逝世，北大校园内出现了许多纪念性诗歌、挽联以及一些要求民主的大小字报，在此之后各高校自发地有人开展募捐，送花圈到天安门广场等各种纪念活动并举行要求民主的集会、游行 4月17日、18日，北大、人大等高校学生在人民大会堂前举行一天一夜的静坐请愿，这一事件对各高校震动很大。

4月19日晚北大学生在三角地集会，通过自由演讲的形式，演讲者们总结了历次学运的经验、教训，并由这些勇敢的演讲者组成了北大的第一届筹委会。

后来筹委会历经改选，但这一组织形式终于保留下来。

对于群众运动，组织的作用是非常巨大的，纵使这个组织本身不可避免有一些缺点。第一次显示筹委会的作用是在4月20日的游行示威，北大数千名学生冒着大雨从北大经清华，人大，法大等走到天安门广场，在游行过程中，队伍秩序井然，影响极大。而后各校都成立了自己的学生自治会。学生自治会的力量在4月21晚至4月22日的十万人的大游行中得到充分的显现，且22日凌晨在天安门广场还由各校的自治会成立了北京市高校联合会。市高联在协调各校的行动方面起到了很大的作用，对26日人民日报的社论，市高联发起的27日的全城大游行做出了一个响亮的回答。

经过锻炼，市高联以及各校的自治会已经开始逐步完善，有效地工作，而政府却试图避开自治会以求实现完全由其操纵的"对话"，实在不是一个明智之举。如果执政党当局真心希望推进中国的民主化进程，那么由于学生自治会的存在能够代表学生的真实愿望，对中国各个领域的民主化进程将起到积极作用，这无疑是一个具有开创性的进步。

民主的潮流不容阻挡，任何人必须顺应这个潮流，否则就是历史的罪人。

1. [illegible]合会代表全市五十多所高校5月2日上午向国务院办公厅、人大常委会及中共中央提交了对话要求，并给政协提交了要求的副本。

2. 4月30日，北京师范大学学生自治会的广播站被校方勒令停止，引起了师大学生的抗议游行，约1500名学生包围了师大校长的住所，迫使校方答应与学生自治会协商，协商期间，自治会的广播站可以播出。

3. 据VOA报道5月2日上海各高校学生约六千余人举行了大规模的游行。

4. 天津大学、南开大学等成立自治联合会，并于4. 23、4. 28举行两次大规模的游行，以声援北京，并与北京统一步调、纲领，展开了有组织、有计划的学生运动。

简讯

5. 美国俄亥俄洲的肯特州立大学的中国留学生捐款270美元给北京高校自治联合会，表达他们对爱国学生运动的支持。

6. 由于苏共总书记戈尔巴乔夫的即将来访和亚行会议等，北京市现已云集了大量各国记者。

7. 5月1日上午，北京市高校自治联合会与北大筹委会在北大第二体育馆共同召开了新闻发布会，有百名以上中外记者参加。会上发布了市高联关于4. 29"对话"的声明，其主旨是4月29日的"对话"政府方面无论从形式还是内容上来看，都没有诚意，而使这次对话座谈会成为欺骗舆论的活动。

8. 5月3日，全国记者协会与政府发言人袁木共同举办的记者招待会上，袁木依旧称此次爱国民主运动为"动乱"，并强调是少数人挑动的，在回答新华社记者关于政府对市高联提交的请愿书的答复时，袁木未作明确回答，但他坚持政府只能与官方的学联及学生会对话。

本报郑重声明：

本报的创刊号中的"公开信"的后面漏掉一段，并且把日期误写为4月18日，应改为4月21日

学生たちが編集・発行し天安門広場で配布された『新聞導報』

学生運動を「動乱」と決め付けた党機関紙『人民日報』社説（89年４月26日）（野崎伸一撮影）

『新聞導報』はおおむね民主化運動の局面が変わるタイミングで発行され、その時点での学生たちの考え方が記されている。

「動乱」の社説

初夏の北京の日差しは強い。それでも天安門広場は座り込みを続ける学生たちや、その間を縫うように動き回る学生たちで活気づいていた。そんな学生たちに衝撃を与えたのが党機関紙『人民日報』の四月二六日付の一面トップに掲載された社説だ。追悼デモとそれに続く民主化運動を「ごく少数の者の計画的な陰謀による動乱であり、その本質は中国共産党の指導と社会主義制度の根本的な否定である」と断言、「迅速な動乱の制止」を呼び掛けた。広場の学生たちの誰もが強い口調でその論旨を否定した。

社説の出た夜、清華大学の寮に戻ると、キャンパスでちょっとしたハプニングが起きた。北京市大学臨時学生連合会が大型マイクで、「明日、北京の全大学生が『動乱取り消し』を要求して天安門までデモを決行」と流し続けた。ところが、その放送が終わると、今度は組織名を明らかにしないまま「明日のデモは中止」と流され、最後に大学当局の「危険だからデモに参加するな」の指示が流れた。この事態について一人の学生に聞くと「清華大はよそより政府の圧力に弱い。新たな臨時学生連合会の切り崩しが始まっている」と解説してくれた。

二七日午前九時、私は清華大学から天安門広場に向かう学生デモの様子を見るために一緒に歩き始めた。デモ隊の中に知人の教員の姿を見つけた。私と目が合うと上気した表情でニコっと笑った。ほかに何人もの顔見知りの教員の姿があった。北京市には多くの大学があり、各大学からデモ隊が出発していた。時間が経つにつれて北京大学や人民大学、北京外国語学院、北方交通大学、北京師範大学、中国政法大学、北京航空航天大学、中央戯劇学院などと合流し、だんだんと大きな流れとなって進んだ。道幅は広いがデモ隊は対向車線にはみ出すほどで、車の渋滞も起きた。

暑い日だった。沿道では大勢の市民がデモ隊を見守っていた。市民の表情は一様に笑顔で学生たちに好意的なことはすぐに分かった。市民からパンやアイスクリームなどがデモ隊に差し入れられた。立ち往生するバスの乗客から拍手が送られた。学生たちは歩きながら、時に大声で革命歌「インターナショナル」を歌い、表情は晴れやかで意気軒高としていた。彼らが掲げるプラカードのスローガンは「政府への対話要求」「愛国民主運動」「社会主義を守ろう」などで党・政府批判が消えた。二六日の社説が学生たちの行動に変化を与えたのだろう。

途中、五、六カ所で警察がバリケードを作ってデモ隊を止めようとしたが多勢に無勢。学生たちはさほどの制止も受けずにバリケードを突破した。デモ隊が天安門広場に着いたのは日暮れが近かった。デモに参加した学生の一人は警察が表に出たことに「もう、この辺でやめた方がいい。権力が本気で向かってきたら勝ち目はない」と揺れる胸のうちをのぞかせた。

学生との対話

学生たちが求めていた政府との対話が二九日に行われた。国務院スポークスマンの袁木《えんぼく》、国家教育委員会副主任の何東昌《かとうしょう》らが学生たちとの初の対話に臨んだ。この時の様子は夜のテレビニュースで見た。袁らは「君たちの民主や高官の腐敗防止の要求は、党・政府の利害と一致する。しかし、君たちの一部に鄧小平同志を誹謗し、反党的立場に立つ者がいる」と批判した。袁は終始、高飛車な態度を崩さなかった。一方、学生の対応はよく言えば素直で、これまでの行動から考えると意外だった。

その後、対話に出席した学生は党公認の学生連合会が中心で、学生デモを指揮している自主組織の北京市大学自治連合会の指導者たちがいなかったことが分かった。同自治連合会の関係者に確認すると、「北京市大学自治連合会の指導者は対話参加を要求していた。参加出来れば自治連合会が実質的に合法化されたとみなされる、との狙いがあった。しかし、政府側が合意しなかった」と打ち明けた。対話は学生連合会が中心の官主導だったのだ。翌日、広場で座り込みを続ける学生たちに対話について聞くと「袁木は党・政府を代表していない。学生も真に学生を代表していない。おざなりな対話だ」と批判した。その中の一人の学生が「五四の後、この運動をどう継続させていくのか。不安だ」と口にした。

五月四日

五四運動の七〇周年となる五月四日、清華大学の学生約五〇〇〇人がキャンパスから天安門広場を目指して出発した。しばらく歩くと、中央民族学院や国際関係学院、人民大学、北京理工大学など市内の大学に加えて南京大学（江蘇省）、中山大学（広東省）、南開大学（天津市）など全国の有名大学も次々と合流してきた。日差しはやや強かったが風が心地よく、道路の両側に立ち並ぶ大きな木の新緑が美しかった。見守る市民たちもアイスクリームを食べたりジュースを飲んだりカメラを構えたりとのんびりした様子だった。

天安門広場の雰囲気は穏やかだった。一面に無数のテントが張られ、座り込んだ学生たちの周辺にはパンのほかニンニクの醤油漬けが入ったフタ付きの大きなガラス瓶などが置かれていた。

デモ参加者の幅が広がってきた。学生に加えて労働者、国有企業や政府機関の職員などが企業名や団体名を書いたプラカードを掲げて天安門広場に集結してきた。この中に党の機関紙である『人民日報』や国営通信社である新華社の記者がプラカードを掲げていたのが目を引いた。彼らは上海市の週刊新聞『世界経済導報』の廃刊と欽本立編集長の解任への抗議が目的だった。同新聞は胡の死去後、改革派知識人を中心とする座談会の特集記事を発行しようとしたが、上海市党委員会からクレームがついて編集長の解任と新聞の廃刊を命じられていたのだ。

この日はアジア開発銀行（ＡＤＢ）の総会が北京で開催され、趙総書記がＡＤＢ総会の出席者に対して学生デモに対する見解を語った。趙発言について五月五日付『日本経済新聞』は、次のように報じている。

「『今の中国に大きな動乱はない』と学生運動を〈動乱〉とした四月二六日の人民日報社説の立場を正式に否定した。また『学生は中国の基本的制度に反対しているわけではなく、党と政府の仕事上の誤りを正すのが目的だ』と慎重な言葉ながら学生運動に対し理解ある姿勢を示すとともに、対話路線の拡大を言明した」。

学生デモの評価に関して党・政府の中で対立があることは、広場の学生の間に口コミで広がっていた。しかし、指導部のメンバーが意見の相違を公に認めたのはこの時が初めてだった。

絶食（ハンスト）

五四運動の七〇周年記念のデモの後、広場ではしばらく目立った動きは見られなかった。北京駐在の外国メディアの関心は、五月一五日のソ連のゴルバチョフ共産党書記長の訪中に向けられていた。ソ連の最高指導者として三〇年ぶりの訪中で、鄧小平と会談し、中ソの全面的正常化が実現する歴史的な日が間近に迫っていた。歓迎式典は天安門広場で行われる予定だったが、学生が立ち退くような状況ではなかった。逆に学生たちは、ゴルバチョフ訪中で世界中のメディアが北京に集まることから、自らの運動を世界に知らせる絶好の機会と捉えていた。

一三日午後、北京大学や清華大学、北京師範大学、中央戯劇学院など市内の十数大学の学生約一〇〇〇人が天安門広場の人民英雄記念碑前で政府への抗議のハンストを決行した。ハンストで要求したことは、今回の学生運動の公正な評価、政府との対話、民主化、報道の自由である。

学生たちのハンストは命を掛けた抗議とみなされ、他の学生や市民に共感と同情の強い感情を引き起こした。天安門広場の空気が張り詰め、民主化運動のボルテージが一気に上がった。

一四日の北京は晴天の日曜日だった。天安門広場を埋める学生たちに加え大勢の市民が学生の支援に訪れた。また、厳家其や戴晴《だいせい》、蘇暁康、劉再復などの一二人の改革派知識人が発起人となって一五日に北京大学や人民大学などの大学教員がハンスト学生を支援するための大規模な激励デモを実施することが発表された。

この頃、学生デモの対応をめぐって党指導部の中で趙紫陽の孤立が目立っているとの情報が広場の学生の間に流れていた。趙が学生デモへの穏健な対応と政治改革の必要性を認めた談話を発表したが、北京市党委員会は総書記としての見解ではなく個人的見解と位置づけているという（五月一五日付の『毎日新聞』）。学生デモに対する党の見解はあくまでも党の機関紙『人民日報』の四月二六日付の動乱社説ということだ。

ゴルバチョフ訪中

五月一五日に北京首都国際空港に到着したゴルバチョフ書記長の歓迎式典は、当初予定された天安門広場から空港に変更された。ゴルバチョフは北京滞在中に鄧や趙、李鵬などと会談を重ねるが、会談場所となる天安門広場の西側の人民大会堂に学生や市民が押し掛けて中国政府への抗議の姿勢を示した。広場には北京市内外から学生支援のデモ隊が続々と押し寄せ、ハンスト開始から時間が経過するにつれて体調を崩して昏倒する学生が増えてきて昼夜を問わず救急車のサイレンが響くなど広場一帯は異常な熱気に包まれていた。

一六日の趙総書記・ゴルバチョフ書記長会談で趙がゴルバチョフに「鄧小平は八七年の第一三回党大会で自ら中央委から退いたが、党は鄧の指揮と経験を必要としている。（八七年一一月の）党中央委総会で、最も重要な問題は鄧小平が掌握することを決定している。重要な問題では鄧に報告し、その指示を仰いでいる」と明らかにした（『読売新聞』五月一七日付）。秘密決議といわれるもので、学生運動に理解を示す趙も鄧の方針には逆らえないという含意があった。この公表は後に趙が職務剝奪・軟禁される大きな理由の一つになる。

一七日にはハンスト学生を支援するため全国各地の大学の学生や労働者、農民、企業の社員、教員、公務員などが一〇〇万人規模のデモを行い、天安門広場を埋め尽くした。デモのプラカードには民主や報道の自由などと合わせて、「打倒鄧小平」「李鵬下台（李鵬辞めろ）」といった党の指導者を攻撃する過激なスローガンが前面に出てきた。現場に立っていると、うねるような人の波に圧倒されると同時に、党・政府の出方を想像すると怖さも感じたものだ。

一八日午前、李鵬首相が李鉄映・国家教育委員会主任らと共に人民大会堂で学生たちを指揮するウアルカイシや王丹ら学生代表と「対話」した。その時の様子は夕方のテレビの全国ニュースで見た。主にウアルカイシが学生運動は動乱でないことやハンストを中止させるための政府の誠意ある対応を求めていた。これに対して李首相は学生の民主化要求に理解を示しながらも最近の北京が無政府状態にあるとの認識を示したうえで、これが続くとどのような結果になるのか考えてほしい、と答えていた。「対話」は双方の対立を鮮明にしたに過ぎなかった。

戒厳令の発令

五月一九日未明、趙紫陽が突然、天安門広場に現れ学生たちに謝罪した。私は現場に居合わせなかったが、その時の様子を当日の『毎日新聞』夕刊は次のように伝えている。

「趙総書記は学生のハンドマイクを借りて『来るのが遅すぎた。すまなかった。批判されるのは当然だ』と対応の遅れを謝罪した。『学生のよい考えは国家にとってもよいことだ。（学生たちが）提出した問題は党、政府が検討しており、最終的に解決できる。しかしそれには手順がある。冷静に考えてくれ』と訴えた。（中略）北京市内の交通の混乱やハンスト学生の衰弱が目立っていることを挙げて、ハンストの中止を求めた」

この日の夜、党中央や人民解放軍の幹部らの大会で李鵬首相が学生らによる民主化要求運動を実力で鎮圧することが決まった、との情報が天安門広場の学生たちに伝わった。午後九時半頃、学生がマイクで「軍が来た」と叫ぶ声が聞こえた。その声に近くにいた男子学生が「（天安門広場保衛臨時）指揮部に行って来る」とあわただしく駆け出して行った。天安門広場周辺の道路に解放軍の兵士の姿が現れ始めた。

天安門広場保衛臨時指揮部とは、北京市大学自治連合会に代わる組織である。同自治連合会の指導部内で戒厳令発布前から広場撤退か占拠継続かの路線対立があり、占拠継続派が勝利し、戒厳令発布後に正式に同指揮部が設立された。総指揮官は柴玲だった。

二〇日午前零時半頃、広場の街灯に常設のマイクから李鵬の演説が流れた。学生や労働者、市民らで埋め尽くされた広場が静まり返った。李鵬は演説の中で、今回の民主化要求と反政府運動を動乱と語り、実力で鎮圧することを明言。そのうえで学生たちに広場から退去して大学に戻るよう指示し、支援者にも支援をやめることを求めた。広場ではこの後、同じ内容の李演説が二回流された。

最初の演説を聞いた学生たちの一部はマイクを使って革命歌「インターナショナル」を大合唱し、別の学生たちはテントの中で身を寄せ合い「指示を待ちます」と話した。また、別のグループの男子学生は「私たちは最後まで残って座り込みを続けます」。さらに他の学生は「私たちの活動は最も正しい。中国を社会主義民主国家に築き上げるために中国人民がすべきことをするつもりです」と言い切った。

この日の夜は冷え込んでいた。天安門広場の地下道では膝を抱えて壁に寄りかかったり横になったりして体を休める学生たちでいっぱいだった。ハンスト学生の中には体力の消耗も激しいことから両脇を支えられて救急車に乗せられて病院に搬送される者もいた。

二〇日午前九時半頃、私は学生たちと一緒に天安門広場に座り込んでいた。広場では疲れで石畳に寝ている学生たちも多かった。空が青く、日差しが次第に強くなってくる。軍のヘリコプター五機がバタバタという回転翼の音を響かせながら広場を低空で大きく一周して去った。その数分後、また、ヘリコプター五機が先ほどよりさらに低空で広場を周回してビラを撒いて去った。その時、バスの屋根に乗っていた学生が旗を振りながら「ワーッ」と雄叫びを上げた。広場で夜を明かした大学教員は私にこう言った。「私は教師として学生を守る義務がある。我々は暴力に対して一切対抗しない。ただし、私はあった。政府への抗議の意思をはっきり表明します。中国の将来は若い人のものです。今の状態はいつまでも続くものではないと信じます」。その顔は疲労と睡眠不足で目は腫れ汗がにじんでいたが、声には力があった。

午前一〇時前。天安門広場の街灯に設置された常設マイクから戒厳令発布の政府声明が流れ始めた。「北京市で激しい動乱が発生した。国務院は一九八九年五月二〇日午前一〇時、戒厳令を発布する」。この声明はその後、何度か流された。広場を埋め尽くした学生たちは両膝を両手で抱えて座り込み、うつむき加減で戒厳令発布の放送を聞いていた。広場はしばらく静まり返っていた。

学生たちは解放軍が来ると思っていた。しかし、一時間経っても何も変化はなかった。そのうち、解放軍の兵士を乗せた車両が北京市の中心部に入ろうとしたが、大勢の市民に取り囲まれて動けなくなっている、との情報が広場の学生に伝えられた。学生たちの緊張が次第に解け、学生が動き始めた。

私は二〇日から二一日にかけて市の周辺地区の様子を見ようとタクシーで回ってみた。市南西部の工業地帯である石景山地区や隣接する豊台区の東高地、市の南側にある永定門周辺だ。

石景山地区は大手鉄鋼メーカーである首都鋼鉄公司をはじめとする製造業の町で労働者も多い地区だ。レンガ塀に「大至急　天安門今日午後断水　市民の支持声援を請う」の貼り紙が目に入った。道路上には市の中心部に向かおうとしていた軍用トラック三〇台余りが停まっている。トラックは幌がはずされていて銃を持ったカーキ色の軍服の若い兵士が一台に三〇人前後乗っている。軍用トラックの前方にはバスが道路をふさぐように停まっていて、しかも大勢の市民が自転車に乗るなどしているので軍用トラックは立ち往生。銃を持った兵士に手を振る市民や子供を抱っこして散歩する夫婦の姿も。日差しが強く気温は体感で三〇度位はありそうだ。兵士たちはトラックの荷台から無表情で市民を眺めている。表面的には緊張感は感じられない。

東高地では指揮車一両、装甲車一一両、軍用トラック六台。指揮車の周りを市民が取り囲み、運転席の窓から頭を入れて内部を見ている。困ったようにたばこを吸いながら天井を仰ぐ軍人。道路脇には屋台が出て羊肉の串焼きやワンタンなどを売っている。

永定門の沙市口の道路では解放軍のトラック二台が道を遮るように停まっていてタイヤはパンクさせられ荷台は叩き壊されている。市民がトラックのナンバープレートをはぎ取ってにこにこしながら周りの市民に見せていた。

戒厳令が発布された時、天安門広場の学生たちは極度に緊張していた。学生たちは解放軍が実力行動に出ると身構えた。しかし、時間が経つにつれ学生たちや市民の間で緊張感は薄らいできた。何人かの市民に尋ねると、誰もが「解放軍が市民に向かってくることはない」と軍への強い信頼感を口にしていた。

五月二二日には中国作家協会、人民日報社、中国舞踏家協会、中国社会科学出版社、中国社会科学院哲学研究所、同科学院新聞研究所などの一団が「広場を守れ　北京を守れ　憲法を守れ」「軍事管制反対　戒厳令解除」「政府は歴史を逆走している」などのスローガンを掲げて天安門広場にやって来た。

午後、広場上空に軍用ヘリ一機が飛来し、「断固として動乱を阻止する宣伝スローガン」のタイトルのビラを撒いて飛び去った。ビラの内容は「団結し、首都の正常な秩序を回復せよ」「国務院が北京市で実行する戒厳令を断固として擁護せよ」「同志諸君が警戒心を高め、他人の挑発に乗らず、軍に対して協力と支持することを求める」「学生たちは速やかに授業を再開し、正常な教学の秩序を堅持せよ」など二〇項目に及んだ。

五月も終わり頃、天安門広場保衛指揮部の中で今後の運動方針をめぐって対立し、一部のリーダーが指揮部を去った。天安門広場の表情も微妙に変わってきた。緊張感が緩んでとりとめのない空気が漂い

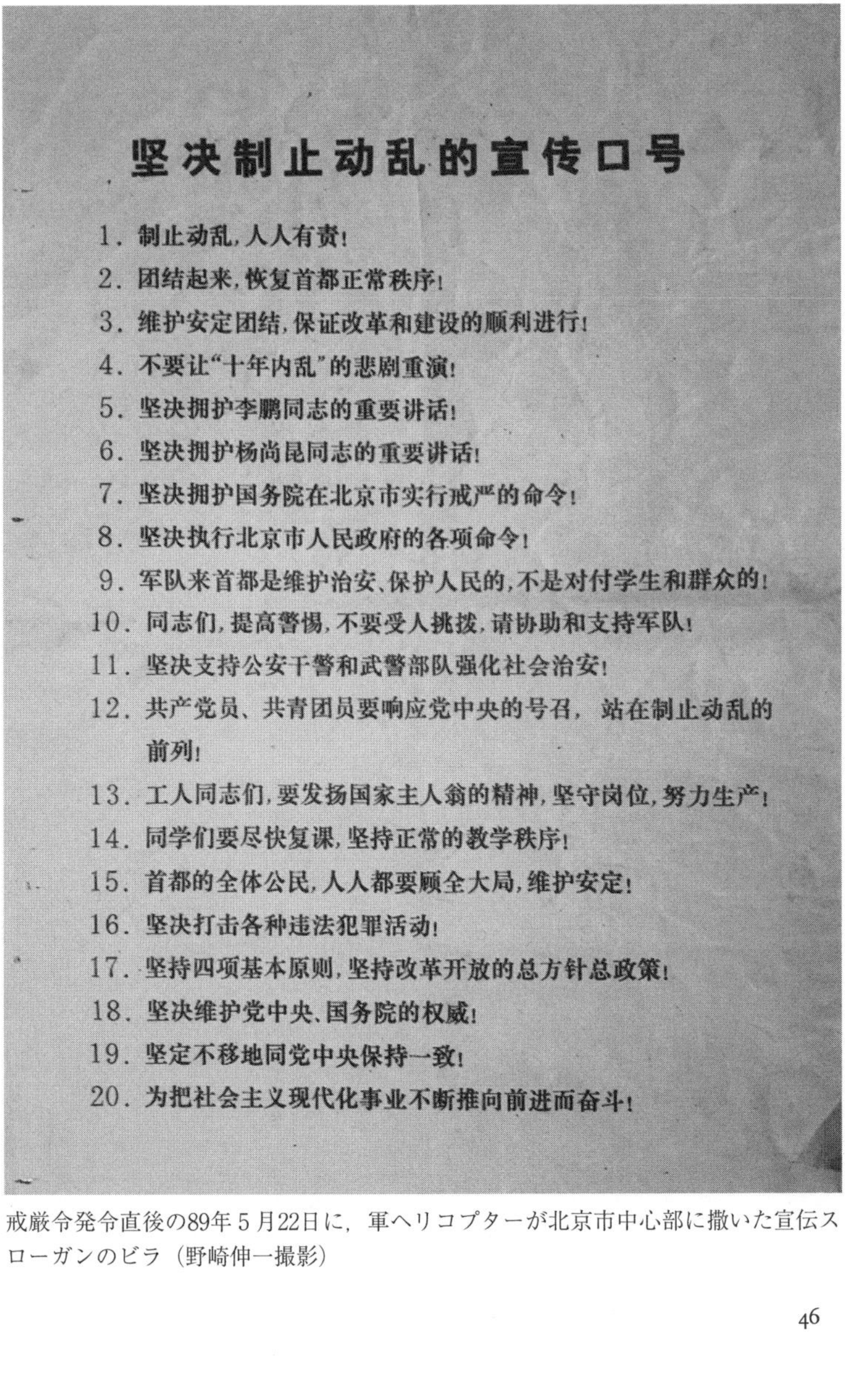

坚决制止动乱的宣传口号

1. 制止动乱，人人有责！
2. 团结起来，恢复首都正常秩序！
3. 维护安定团结，保证改革和建设的顺利进行！
4. 不要让"十年内乱"的悲剧重演！
5. 坚决拥护李鹏同志的重要讲话！
6. 坚决拥护杨尚昆同志的重要讲话！
7. 坚决拥护国务院在北京市实行戒严的命令！
8. 坚决执行北京市人民政府的各项命令！
9. 军队来首都是维护治安、保护人民的，不是对付学生和群众的！
10. 同志们，提高警惕，不要受人挑拨，请协助和支持军队！
11. 坚决支持公安干警和武警部队强化社会治安！
12. 共产党员、共青团员要响应党中央的号召，站在制止动乱的前列！
13. 工人同志们，要发扬国家主人翁的精神，坚守岗位，努力生产！
14. 同学们要尽快复课，坚持正常的教学秩序！
15. 首都的全体公民，人人都要顾全大局，维护安定！
16. 坚决打击各种违法犯罪活动！
17. 坚持四项基本原则，坚持改革开放的总方针总政策！
18. 坚决维护党中央、国务院的权威！
19. 坚定不移地同党中央保持一致！
20. 为把社会主义现代化事业不断推向前进而奋斗！

戒厳令発令直後の89年５月22日に，軍ヘリコプターが北京市中心部に撒いた宣伝スローガンのビラ（野崎伸一撮影）

始めたように感じた。ハンスト学生や一般学生の中には広場を去って大学に戻る者も出て、それと入れ替わるように地方から来た学生たちが目立ち始め、浮浪者のような人たちも目にするようになった。広場全体が雑然として放置されたゴミの山があちこちにでき、トイレ臭も漂うようになっていた。民主化運動が迷走し始めているように思えた。

その中で北京第二外国語学院の男子学生は私の「これからどうするのか」との質問にこう答えた。「私たちの目的は反腐敗、民主化です。中央政府の人事はその次です。政治制度を変えなければ人を変えても一緒だ。しかし、当面は李鵬の辞職です」。その上でこう言った。「私たちは労働者のように家族を支える必要はない。だから、このような問題は我々がやらなければならない。その任務が肩にかかっています」。

五月二七日に清華大学に戻ってキャンパスを歩いていると「離婚案（離婚案件）」のタイトルの壁新聞が貼られていた。そこには被告の政府を男、原告の人民を女に見立て、結婚歴四〇年（一九八九年は中国建国四〇年に当たる）の夫婦に喩えて次のように書かれていた。「結婚以来、夫婦はずっと不仲だった。原因は女がきわめて忍耐強いのに対して男は徳がなく粗暴で礼儀をわきまえないためだ。女は覚醒して離婚届を提出したが、男が断固として同意しない。女は自由を得るために命を懸けることも惜しくない覚悟だ。各界の開明人士の声援を望む」。つまり、中国人民は建国以来、中国共産党に不満を抱きながらも付き合ってきたが、もうこれ以上は我慢する気はない。党との関係を切るために人民は命を懸けてもいい、という痛烈な党批判だった。

民主の女神像

五月三〇日正午。天安門広場の北側に高さが五メートルを超える白い立像が運びこまれた。両手で松明を高く掲げ、顔の部分は赤色と水色の布で覆われていた。制作したのは中央美術学院の学生たちだ。像の周囲を埋めた大勢の学生や市民が見つめる中で顔を覆った布が取られた。その立ち姿はニューヨークの自由の女神像を連想させる。像は「民主の女神像」と名付けられ、後に天安門事件のシンボルとされた。この女神像が見つめる視線の先は、天安門広場北側の幹線道路（東長安街）を挟んで建つ天安門の楼壁に掛かる毛沢東の肖像画だ。除幕に合わせてベートーベンの交響曲第九番「歓喜の歌」と「インターナショナル」の音楽がテープで流された。

この時の様子を書いた私のメモ帳の中に民主の女神像の制作者の思いが記されている。「絶食団、座り込みの学生、民主と自由を愛する中国人、世界の人々にこの像をプレゼントする。民主と自由の女神。政府は軍を使い学生、市民に圧力を掛けているが、民主と自由を求める学生、市民の気持ちは負けはしない。この像は石膏で、いつまでもここに立ち続けることはできないが、我々は民主と自由を永遠に求め続ける。いつの日か民主と自由の曙光が差し込むことを信じている。民主、自由万歳」

天安門事件

その後、清華大学の留学生寮に戻っていた。事態の急変を知ったのは六月三日午後三時頃だった。清華大学の構内のマイクが天安門広場で異変が起きていることを繰り返し流し始めた。タクシーを呼んで、寮を飛び出した。しかし、広場に向かう道路は市民や車で埋まりタクシーがなかなか進まない。遠回りして中心部に近づいたが、天安門広場に続く幹線道路の建国門外の陸橋付近は二〇台の軍用トラックが大勢の市民に進路を阻まれ、結局引き返していった。タクシーも進めないので下車して歩いて広場に向かった。夕方五時すぎに広場に着き、周辺を一回りして、応援取材に来ていた毎日新聞社の上村幸治・香港特派員（故人）と合流して北京飯店の一七階に部屋を取った。

北京飯店は大通り（東長安街）に面していて天安門広場まで歩いて一〇分ほどの距離だ。ただ、部屋の窓から天安門広場を見ようとしても他のビルが視界を遮って直接見ることはできない。この日、北京飯店の宿泊客はほとんどいないようで店内のレストランも売店も明かりを抑え、閑散としていた。毎日新聞社北京支局から「今夜、広場に軍が入るとの情報が複数の筋から入っている」と電話で連絡があった。私たちは交代で窓から眼下の天安門広場に続く東長安街を見ていた。

夜が更けオレンジ色の街灯に照らし出された路上には、自転車に乗ったりぶらぶら歩いたりする多くの市民がいた。四日未明、一両の装甲車が轟音を響かせて走ってくると市民が一斉に道路脇に逃げ出した。その後、車体に「338」「008」と書かれた二両の装甲車が走って来た。所属部隊を示すナンバーだろう。市民が装甲車に何個もレンガを投げつけ、その破片や粉が舞い上がった。棒切れのようなものを投げる市民もいた。

北京飯店の道路向かい側の中国遠洋運輸総公司のビルの前に運転席の窓ガラスが割られたバス二台が縦列駐車のような形で放置されている。市民の手でさらにバス一台が運び込まれると、周りの市民から拍手が沸いた。バリケードにしているようだ。

天安門広場方向からパンパンという発砲音が断続的に聞こえ、広場の前方あたりから火の手が上がったのか、パーっと明るくなるのが見えた。眼下では大勢の市民が天安門広場に向かって歩き始めると、突然、パンパンという銃声が響きわたった。市民は蜘蛛の子を散らすように道路脇に走って逃げ身を隠す。いったん銃声が止むと三、四人の市民が銃撃されたけが人を自転車付きのリヤカーに横たえて急いで運び出すのが見えた。けが人を乗せた何台もの救急車がサイレンを鳴らして激しく行きかっている。しばらくすると、道路脇に身を隠していた市民が再び、広場方向に向かって歩き出す。広場の方から銃声が響き始め、銃撃された人が市民の手で救出され救急車に乗せられる。同じ光景が何度も繰り返されるのだ。

私と同僚記者は少しでも現場近くで見ようと、交代でホテルを出た。私は道路端に等間隔で立つ大木の幹に身を隠しながら、銃声が止むと腰をかがめて次の大木まで小走りで行き、少しずつ広場に近付こうとした。道路を封鎖している兵士の姿が遠くに見えた。

午前三時過ぎ。銃声が途切れた。何人もの市民が広場に近付こうとゆっくり歩こうとしていた。その時、発砲音が響いた。数発の銃弾はコンクリートの道路に当たり一瞬、火花が散った。「ギャー」という悲鳴が聞こえ、人が倒れた。市民が一斉に道路の両端に逃げ込んだ。銃声が止むと数人の市民が路上に倒れたけが人を自転車付きリヤカーの荷台に乗せて目の前を走り去った。荷台のけが人の手はだらりと垂れ下がり服は血まみれだった。北京飯店の前に待機していた救急車が次々とけが人を搬送していた。

ホテルの部屋に戻ると銃声が止んだ。午前四時頃、東長安街の街灯が消えた。しかし、遠くからまだ銃声が聞こえた。戦車や軍用トラックが天安門広場の方に向かって行った。市民が車の陰から石を投げていた。

午前一〇時過ぎ、ホテルを出る。上空で軍用ヘリが飛び、東長安街では再び市民に向けて一斉射撃が始まった。市民がなぜ逃げないのか理解できなかった。目の前で四〇代くらいの男性がしゃがみ込んで動かなくなった。腰のあたりから血が道路に流れていた。数人の市民に抱えられてリヤカーに乗せられて運び出された。

午後一時頃、ホテルのテレビをつけるが、歌番組や子供のアコーディオン教室など事件とは無関係の放送ばかり。突然、テレビ画面に「血洗天安門広場属謡言（天安門広場の虐殺はデマである）」の文字が映し出された。異常な世界だと思った。

解放軍兵士の市民に対する無差別発砲は午後も続いている。

午後三時半頃、雷が鳴り、雨が降り始めた。

午後九時前、五分近く続く激しい銃撃音。路上に数人の市民が倒れた。

午後一〇時半、二十数両の戦車と装甲車が戦車を先頭に天安門広場から東の北京飯店の方向に威嚇射撃をしながら進んで来た。道路にいた市民は驚いて逃げ惑った。しばらくすると今度は戦車五両が東から西へ天安門広場の方へ向かって走り去った。通り過ぎた戦車が戻って来たのだろうか。ボディーに「501」「700」「306」の数字がはっきりと見えた。まもなく装甲車も戻って来た。

五日午前七時五〇分、天安門広場から大勢の兵士が出てきた。市民は解放軍部隊の一〇〇メートル手前まで自転車で近付いてから引き返していた。天安門広場前の東長安街には焼けた八台の大型バスと二台のトラクターが放置され、市民がバリケードとして使った鉄柵は戦車に蹴散らされてぐちゃぐちゃになっていた。

正午前、ホテルの窓から路上を見下ろしていると、天安門広場から東へ向かう戦車一一両と装甲車九両の先頭に一人の男が立ちふさがった。左手にバッグ、右手に上着を持った男性は先頭の戦車が左右に進行方向を変えようとすると、男性も同じ方向に動いて前進するのを妨害する。キャタピラーに足を掛けて上り、ハッチに向かって話しかけると、再び戦車の前に。ハッチから兵士が顔を出して、邪魔をするなというように手で振り払う仕草をするが、男性は動かない。そのうち、道路脇にいた三、四人の男が駆け寄り、この男性を取り囲み両腕を摑んで道路端に連れ出した。後に「戦車男（タンクマン）」と呼ばれる男性だった。

この日も深夜まで散発的に無差別発砲が続いた。私と同僚記者は六日未明、北京飯店に公安が入るかもしれないとの情報もあってチェックアウトして別のホテルに移ることにした。北京飯店の玄関を出て壁沿いに腰を低くして天安門広場方向に移動し始めた時、突然、銃声がして前方から頭の上を

「ヒュー」という音とともに銃弾が飛んで行った。体の周りの空気がぐらっと揺れて、反射的にしゃがみこんでいた。

七日午前、清華大学に戻ると、天安門広場で何度か話を聞いたことのある清華大学の女子学生に会った。彼女は私にこう言った。「私は党を信じていた。小さい時からそう教えられてきた。しかし、今は違う。私はこんなことをする党を信用していない。中国はきっと変わる」。

のざき・しんいち　一九五二年生、福岡県北九州市出身。一橋大学商学部卒業。七九年毎日新聞社入社、西部本社報道部・福岡総局勤務。八八年九月～八九年七月まで北京・清華大学留学。東京本社外信部、西部本社経済部長などを経て、二〇一二年に西日本工業大学デザイン学部情報デザイン学科教授、一八年より西日本工業学園監事。

6　鄧小平は「功績七割、誤り三割」

読売新聞外報部主任　荒井利明

夢にも思わなかった武力弾圧

東京の新聞社に勤めていた私は一九八九年五月一〇日、ゴルバチョフ訪中の応援取材のため北京に出張した。北京滞在は一〇日間ぐらいだろうと考えていたが、思いがけなく五〇日近くにまで延びた。

一三日、北京の学生たちが天安門広場でハンストの抗議活動を始めた。その前日の午後、北京大学を訪れ、構内の壁新聞広場ともいうべき三角広場で、壁新聞を見て回った。貼り出されたばかりと思われる壁新聞が翌日からのハンストを呼びかけていた。「ハンスト参加者はこの壁新聞に名前を記入しよう」とあり、呼びかけ人の王丹（北京大生）ら三人に続いて十数人の賛同者の名前があった。ハンストが武力弾圧に繋がるとは、本当に夢にも思わなかった。

王丹とは事件から約五年後の九四年春に北京の彼の自宅で会った。事件後に逮捕され、九一年に「反革命宣伝扇動罪」で懲役四年の判決を受けて服役、九三年二月に仮釈放され、文筆で生活費を稼いでいた。王丹は「あれほど多くの人がハンストに参加するとは思いもよらなかった」と語った。事態のその後の展開も予想外のことだったという。九五年に再び逮捕され、今度は「政府転覆陰謀罪」で懲役一一年の判決を受けたが、九八年四月、病気治療を名目に出国を許可され、米国に亡命した。

ゴルバチョフは八九年五月一五日、北京に到着し、翌一六日午前の鄧小平との会談で、中ソ関係の正常化を宣言した。ゴルバチョフは続いて趙紫陽とも会談した。趙紫陽は会談で、中国共産党の秘密決定を明らかにした。鄧小平は八七年秋の党大会で党中央委員会を去り、形の上では平党員になったが、党大会直後の党中央委員会総会は、鄧小平が依然として最高権力者であることをひそかに決定していたのである。

秘密の暴露を機に、北京の運動は鄧小平の完全な引退、李鵬の退陣を求めるものに変わった。鄧小平とその家族は、趙紫陽が鄧小平を裏切り、学生らに売り渡したとの思いを抱いたようで、鄧小平の二女、鄧楠が一七日午前、趙紫陽に怒りの電話をかけてきたという（呉偉『中国80年代政治改革的台前幕後』香港・新世紀出版社、二〇一三年。呉偉は当時、趙紫陽のブレーンだった）。

四月一五日の胡耀邦死去を発端とする学生、市民らの民主を求める運動に対して、趙紫陽は柔軟に対応しようとしており、それは鄧小平の強硬な対応とは大きく異なっていた。鄧小平は趙紫陽が自分に挑戦し、地位と権力を奪おうとしているのではとの疑念を抱いていたと思われる。その上での暴露だった。

趙紫陽は死後の二〇〇九年に香港・新世紀出版社から刊行された回想録『改革歴程』（邦訳『趙紫陽極秘回想録』）で、裏切る気持ちなどはなく、それ以前にも各国の共産党指導者と会談した際には秘密決定の存在を知らせており、ゴルバチョフとの会談でも慣例にならっただけだと弁明している。ただ、違ったのは、この暴露が公開の場で行われたことだった。

密かに武漢入りしていた鄧小平

八九年五月二〇日に戒厳令が発令され、大規模な抗議デモも行われたが、五月末になると、天安門広場で座り込みを続ける学生はめっきり減った。学生が少なくなり、熱気の去った広場を見渡しながら、軍の動員などはまったく不要だと思った。

軍の動員に関して、二〇一四年に香港（Oxford University Press<China>Ltd.）で刊行された、北京の弁護士・張思之の回想録『行者思之』に興味深い一節がある。

五月一四日夜、武漢に滞在していた張思之に武漢の友人（湖北省人民代表大会常務委員会副主任）がこっそりと話す。鄧小平が今、息子を連れて武漢に来ており、「最高軍事会議」を開いて、学生らの運動にいかに対処するかを協議していると。

張思之は、六月四日以前に数十万の軍隊が北京を包囲していたとの情報とも合わせ、これほどの規模の動員は学生に対したものではなく、「自己人」に対したもの、つまり、鄧小平の味方であるはずの党や軍の指導者、具体的には趙紫陽に対処するためではなかったかとの見解を記している。鄧小平は、趙紫陽に疑念を抱き、趙紫陽との闘いに勝利し、独裁的指導者であり続けるために、軍の動員、武力鎮圧を決断したのだろう。

ただ、二〇〇四年に北京（中央文献出版社）で刊行された党公認の『鄧小平年譜』は、五月一三日午後から一五日夜までの鄧小平について、どこで何をしていたか、何も記していない。

鄧小平にとっての天安門事件は、毛沢東にとっての文化大革命（文革）である、と私は考えている。ともに政治指導者の晩年の誤りであり、「政敵」を追い落とすための政治的行動という点でも共通しているように思われる。

文革が始まった一九六六年春に大学に入った私は、「魂に触れる革命」と宣伝された文革に魅了され、中国に関心を持つようになった。卒業後、新聞社に就職し、国際報道に携わるようになったのは七七年五月以降で、国際報道記者として初めて書いた署名入り原稿は、その年の七月に文革中の失脚から復活した鄧小平のプロフィールだった。

自信たっぷりだった鄧小平

八〇年三月、私の勤める新聞社の代表団が訪中し、鄧小平と会見した。前月から北京特派員となっていた私も会見に同席した。すでに実権を握り、胡耀邦と趙紫陽を党と政府の重要ポストに据えて改革開放を進めていた七五歳の鄧小平はグレーの人民服姿で、「熊猫（パンダ）」印のたばこをしきりにふかしながら、内外の情勢について、ユーモアを交えて大胆に自信たっぷりに語った。とても魅力的な指導者に見えた。

会見終了後、鄧小平は会見参加者一人一人と握手した。私は握手をしながら、「副首相をやめるというのは本当か」と尋ねた。「そのつもりだが、認められるかどうか」との返事だった。

八〇年代前半の鄧小平は国民に好感を持たれていた。イメージが悪化するのは、民主的な指導者の胡耀邦を辞任に追い込んだ八七年一月以降で、天安門事件によって悪役となった。だが、九二年春、再び改革開放の号令をかけたことで、そのイメージはある程度改善された。

鄧小平のイニシアチブの下、党は八一年六月、文革を完全否定し、毛沢東の生涯について、「七分の功績、三分の誤り」との評価を下す歴史決議を採択した。私は、党は新しい歴史決議を採択して、天安門事件と鄧小平の生涯を見直すべきだと思っている。習近平《しゅうきんぺい》は二〇一七年秋の党大会で新時代を宣言した。だが、中国に真の新時代が訪れるとすれば、それは新しい歴史決議で、武力鎮圧は誤りだったと断罪し、鄧小平の生涯について、「七分の功績、三分の誤り」との評価を下した時だろう。

あらい・としあき　一九四七年生、石川県出身。七一年東京大学教養学部卒業後、読売新聞社に入社。八〇～八四年と九二～九五年の二度、北京特派員。ロンドン特派員、論説委員などを経て、二〇〇六年に退社。〇六～一三年、滋賀県立大学教授。著書に『違和感の中国――戦後世代特派員レポート』（増補版、亜紀書房、一九九〇年）、『「敗者」からみた中国現代史』（日中出版、二〇一一年）など。一九八九年五月から六月にかけて北京に滞在、天安門事件を現地で取材した。

7　中国民主化の火は消えず

時事通信社北京特派員　信太謙三

「戦車だ！　戦車だ！」

六月三日夜、私は同僚の村山義久記者と共に支局近くの北京・建国門外から民主化を求める学生らがたてこもる天安門広場方面に向かった。市中心部を東西に走り、広場につながる長安街には学生らを支援する大勢の市民が出ていた。人民解放軍や武装警察部隊が広場に進むのを阻止するためで、道路にはコンクリートブロックを鉄パイプでつなげた中央分離帯が捻じ曲げられてあちこちに置かれていた。時事通信社は当時、広場近くの北京飯店一一階の一室を取材拠点として借りており、二人がロビーに足を踏み入れた時だった。

「戦車だ！　戦車だ！」

誰かが叫んだ。見ると、一両の装甲車が北京飯店の前を西から東に向かって猛スピードで走っていった。二人はホテルを飛び出し、装甲車を追った。装甲車は建国門陸橋を越えたあたりで急旋回し、再び天安門の方向に走り去った。市民らは罵声を浴びせながら装甲車に石や瓶を投げつける。が、スピードが速く、なかなか当たらない。私はここで村山記者と分かれ、東京から持ってきた小型の折り畳み式自転車に跨り、携帯電話を東京本社とつなぎっ放しにして、目に飛び込んでくる光景、耳に入ってくる情報を片っ端から原稿なしのいわゆる〝勧進帳〟で、本社外信部に送り込み、人込みをかき分けながら広場に向かった。

日本の新聞朝刊の最終締め切り時間は一般的に午前一時半頃で、通信社もこれに従いニュースを止める。が、東京サイドは目まぐるしく変わる事態やニュースの重要性を考慮し、締め切り時間を延長。私は現場の状況を記事にして送り続けた。そんななか、人民解放軍の部隊が西と南から広場に迫り、パン、パン、パン、パンという激しい銃声と共に、腹に響くドーン、ドーンという砲弾の発射音が聞こえた。が、着弾音がない。「威嚇射撃」だと思った。広場の周辺にも多数の市民がいたが、彼らも「人民の軍隊が市民に発砲するはずがない」と考えていたようで、その場から逃げ出す者はいない。毛沢東主席の巨大な肖像画が架かる天安門楼閣の付近に行くと、中国共産党の中枢部「中南海」の新華門に繋がる高くて赤い壁の近くでトラックが燃えていた。その時だった。

血だらけで運ばれていった多数の市民

「前の方で十数人が撃たれた！」

突然、悲鳴があがり、市民らが、まるで大きな波のようになって、一斉に東に向かって逃げ始めた。現場を見ようと思い、前に行こうとしたが進めない。自転車に乗っていたからで、私は携帯電話で東京に原稿を送りながら、押し流されるようにして北京飯店の前に辿り着いた。しかし、ホテル側は市民が逃げ込んでくることを恐れ、鉄の門を閉ざし、入れてくれない。私は仕方なく自転車を敷地内に投げ込み、塀を乗り越えてホテルの中に入った。部屋にいってみると、村山記者が先に戻っており、「装甲車が（市民らによって）燃やされ、その炎の照り返しが熱かった」「天安門広場に繋がるすべての小さな道は武装警察官であふれていた」など、原稿の材料になる生々しい話を教えてくれた。

二人は一睡もせず朝方まで一一階の部屋のベランダから広場の様子を見守った。真っ赤に燃えた銃弾が「ビューン」という物凄い音を立てて飛んできたりもした。幸い、銃弾は部屋に飛び込んでこなかったが……。長安街を見下ろすと、血だらけの市民が平板三輪車、いわゆるリヤカーに載せられて北京協和病院の方に次々に運ばれていく。双眼鏡で広場北端に立てられた「民主の女神」像が引き倒されるのも見えた。広場が軍によって制圧されたのである。個人的な感傷に浸っている暇はない。二人は休む間もなく夕刊用の原稿執筆に入った。私は中国へのさまざまな思いを込めて社会面の雑観記事を次のように書いた。

「中国・北京の星一つない暗い夜空に、パーン、パーンという乾いた銃声が響きわたった。炎上する戦車やトラック。銃声下を悲鳴を上げて逃げ惑う市民や学生。血だらけになって次々に運ばれる負傷者たち。中国の民主化運動は血に染まり、市民や学生らは怒りと悲しみのふちにたたき込まれた」

こうした一連の取材で私は自分のすぐそばで人間が撃ち殺されるのを初めて目撃した。四日朝のことである。広場が軍によって制圧され、兵士たちが長安街にバリケードを築いた。これに対し、学生や市民らが一団となって近付いて行く。すると、兵士たちは銃を空に向けて乱射、「パン、パン、パン、パン……」という音が響き渡り、学生や市民らは恐れをなして後退。こうしたことが繰り返されていた。その遥か後ろ、王府井《ワンフーチン》の十字路付近には大勢の市民が集まり、それを見守っていた。私もその中にいた。バリケードからの距離は相当あり、銃弾が飛んでくるとは誰も思っていない。が、銃声が響き、私のすぐ前にいた、自転車に跨っていた中年の男性が突然倒れ、ハンドルに掛けてあった買い物袋から野菜が転がり出た。女性が「キャー」という悲鳴を上げ、私が駆け寄ると、男性は胸と大腿部のあたりから出血しているようで、息をしていなかった。

銃弾は硬いものに当たると、跳ね返って想像以上に遠くまで飛んでくるという。周りにいた人たちと手分けして男性を平板三輪車に乗せ、大急ぎで王府井の路地を入ったところにある北京協和病院に運び込んだ。荷台は血の海で、車輪の車軸から血糊が滴り落ちていた。男性を病院側に引き渡し、その際、病院関係者に状況を聴くと、「約三〇人が死亡し、三〇〇人ほどが手当てを受けている」と答えてくれた。学生らがたてこもっていた広場内で死者は出なかったようだが、その周辺で多くの犠牲者が出たのは間違いない。中国当局は天安門事件の死者数を「三一九人」としているが、一〇〇〇人から二〇〇〇人、それ以上の人が死んでいるのではなかろうか。事件で死んだとすると、弔慰金が出ず、埋葬もできなくなるため、「病死」などとして届け出ているという話も聞いた。実際の犠牲者数は今もって分かっていない。

事件の再評価を求める声

中国共産党・政府は民主化を求めた学生らの行為を「反革命暴乱」と断定した。しかし、人民に銃口を向けて流血の大惨事となった天安門事件での指導部の判断について、党や政府内でも、批判的な意見があるとされ、事件を表現する言葉がその後、「動乱」となり、現在は「政治的風波」が用いられるようになった。が、当局は事件の詳細について隠蔽を続けている。指導部には「事件の再評価が行われれば、党の存続さえ危うくなる」との危機感があるようだ。

しかし、学生や市民らの民主化への思いは人民解放軍による武力弾圧によって砕かれたとはいえ、消え去ったわけではない。事件の再評価を求める声は依然として存在しており、当局は事件の再発を極度に恐れ、民主活動家の監視を強化。六月四日が近付くと、広場とその周辺地域の警備を極度に厚くする。国際化が急速に進み、民主化の大切さが中国でも広く理解されるようになり、インターネット・ＳＮＳの普及もあって、庶民が党や政府の指導者・幹部の腐敗、スキャンダル、貧富差の拡大などを容易に知り、ネット上で当局に対する批判を展開。時折、民主化を求める意見が飛び出したりするからである。中国民主化の火は事件から三〇年後の今も消えていない。

（時事通信社出版の『激動を追って』、第3章「北京激震」の一部を転用）

しだ・けんぞう　一九四八年生、静岡県出身。七三年早稲田大学卒業、時事通信社入社。香港特派員、北京特派員、北京支局長、解説委員、上海支局長などを歴任。優れた中国報道によって九六年度ボーン・上田国際記者賞を受賞。二〇〇四年から一〇年間、東洋大学社会学部で教授を務めた。現在、公益財団法人新聞通信調査会評議員。著書に『巨竜のかたち――甦る大中華の遺伝子』（時事通信社、二〇〇八年）、『中国ビジネス　光と闇』（平凡社新書、二〇〇三年）などがある。

8　わが家の事件観察記

日本貿易振興会〈ＪＥＴＲＯ〉北京連絡事務所長　今井理之

天安門事件が起きた時、私たち一家は、私と妻の由美子と娘のあゆは北京市の長安街沿いの外国人用アパート「建国門外外交公寓」六号棟の一二階に住んでいた。事件当日の六月三日深夜から同四日にかけてのわが家から見た事件の状況である。

民族飯店付近の状況

三日夜一〇時頃、天安門の西方、約三キロにある民族飯店（ホテル）付近では以下の状況となっていた。同ホテルに住んでいた企業の駐在員から聞いた話によれば、市民が舗道の敷石や近くにあるレンガを割って砕いていた。いずれ来るであろう軍への投石用として準備していたのだった。

それには次のような経緯があった。一〇時前に群衆に紛れ込んでいた私服の武装警察官が、人ごみの中で人とぶつかった時、脇に挟んでいた警棒を落としてしまい武装警察であることがばれてしまった。集まった市民に殴られているところを外国人二人が助けてホテルに連れ込んだ。というわけで軍が仕返しに来るからとそれに備えているのである。

一一時頃、ホテル東側の民族文化宮から武装警察が盾を構えながら出てきた。市民は用意していた石を投げて攻撃した。武装警察は盾を持っているだけで、とくにほかの用意はしていなかった。

武装警察の一団が動く時、逃げ遅れた後方の武装警官が大勢の市民に捕まって殴られていた。やがて盾を持った武装警察は民族飯店西側の信号のある交差点のところを北に向かって逃げていった。夜一二時頃になっても建国門陸橋の上の群衆は減ることはなく、相変わらずの騒ぎ声が私の家までよく聞こえてきていた。

天安門に向かう戒厳軍と戦車

日付が変わった四日午前一時頃、前述の民族飯店に住んでいた別の商社所長から電話がかかってきた。所長は「今ホテルの前で学生、市民が盾を持った兵士に投石している。兵士は銃を持っていないし人数も少ないので劣勢である」と話してくれた。

電話の途中で彼は「何か大きな音がし始めた。見てくるからそのまま待ってください」と言って受話器を外したまま窓から大通りの状況を見に行った。少しして彼は興奮気味で「今、装甲車がものすごい音を立てて西の方から進入してきた。装甲車の後には兵士が従っている。銃を構えている。市民は逃げ出し始めている」。

この時、戦車・装甲車に従っていた兵士は二〇〇人くらいで発砲しながら進んでいた。歩兵が発砲すると大通りの両側にいる市民は自転車を倒して伏せた。発砲が終わると市民はまた立ち上がったが、倒れたままの人もいた。すると別の市民が荷車を持ってきて倒れた人を運んでいった。このようなことを繰り返しながら戒厳軍は天安門に向かって進んでいった。

午前二時近くになっても建国門陸橋付近の様子は変わりがなかった。私たちは時々、窓際に行って眺めてみると、薄暗い照明灯の辺りでうごめいている人々が見え、騒ぎ声が聞こえていた。今日はもう寝ることにして寝室に入った。妻は寝付かれない様子で、ベッドに入ってからも時々起き上がっては窓のところに行って外を眺めていた。

ガラガラっという轟音とババンという銃声で目が覚める。起きて窓の外を見ると薄明りの中を戦車と装甲車が建国門陸橋の上を天安門の方へ通り過ぎていくところだった。数えると一七両ほどであった。時計は午前五時二〇分を示していた。前夜一二時過ぎまでたくさんいた民衆はいなくなっていた。戦車と発砲で散ったらしい。後から聞いた話では、戦車が侵入してきた時、陸橋付近で兵士二人と市民一人が死んだという。

装甲車は2環路（第2環状道路）の北の方からもやってきた。長安街（建国門内大街、建国門外大街）への上り口で、下りてきた乗用車を避けようと停止した装甲車にあとからやってきた装甲車がゴツンと鈍い音を立てて追突していた。近くの木陰に隠れていた市民がこれを見て手をたたいて喜んでいた。

戒厳軍が広場制圧

午前五時四〇分頃、中国中央テレビ（ＣＣＴＶ）のスイッチを入れてみると、はじめは何も映らなかったが、そのうち、「本日、午前五時半ころ戒厳軍が天安門広場を制圧した」との短いニュースが流れた。放映は二〜三回で終わり、何も映らなくなった。

午前六時頃、日本大使館から電話が入った。商工クラブの緊急連絡網で次の内容を至急流してほしいという要請であった。

「昨日（三日）深夜より本日（四日）未明にかけ戒厳部隊が天安門広場に向け強行突破を行ったため、市民との間に衝突が市内各所で発生し、中国人に死傷者が出ています。北京市政府は、昨晩、外出禁止令を発しています。本日は引き続き混乱が予想され、危険ですので外出は禁止されるようお願いいたします」。

私は前夜の緊急連絡と同様、薮内正樹君（JETRO駐在員）に電話を入れ、各幹事会社に連絡してもらった。

午前七時過ぎ、建国門陸橋の下の2環路を南からやって来た軍用トラック三〇台ほどが、長安街（建国門内大街）に左折し、天安門方向に向かったが、社会科学院の手前で停まり、集結した。八時頃になると2環路を北からやって来る乗用車やマイクロバスが結構いたが、建国門陸橋の手前まで来るとUターンして戻って行った。なかには自転車道（側道）に入って前に進んで行く車もあった。はじめから自転車道を走っている車も見られた。前の晩、黄色いヘルメットの人たちが乗っていたトラック五台は放置されたままだった。陸橋の上にも軍用トラックが一台放置されていた。

民衆に向け発砲する軍

午前一〇時頃、ドイツ人のボックホルト宅を家族で伺った。最上階一四階の西端にあり、ベランダから見下ろすと建国門陸橋全体を眺め渡すことができた。私の家からは見えなかった陸橋の東側もよく見えた。夫人がドイツ製の双眼鏡を二つ出してくれた。使ってみると陸橋付近の状況は手に取るようによく分かった。妻はボックホルト夫人に「お宅はさすがに用意がいいわね。双眼鏡がこんなにいいものだとは知らなかった」と話していた。夫人は家には三つあると言っていた。短波放送の聴ける高性能ラジオに次いで、双眼鏡が駐在員にとっての必需品だなと内心思った。

陸橋の上には相当の人が集まってきていた。橋の下の自転車道を通り、天安門の方へ向かう自転車の数も多かった。橋の中央と東側のところの二カ所で兵士が道を遮断していた。その近くへ人々が集まってきていた。車は長安街に続く東西には通れないが、南北には側道を結構通っている。遮断されている二カ所の中間には軍用トラックが五～六台停めてあり、戒厳兵が集まっていた。

ボックホルト宅から見ると陸橋の南側まで見渡すことができた。陸橋のすぐ南側の2環路上には七〜八台の軍用トラックが道に沿って並んでいた。後で聞いた話だが、北京飯店の前あたりから天安門付近にかけては結構、危険な地域であった。大通りを遮断していた戒厳軍が、一時間に一回くらい銃を構え、大通りを歩いて接近して来た民衆に向かって発砲していたのである。

戒厳軍が前進して来ると人々は大通りから歩道の方に逃げたり、大通りに自転車と一緒に伏せたりしていた。なかには撃たれて起き上がれない人もいたし、ケガをした人を荷車で運んでいる人もいた。そんな状況が朝からずっと続いていたのである。

モノ不足のうわさ広まる

四日午後、私が自家用車を運転して妻と一緒に外国人用商店である北京友誼商店に野菜や果物を買いに出かけた。友誼商店前の大通りにはバリケード用に使われたガードレールやレンガがあちこちに散乱していた。友誼商店は閉まっていた。騒乱の巻き添えになり、長沙や西安のように「暴徒」に襲撃されるのを恐れたためであろう。仕方なく、日壇公園の西側に回り、そちらの外国人用の肉・野菜店で野菜を買った。この時はまだ食料品が不足するという話は出ておらず、買いだめしておこうという考えはなかった。

やがてコメが不足するかもしれないという情報が日本人社会で流れるようになった。妻が近所の奥さんから聞いてきた。空港へ行く道の途中にある麗都飯店（リド・ホテル）のスーパーは開いているという話を聞き、夕食用の買い物も兼ねて六時過ぎ、自分で車を運転して妻と一緒に同ホテルに出かけた。

途中、東朝陽門大街と東大橋路が交差する東大橋の交差点では、１０６番の水色の公共バスがバリケード用に使われ、道路は遮断されていて通れなくなっていた。３環路（第3環状道路）から空港への道に入るところにある三元橋の下には石炭やレンガが散乱していた。ここでも戒厳軍と民衆の衝突があったようだ。三日深夜には市民が一人死亡したという。三元橋を通り抜けた右側に五～六台の戒厳軍トラックが配置されていた。市民が取り囲み、なかには兵士たちと笑いながら話し合っている人もいた。麗都飯店のスーパーで五〇〇グラム詰めのコメを五袋と野菜、ニンニク、カレーなどを買い、デリカテッセンの店で焼き肉用の肉を買ったが、コメ以外は買いだめというほどではなかった。帰路の道に通行止めがあったりして帰宅は七時半頃になってしまい、七時のテレビニュースを見逃してしまう。

家に帰ると娘が野口という人から電話があったという。北京の人からだと思い、野口というのは名前の聞き違いだろうといい、これからはどこの誰か、会社の名前もちゃんと聞いておくようにと叱った。後で分かったことだが、この野口さんというのはＪＥＴＲＯ本部海外事業部の人だった。北京の状況をテレビで見ていて安否を気づかって電話をしてくれたのである。国際電話は一九八七年まで自動通話ではなかった。交換手が電話に出て「日本の誰それからです」と言っていた。八八年に自動通話になってからは、外国からなのか北京市内からなのかは分からなくなっていたのである。夕食は遅れて九時頃になってしまった。

天安門事件は民主化を求めるデモが発端であった。それが結局は中国人民解放軍の投入によって武力鎮圧されてしまった。三〇年経った現在、中国は発展を遂げ日本を抜いて世界第二の経済大国になったが、民主化という点では中国共産党の一党独裁は変わっていない。

いまい・さとし　一九四〇年生、岐阜県下呂町出身。一九六三年三月　東京外国語大学インド・パキスタン科卒業。同年四月日本貿易振興会（ＪＥＴＲＯ）入会。六九～七三年韓国ソウル駐在、七七年五月～八一年八月と八六年五月～八九年九月の二回にわたって北京駐在。一九九八～二〇一一年愛知大学現代中国学部教授。愛知大学『中国21』創刊準備号（風媒社刊）に「天安門事件の六日間――我が家の一九八九年六月三日～八日の体験記録」執筆。

第Ⅱ部　銃声と混乱の中で

9　中国共産党の嘘

西日本新聞北京支局長　坂田完治

娘とともに涙

六四天安門事件の直後、北京在住邦人に帰国の動きが広がったが、私の娘も中央民族学院（現在は中央民族大学）に留学していたので、新聞社本社の意向で帰国することになった。出発の前日、久しぶりに会ったものの話ははずまなかった。私の頭を占めていたのは、彼女が帰国後、さまざまな人と会う中で、中国はなんとひどい国か、と言われるだろうということだった。若者を殺す残酷な国、尊い命を踏みにじる野蛮な国。それは当然だろう。

それで、娘には「中国の人は、絶対にそうではないんだ」と言うようにと、くどく念を押した。話しているうちに涙が流れ、娘も泣いた。いま振り返ると、子供じみた話で、娘にとっても言われるまでもないことだったとも思うが、あの時はそれだけ神経が高ぶっていたのだろう。

私は、実は六四事件の惨劇を直接目にしていない。三日から四日にかけ支局にとどまっていた。記者として現場に立たなかったことは深い悔いが残り続けている。その償いというわけでもないが、帰国後、一九九五年に『鄧小平の世界——反証天安門事件』を出版した。タイトルの通り、あの時の軍の行動は正当だったと主張する中国共産党（以下、中共）に対し、それは虚構であると立証することに主眼があった。いま二〇一九年の香港情勢をみると、当時の問題意識がまざまざと蘇る。

中共の主張の柱は二つある。第一は、軍の行動は「反革命暴乱」を鎮めるためで、学生を制圧しようとしたものではないということ、第二には当日の発砲は、「暴徒」に対し反撃・自衛するためだったというものである。この正当性主張は、今も不変である。

あの強行制圧によって学生には三六人の死者（中国人民大6、清華大3、北京科技大3、北京大・北京師範大など7大学・学院が各2、その他10大学・学院が各1）が生じた。全体の犠牲者数は確定的ではないが、学生は中共も操作が不能であるため、犠牲数は確実だと言える。これだけの若者の生命を奪ったこと、それが意図的なものであるなら、中共は歴史的な犯罪行為を犯したと断罪されるだろう。その責任は軍を動かす最高責任者だった鄧小平にあることは自明である。

自著を書く中で当局文献を仔細に分析していくと、中共の嘘が露呈してきた。第一の「反革命暴乱」は中共の最高の事態規定だ。中共の事件総括はこうなっている。学生運動などを利用した政治動乱が起こり、それは発展して反革命暴乱になった、人民解放軍、武装警察部隊がこれを平定する巨大な貢献をし、その間、鄧小平ら老革命家が重大な役割を果たした。つまり、中共には「平息反革命暴乱」（中国語原文、「反革命暴乱の平定」）がすべてである。

ところが、反革命暴乱の発生日時が、公式発表では日を追って変更されていた。暴乱といった客観的な事実は、言うまでもないことだが○月○日に発生したと言えば、それで完結する。後になって△日△時に発生した、というような別の言い方が出てくることは決してあり得ない。しかし事件直後には「六月三日未明」と言っていたのだが、一カ月後には「六月二日夜」と不可思議に変化したことが確認できる。詳細は省くが、変化させざるを得ない事情が裏に存在していた。こうした推移は、反革命暴乱という事態規定がそもそも虚構であった疑いを決定づける。

さらに、戒厳部隊は不可解な行動をとっている。天安門事件は、直接には「六四」と略称される通り六月三日夜から四日未明にかけての軍の一斉進行による悲劇を指すのだが、実際には軍はこれに先立ち、三日の夜明け前から行動を起こしている。未明以降、北京市中心部には相当規模の丸腰の兵士が出現した。兵士たちは市民によって人質状態になったり、武器を積んだ車両も市民の手に落ちたりした。

不可解なのは、何を目的とした行動なのか、その意図が皆目不明であること、また秘密保持を図ることもなく、兵士らの行動は半ば公然としたものだったことだ。これは、市民らの反対行動を意図的に誘い出し、反革命暴乱という「実態」をつくりだそうとしたのではないかという疑惑を招く。たしかに、これをきっかけに市民や学生を中心に、北京は一気に極度の緊張と興奮に包まれた。軍は、その夜から完全武装した兵士を強行進行させ、阻止行動に立ち上がった彼らを「予定通り」に「平定」していったのではないだろうか。

軍の「殺す理由」

第二に発砲の経緯について。当局側は具体的には「兵士が惨殺され、死亡・負傷が重大となり、やむにやまれず反撃を加えた」という論理を掲げている。最初に兵士が殺されるまでになり、その自衛のための発砲だというのだが、これは虚構である。

まず天安門広場を制圧する当日の作戦の主力を担った幹部、兵士らの証言を探し出してみると、主力部隊は三日午後九時頃に待機地点を出発し、四日午前一時半に天安門広場前に到着した。進行の過程で、群衆の阻止行動が発生し、衝突はきわめて深刻で、全市的に拡大した。この際に、軍がどのような行動をとったのだろうか。

主力部隊の幹部は、広場西方の木樨地周辺で、多数の群衆の阻止に遭い、兵士たちは「暴徒を厳罰に」、「もし阻むなら、断固として反撃する」などと叫びながら対抗したと証言する。幹部が公言する「断固たる反撃」が市民への銃撃であったことは、事件の被害者の集まりである「天安門の母」運動による記録（死者九六人、負傷者四九人）に如実にみることができる。死亡・負傷は木樨地に多くみられ、死亡時間はほぼすべてが三日夜である。これは、右に述べた三日夜九時頃から四日午前一時半の軍の強行進行によって犠牲になったこと、つまり市民側がまず殺されたことを示している。

軍には射殺を含む強硬措置を取る理由があった。広場に指定時間通り到着すること。それは絶対的な命令だった。鄧小平の指揮の下、中共の歴史にもない大作戦が、広場到着の遅れによって狂いが生じたとすれば、その責任部隊の罪は、軍の論理では死に値する。彼らは目の前の者を射殺してでも進む選択しかないだろう。なによりも彼らは、銃を所持し対外戦を戦うと同様の完全武装を、あらかじめ整えていた。そこには、行政的な治安対策と異なった、軍主体の戒厳というものの冷酷、残忍な本質が露呈している。

他方、兵士が先に殺されたという当局の主張もまた通用しない。当局は「共和国衛士」という称号を、一連の作戦で犠牲になった兵士に授与しているが、彼らの死亡時間を点検してみると、市民側と異なる奇妙な事実が判明する。四日午前一時、同二時、同二時以降、同四時半、同四時半以降などと時間帯が遅く、三日夜は一件しかない。

これは何を意味するのか。学生・市民が最初に殺された、衛士たちはその後、学生・市民の虐殺に激高した者たちによって報復の対象となった――。そう考えることができるだろう。少なくとも、最初に死んだのは学生・市民であり、決して兵士ではない。人の死という問題において、中共が平然と虚構を作り上げることは許されない。

実態不明の「共和国衛士」

さらに、衛士にはその「英雄的行為」が皆目不明な兵士も含まれている。蔵立傑という兵士は、広場制圧作戦とは別に六月七日に死亡した。その状況は奇怪である。「車で建国門陸橋にさしかかった時、建国門外外交公寓と南側建物の両方から射撃を受け、蔵立傑は戦友を守るため、壮烈な犠牲となった」と当局発表された。

これが「暴徒」の仕業なら大いに宣伝したはずだが、そうはしていない。もともと外交公寓は、各国外交官、特派員らの住居で、一般中国人が入り込むことはまず不可能だ。こうした攻撃者不明の事例まで衛士に含めたのは、学生ら市民側の死者（公式発表は「二〇〇余人」＝陳希同《ちんきどう》北京市長報告）に比べ兵士・武装警察側の犠牲者数（数十人）が非常に少なく、それをごまかすため衛士の死者（最終的に一五人）を水増ししたのではないかと、私は推測している。

事件を振り返ってみると、鄧小平は毛沢東時代に役割を終えるべきだったと心底から思う。あの事件は、鄧が最高指導者でありながら改革開放の精神と整合しない後進的・強権的思想に囚われつつ、執拗な権力欲に突き動かされて犯したものだったと判断している。しかし、それは鄧特有のものではなく、党の政治文化そのものでもある。党の指導を絶対視する中共は、デモなど社会における自発性の発現を決して容認しない。鎮圧が唯一の選択である。一九四九年以来、それは一貫している。その下にある中国社会は、目に見えぬものの、内部に緊張をはらんだまま、これからも推移していくだろう。

さかた・かんじ　一九四一年生、福岡県出身。六三年九州大学経済学部卒。同年西日本新聞社入社、八八～九〇年北京支局長、以後東京支社編集長、論説委員など。二〇〇〇～〇五年九州大学大学院比較社会文化専攻学府、博士。著書に『鄧小平の世界――反証天安門事件』（九州大学出版会、一九九五年）など。

10　あれから三〇年

東京都立駒込病院消化器外科医師　森　武生

きっかけは日中大腸癌シンポジウム

歳をとるのは早いが、同時にその後の色々なことの経過の中で、あの事件がどんなものだったのか、いくつもの記憶の映像の中から、真に意味のあるものが濾過され、あの事件の本当の意味が構築されてくる。

駒込病院と北京腫瘍大学、それに上海医科大学第三病院で、日中大腸癌シンポジウムを行おうという機運が持ち上がったのは、一九八八年のこと。そして私と病理の滝沢医長が右代表として、北京と上海の教授と会って具体的な段取りを進めると同時に、両大学で手術のデモと講演を行い、滝沢医長が臨床病理学的な諸問題について講演を行うことになっていた。

一九八九年四月から、中国での状況は混乱を極めて、目的地北京や上海では膨大な数の学生が民主化を求めて、天安門広場を埋めている様子が、テレビなどで報道されていて、不穏な状況であった。招待者と連絡を取って、何とか大丈夫そうだということで、八九年六月三日に日本を二人で発った。北京で出迎えの王先生と会った。やはり情勢は緊迫しているようで、宿泊はワンフーチンから郊外の中日友好病院のゲストハウスに変更になった。空港からの道には兵士を満載した軍の兵員輸送車が無数に連なっていた。中心街を通った時に、ここが天安門広場という所を通ったが若い学生風が一杯で、話に聞いた自由の女神の像という安っぽい張りぼて風が立っていた。黒山の人だかりではあったが、何となく落ち着かない風であった。

周辺で早々に夕食を済ませて、病院へ戻ったが、黒い旗を背負った学生風が行き交いかつての安保デモの頃の大学構内を思わせるものであった。幸いゲストハウスは病棟と病棟に挟まれた、いかにも安全そうな場所であった。王先生に二日後の講演と手術が予定通りできるか心配で聞いたが、大丈夫というばかりであった。滝沢君と二人とも大ののんべいなので、途中で手に入れた紹興酒を一本あけて、早々と寝に付いた。そして早朝、四時ころだっただろうか、パン、パアンという乾いた連続音と、轟々という重い車両の通過音で目が覚め、二人で何だろうと言いあったがそう長くは続かなかったので、そのまま寝てしまった。

血に染まった赤十字旗

七時ころに起きて、病院のゲスト用の食堂でおいしい中国粥の朝食をとったが、どうも病院内が落ち着かない。そこで病院玄関の入口に行って驚いた。黒山の人だかり。救急車が次々と走りこむ。窓ガラスは破け、横に血染めの赤十字旗をなびかせている。

学生が窓枠にしがみつき何かをわめいている。兵士はいない。怖いもの見たさと、医師としての習性から、そっと傍へ寄って覗き込むと、床は血だらけ、二〜三人の負傷者が運ばれていたが、体に巻かれたシーツは下半身は血だらけで、本人はぞっとするほどの暗い目で虚空を見つめていた。幸い付添いの王先生が私たちを見つけて、車から引き離した。こちらも外科医なので、何か手伝うことがあれば、と申し出たが、これは中国の内政問題で外国人は無関係であると、丁寧にしかし毅然と拒絶された。

そして軍が天安門広場の鎮圧を夜中から始めたこと、銃創を主とする患者が運ばれて、もうすでに二〇〇人以上がこの病院で死亡したことを伝えられた。いかにも邪魔だったので、早々に宿舎へ引き揚げたが、その間も院内は騒然としていた。向かいのゲストハウスで、白髪の外国人がタイプライターに向かって何かを熱心に書いていたのが印象的だった。

悠久の歴史の中の民

午後になって近くを散策に歩いたが、環状道路の交差点には二、三台の大型バスが横転して、煙を上げ続けていた。例の兵員輸送車がまだ兵を満載して停まっているのに、学生や市民が取り囲んで何やら声高に叫んでいる状景にあったが、兵たちはまるで言葉がわからない異国人のごとく、うつろに目を開き、彼らをじっと見つめているのみであった。虚無的な感じは別の意味で朝の負傷した女子学生と同じであった。

夜は首都環状道路のすぐ上の王先生の自宅から、目の下でくすぶりつづけるバスを見下ろしながら食べたが、時々何やら大声で警告が行き交うだけで平穏であった。

翌日、なんと時間通りに北京腫瘍病院から迎えの車が来た。何事もなかったようだったが、運転者は用心深くバスやトラックが横転してくすぶって戦車が控えている表道路の交差点を避けて通って行った。しかし裏通りは全く何事もなかったように平和で、鶏たちがココッと歩き回っていて市民生活が何事もなかったように営まれていた。その格差に呆然としながら腫瘍病院に着くと、招待者の教授が「昨日の事件でやや数が減ったけれど、みんな講義を楽しみに来ています。なにしろわれわれには自転車という武器がありますから」と笑顔で言うのであった。

狐に化かされたような気分であったが、かつての安保闘争の時のように、熱狂的な学生や市民は確かに一部かもしれない。多くはじっと嵐が頭の上を過ぎてゆくのを待っている、という長い長い中国の歴史の中の、一般人民の生き方をしているのかもしれないと思ったことであった。

もり・たけお　一九四四年生、東京都出身。東京大学医学部卒。一九七五年都立駒込病院（現がん感染症センター都立駒込病院）消化器外科医師、同病院に三五年間勤務、最後の五年間は院長、以降は名誉院長。現・吉祥寺南病院外科顧問。エッセイ集『メスとパレット（Ⅰ～Ⅴ）』（婦人之友社、丸善出版）がある。

11　風声鶴唳におののく勿れ

新日本製鉄北京事務所長　浅川秀二

足止め食らった武漢訪問団

私がいた北京駐在事務所は、全国各地からの学生たちが民主化を求めて座り込みを続けていた天安門広場に近い北京飯店にあり、天安門事件の一部始終を最初から目撃することができた。

一九七八年一〇月に初めて北京に進出した際、種々の制約を排し中国側の尽力で設営できた「事務所」であり、八七年に再び赴任した時は懐旧の情一入《ひとしお》だった。当時の新日本製鉄会長・稲山嘉寛氏の対中友好精神の賜であったからだ。七四年、石油危機の情勢下、武漢製鉄所の圧延設備協力を決断され、続く上海宝山の一貫製鉄所は、七八年一〇月に鄧小平氏来日の際、会長自ら君津製鉄所を案内して実現に至らしめた事業であった。

事務所には長野県からの留学生・花岡さんがバイトでおり、彼女は仲間と一緒に五月一九日の夜、天安門広場に行った。花岡さんの話では、広場ではちょうど、李鵬総理の演説（動乱と決めつけ軍導入を要請）の放送が流れていたが、テントを張って占拠する学生たちは規律が徹底しており、部外者を一切入れさせず、各大学の校旗の下に整然とまとまっていた。「解放軍が来るそうだ」と聞いてもまったく恐怖感はなく、むしろ最後まで見届けたいという気持ちで、彼女はとうとう徹夜してしまったそうだ。当時、私は定期的にレポートしていたラジオ番組「ＮＨＫワールド・トピックス」の五月二九日放送分で、この話を披露したところ親御さんが聞いておられたいへん心配なさったという後日談もあった。

翌二〇日土曜日の午前九時半、李鵬の戒厳令を広場で聞いた。以降、行動が規制され随分と迷惑を蒙ることになった。その日の午後、空港で出迎えた武漢訪問団もその一つ、十数年前に武漢製鉄所プロジェクトに参加し現地で苦労を共にした仲間たち、石橋、岩隈両氏を団長とする、夫人同伴の訪中団であった。中国側も種々手をまわしてくれたが、現地の状況はかなり厳しいということで、武漢行きを諦め、北京から繰り上げ帰国する羽目となった。日壇公園で「ふるさと」を合唱し武漢で過ごした日々を懐かしんだ。何故事前にストップをかけられなかったのか、それほど戒厳令は唐突なことであった。

無意味に続く睨み合い

しかし、その後の展開が予想を遥かに超えることになったのは、世上語られている通りである。六月四日（日曜日）朝五時過ぎ、異様な音に目を覚まし宿舎のホテル「建国飯店」のベランダに出て見ると、何と戦車、装甲車を先頭に武装兵士を満載したトラック、ジープが陸続と長安街を西へ天安門に向かいつつあるではないか。確認しただけでも戦車七両、装甲車一両、他数十台。学生、市民が並べた長安街のバリケードのバスは炎々と燃えあがっている。市民も起き出して通りに出ていたが、手の施しようがない。兵士たちは威嚇発砲しながら突入して行った。しばらくして脇道からさらに一八両の戦車部隊が進入して来た。

午前八時半に宿舎のホテルを出発し、事務所に向かった。タクシーを含め市内の全ての交通機関は既に停止状態だ。レストランの閉鎖もありうると考え、準備した握り飯を腰に北京飯店まで約四キロの道のりを歩いた。途中、建国門の立体交差では、解放軍が小銃を構え市民と対峙しており、バスは燃え続け到る所に戦車による蹂躙の跡が見られた。

午前一〇時前、北京飯店中楼の事務所に辿り着いた。早速当社関係の北京在住者七人の安否を確認し、上海宝山製鉄所の技術指導グループと連絡をとり、「万一の場合は中国側で避難船を用意するから心配ない」との情報を得て、東京に連絡を入れた。

北京飯店からは天安門広場が一望できた。新楼一六階にあったテレビ朝日の臨時事務室に入れてもらい、バルコニーから恐る恐る覗くと、広場の学生たちのテント村は撤去され、解放軍の戦車や兵士が広場を占拠し長安街にバリケードを築いていた。市民らがそこに近付くと、兵士たちが腰を落とし一斉に威嚇射撃する。市民は転がるように逃げまどいわずかの遮蔽物を求めて隠れ込む。そんな光景が三〇分おきに繰り返されていた。どちらも狂気の沙汰としか思えなかった。

運悪く何人かが倒れた。午前一〇時半の射撃の時は若い男が北京飯店のロビーに担ぎ込まれた。大腿部を撃たれたようだ。米国人と覚しき宿泊客が応急手当を施す。北京飯店だけで「三人目」とのことだった。六月四日はそのまま北京飯店に泊まり込み、夜一時間おきの戦車の威嚇行進をカーテンの隙間から覗き見しつつ、眠れない一夜を過ごした。

翌五日も快晴。北京飯店内の日系各社とも自宅待機で模様眺めの状態だった。冶金工業部は自転車出勤可能な者だけ、対外貿易部技術進口公司、五金公司は二里溝の職場が職住隣接のためほとんど出勤したとのことだった。

昼前、読売・山田道明記者の呼びかけにより北京飯店在住者の情報交換会を開いた。北京飯店ではサンヨーと日中海運協議会の事務室に弾が飛びこんだとのことだった。市民側については「火炎瓶や石を投げて騒ぐのは一部の市民、とくに地方からの失業者などの不満分子のようだ」との報告もあった。

また、日本大使館によると「事態のいっそうの悪化もありうるとの判断で、駐在員家族、留学生の帰国斡旋、航空会社に臨時便を要請した」とのことであった。

「こんな気持ちでお別れしたくない」

夕刻北京飯店に近い王府飯店に徒歩で移動した。このホテルは、オーナーが人民解放軍だから安全とされていたからだ。普段賑わう王府井の通りはゴーストタウンだった。負傷者を乗せたリヤカーを囲んで群衆が歓声を上げて走り去る光景を目撃した。後難を惧れ病院には担ぎ込まないとのこと。

六月六日、東京本社と協議し、当社関係者も帰国を開始した。事務所から手提げ金庫を持ち出し、事務所車でみなが待つ友誼賓館へと行った。天安門広場を離れ裏道に入れば、騒ぎとは無縁の世界であった。当面の軍資金を渡し、帰国者を空港まで見送った。その夜は日鉄商事の所員らと麗都飯店（リドー・ホテル）に泊まった。帰国待ちの人で殺気立つなか、子供たちは遠足気分、ホテルのプールに行こうなどとはしゃいでいるのを見てほっとしたものだった。

六月七日朝、麗都飯店の近くでも発砲があったと噂が流れ、大使館からも駐在員に対する帰国勧告が出された。そして一〇時半、日鉄商事、山九、長富宮など当社の関係者は全員まとまって車に分乗、空港に向かった。空港は前日より一段とごった返し、どこも長蛇の列だった。手分けし搭乗券を購入、チェックインの列に並ぶ。この朝、役に立ったのが車用電話だった。日本鋼管の所長・樺島康介氏がいち早く取りつけ、私もそれに倣って設置していたが、携帯電話が普及していない当時は大活躍だった。日中双方の関係部門に「いったん帰国する」と挨拶、東京にも帰国連絡など、随時伝えることができた。

夜七時過ぎ全日空の臨時便NH1992がやっと離陸した。隣席の女子留学生が黄昏の大地を眺めながら「こんな気持ちで北京とお別れしたくない」と呟いていた。そして、夜一一時過ぎ、羽田空港に到着し、待ち受けた人事部の後藤室長らの出迎えを受けた。先にサッカーのケガで帰国していた杉本孝所員の三角巾姿に報道陣のフラッシュが集中するおまけまで付いて騒ぎは幕となった。

六月一九日に戻った時は、まだ街には閑古鳥が鳴き緊張感が漂っていたが、日本からの出張者や訪中団も復活した。稲山会長と北京市の合意で始まり万里長城と富士山から名付けた「長富宮」も完成し、事務所、宿舎も移ることとなった。

海外プロジェクトには予測不可能な事態の発生は付き物だ。それにいかに冷静に対処するかが要諦だと思う。騒動に巻き込まれず任務を遂行した宝山製鉄所、松下（現パナソニック）カラーブラウン管工場などはその後の中国経済発展に大きな寄与を残している。その年の一一月一二日に北京ゴルフ場に流れ弾が飛び込む事件が起きた。ちょうど日中経済協会代表団で北京滞在中の齊藤英四郎団長のお耳に入れたところ、即座に「風声鶴唳《ふうせいかくれい》におののく勿《なか》れ」と、毅然たる態度で言われたことを思い出す。

あさかわ・しゅうじ　一九三七年生、東京都出身。東京大学法学部卒。六〇年八幡製鉄（現日本製鉄）入社。七四年台湾語学研修、七八〜八〇年、八七〜九〇年の二度にわたり新日本製鉄北京事務所長、九一年草野産業中国担当、九五年山九中国駐在、二〇〇一年北京ゴルフ倶楽部中国駐在。〇三〜〇九年雲南師範大学文理学院講師。

12　中国の運命を賭ける分水嶺

丸紅取締役駐中国総代表兼北京支店長　中藤隆之

私がいた当時の丸紅北京支店は、中国外務省所属の元米国公使館だった「23号賓館」（前門東大街23号）にあり、事件の舞台となった天安門広場の南東近くに位置していた。そのため事件のほとんどが眼前で起きていたも同然で、その印象は格別に深い。

世界にテレビ中継された学生デモ

一時は一〇〇万人という学生・群衆が広場を埋め尽くしたが、彼らの「打倒官倒」（高級幹部の腐敗批判）「二割近い物価上昇と格差」「民主・自由への欲求」などを掲げた抗議行動は、胡耀邦元総書記が死去した四月一五日をきっかけに本格化した。五月に入るとゴルバチョフ・ソ連共産党書記長の訪中もあり、政治改革で先行していたソ連のリーダーに中国の窮状を訴えようとする動きも加わり、天安門広場に集まる学生たちの数はみるみるうちに膨れ上がった。

世界各国からの多くの報道陣が北京に集結し、これら取材陣の前で展開される抗議活動は瞬時に生々しくテレビ中継され世界の注目するところとなった。中国国民にとっても、その指導者たちにとっても前代未聞の事態であった。ゴルバチョフ訪中を控え学生たちはハンスト作戦に出た。中国では日常の挨拶でも「你吃了飯吗？」（食事は済ませたか）と言い交すほどに「食べること」に切実・敏感で、絶食して日々に弱っていく学生たちを見て同情と共感が盛り上がり学生への支援は一挙に高まった。

学生代表とも対話した李鵬総理は、その対応ぶりから最早打つ手はないと判断し、鄧小平など長老と協議の上、「叛乱」の手前の「暴乱」と断定し、戒厳令を発令し、戒厳司令部は再三、テレビ・ラジオで戒厳軍の市内進駐の必要性と市民の理解・協力を訴え、天安門を埋め尽くす学生群の一斉検挙のため、広場への突入が近いことを示唆した。広大な広場では学生が籠城態勢で、水・食料を備蓄し、ガス弾用のマスクを準備するなど組織行動をとり意気盛んで対決姿勢を鮮明にしていた。市内でも要所にバス車両などを利用したバリケードが作られ、主要幹線道路は学生や市民によって封鎖された。外国人の車には干渉しなかったが、中国人の車は検問所でチェックされた。市内のバス・地下鉄はストライキを続けており、いわば無政府状態にあった。

もともと、大集会を目的につくられたこの広場には、大群衆の排泄処理のため広大な広場周囲の歩道は仕掛けがあって、歩道のレンガを剝がすと下水道管が現れ流れるようになっていた。学生たちは、これを利用して、排泄や洗面をやっていたが何しろ多数ゆえ、悪臭を抑えきれなかった。連日、私は広場に行って状況を本社、傘下の中国各店に報告していたので、緊張が高まってくるのがよく分かり、大惨事になる予感を覚えた。

現場感覚での犠牲者数は一〇〇〇人前後

六月三日夜、支店に勤務する元解放軍兵士の現地スタッフに、危険の及ばぬ範囲で広場近くの南池子付近を偵察するように頼んだ。その報告を電話で聞くと「南池子付近には、多くの群衆がいて、背後から様子を見ると、一列横隊になった解放軍兵士が向こうからやって来て、最初は空に向けて一斉に発砲した。それでも群衆は解散しなかったので地面に受けて発砲し、その跳弾が当たったのか周囲に人々がバタバタ倒れた。自分も慌てて物陰に隠れ、ほうほうの体で逃げた」とのこと。

結局、六月四日未明に、広場の学生たちは軍が突入する前に撤退したというが、どういう形でいつ撤退したのかは今も明らかではないし、また、学生や市民、そして兵士の犠牲者も政府側の説明は三一九人というが、政府自体も把握していない事実も多いから、実数はそれ以上、現場の感覚ではおそらく一〇〇〇人前後ではなかろうかと推測している。動員された解放軍も北京軍区を中心に約二〇万人、戦車約七〇〇両とも言われるが真相は不明である。

情報封鎖による混乱と不安はそのまま続き、われわれ外国人がパニック状態に陥ったのは六月七日に起きた外交官・外国人記者の専用マンション「建国門外外交公寓」への銃撃事件であった。ちょうど歩いて事務所に行く途中だった私は北京飯店近くの華龍街から長安街を横切ろうとしていた。しかし、長安街は続々と続く軍のトラックの列で渡れない。トラックを埋めている兵士たちは銃を振り上げて軍歌を歌い革命スローガンを叫び、その高揚振りはひとかたではなかった。

しばらくすると、突然、建国門の方で物凄い銃撃音が響き渡り白雲が立ち上がる光景が見えた。これが外交官宿舎の銃撃事件であった。幸い犠牲者は出なかったものの、不意にしかも治外法権であるべき外交官宿舎への銃撃に外国人は恐慌をきたしたのも当然だった。各国政府は後日、謝罪と補償を求め、中国側も謝り補償も一部弁償したと聞いている。

事件を契機に誕生した日本人会

当時、すでに大使館からは日本企業に対して引き上げ勧告が出ていたし、本社からもいろいろな指示が来ていたが、私は自身の判断と責任で、駐在員とその家族はいち早く帰国させ、四人の部長クラスには、本人と留守家族の同意のもとに手元に残し業務は続けた。その理由は、この騒ぎが中国内の何処まで波及するか分からず、万一の脱出路は都会にならざるをえないことから、中国各地に仕事で残留しているメーカーの方々の引き上げに見通しがつくまで、商社の責任として現場を離れるわけにはいかないことがあった。また、中国側の官庁や得意先も表面的ながら仕事を継続しており、事態が「軍内部の分裂・抗争」「排外運動」に発展しない限り、なんらかの形で収拾されて安全とみたことなどの状況分析によるものであった。残留組は空港に近い麗都飯店（リドー・ホテル）に集結し、中島敏次郎大使（当時。故人）らと連絡を取り合い、大使館員が引き上げる時には同行する態勢をとっていた。

当時は日本人会がなく、経済団体の商工クラブしかなかったため大使館は邦人保護の連絡すら満足にできなかったが、この事件が契機となり日本人会と日本商工会議所が出来ることになった。

「山は崑崙、河は長江、民は四億五〇〇〇万」と戦前言われたが、意味するところは中国の国土は広く、人口は膨大、歴史も古く事情は複雑……というもので、中国全土の統治が如何に難しいかを指摘している。これは中国にとって永遠の宿命であり、中国では「六・四事件」と呼ばれる一九八九年六月四日に起きたあの天安門事件もこの三つの要素の考察抜きには考えられない。

顧みて、この事件は歴史に刻まれるとともに、その後の中国の運命を賭ける分水嶺でもあった。今の中国の繁栄と強大化はまさにこの事件の学習効果にある。中国には元来「法不責衆」（法律では大衆を制御できない）という言葉がある。この事件の対応については、なお内外の批判は尽きないが、中国の指導部は「先手必勝」つまり人民大衆の声を国益に照らして先取りし、的確に対応処理することを学習し、国家の安定と繁栄を目指すという大方針を決め、少なくとも現況では着実に歩みを進めている。

なかとう・たかゆき　一九三三年生、兵庫県出身。大阪外国語大学中国語科卒。五五年丸紅株式会社入社。台湾大学留学、ニューヨーク駐在などを経て重機械、プラント類の海外プロジェクトを担当。八七年一〇月北京支店長（兼中国総代表八九年四月）。中国駐在中に中国日本人商工会議所初代会頭（九〇年一〇月～九二年四月）を務める。元丸紅常務取締役。二〇二〇年六月歿、享年八七。

13　燃えた軍用車の謎

いすゞ自動車北京事務所長　渡辺真純

予想外れの戒厳令の実態

長年、自動車業界に身を置いた経験から三〇年前の北京・天安門事件を思い返すと、いまでも不思議に感じることがある。

私の事務所は北京飯店西楼五階にあり、天安門広場に近い位置だった。生来の江戸っ子気質の野次馬根性が作用して、昼休みになると気軽な服装に着替え、毎日のようにカメラを肩に掛けて天安門広場詣でを繰り返していた。私は学生たちの動きの変化には敏感になっていった。

北京市内に戒厳令が布告された一九八九年五月二〇日午前、天安門広場や長安街の上空を偵察用の軍ヘリコプターが轟音を立てて低空飛行を繰り返したこともあり、私は相当に緊張した。学生を含めて多くの中国人は戒厳令など想像もしていなかった。首都・北京に戒厳令が布告されたのは一九四九年の解放後初めてだったが、戒厳令に対する認識の誤りを思い知らされた。

戒厳令となれば軍部隊が検問体制を設け、外部から市内に出入りする車両と人員を厳しくチェックするものと考えていた。しかし、現実はまったく逆だった。軍隊はほとんど姿を見せず、市内に検問もなかった。あるのは民主化を要求する無防備な学生たちと、それを支援する市民が築くバリケードが点在するだけだった。私が抱いていた戒厳令という観念は通用しなかったのである。だが事態は刻々と変化し、最後は戒厳令を思い知らされることになった。

武力弾圧の前日六月三日、土曜日の夕刻頃だった。私が住んでいた市内東城区天壇東路にある外国人専用マンション「天壇公寓」の前の通りを軍部隊が進軍したのだが、それに先立って一部の市民が防護柵など公共物を路上に積み上げてバリケードを築いた。その状況を多くの市民が遠巻きにして不安げな表情で見守るといった光景が見られた。

そこへ最初に現れたのが歩兵部隊だったが、彼らは銃を持たない丸腰だった。この第一陣の歩兵たちは市民から投げつけられた石礫の中を平然と駆け抜けて行った。しかし、よく観察して見ると、歩道に集まった市民の幾重もの列の後ろの方から石礫が投げられ、前列の市民たちは頭上を飛び交う投石を気にする様子もなく、平然と見物を続けていたのである。歩兵たちも投石に抵抗する様子を見せることなく、石礫は道路の反対側にいたわれわれの天壇公寓の敷地内には決して飛んで来ることはなかった。

あれは一体何だったのだろうか。知人らとの電話連絡を通じて、あの日、市内のあちこちで同じような光景が繰り広げられていたことを後で知った。私たち外国人は、軍が際限なく忍耐し続けているという筋書きの中に組み込まれていたのかもしれない。戒厳令布告からすでに二週間余りが過ぎ、軍部隊は市民に阻止されて中心街に入れない状態が続いていただけに、私は「ああ、これで天安門広場一掃の大義名分が整ってきたな」と感じたのだった。

市民の軍用車への攻撃

六月三日夜から四日頃にかけて、北京市内では戦車や軍用トラックが燃やされるなどの事件が相次いだ。突如として進入して来た戦車隊には歩兵がおらず、市民が石礫で攻撃すると停車し、戦車の中から軍服を脱ぎ捨てた兵士と思しき者が抜け出し、民衆の海の中に紛れ込んでしまった。するとこれまで一度も登場しなかった火炎瓶が戦車に投げ込まれて戦車が火を吹いたのである。

軍用車両が一〇両ほど進入し、それを市民が取り囲んで火を放つケースもあった。軍用車両がいとも簡単に火を吹き、燃え上がった。〝車屋〟の私だから分かったのかもしれないが、素人に簡単に燃やされてしまう軍用車両がどこの国にあるだろうか。それでは軍用車両の役目を果たせないはずだ。鉄砲も拳銃も持たない戒厳部隊の兵士が進入し、それを市民が取り囲んで撲殺する。事務所の北京飯店から偶然、目撃した私の仕事仲間は、その手際の良さに舌を巻いてしまったという。素人が次々と正規軍の軍人を撲殺したというのである。

燃やされた軍用トラックなどは私の眼にはどれもみなまったくのポンコツ車に映った。当時の中国ではガソリンは重要管理品目で購入許可証が必要で、市民が簡単に入手できるものではなかった。そのガソリンがいとも簡単に瓶詰にされ、〝火炎瓶〟となって突如、市内のあちこちに出現した。しかも、おかしなことに北京市内のガソリンスタンドは、どこも暴徒に襲われた形跡はなかった。それではあのガソリンは、一体どこで手に入れたものだったのだろう。今でも私の中ではナゾである。

当時、人民解放軍が使用していた軍用車両には幾種類かあった。最も一般的で多かったのが「解放号」という一九六〇年代の積載量四トンの旧型車を改良したものだった。それに新型「東風号」があったが、いずれも燃料はガソリンだった。そのほかにも重量車両はあった。

火を放たれた車両には改良型「解放号」や「東風号」は一台も見かけなかった。しかも火を放たれ燃え尽きた状態で、車の背骨ともいえるフレームが溶け落ちていた。溶けてしまうような脆弱なフレームを持つ軍用トラックなど聞いたことがない。どう考えても騒乱状態に近づいた市内の急速な変化にはどこか不自然さがあるように思えるのだった。

わたなべ・ますみ　一九三七年生、東京都出身。四四年家族と朝鮮にわたり敗戦で引き揚げる。六一年横浜国立大学経済学部卒。同年いすゞ自動車入社。七七年以降、何度も訪中し、八六〜九二年北京駐在事務所長。傘下の「いすゞ特装開発」常務取締役などを歴任。著書に『中国でのビジネス——北京駐在員の夢と記録』（サイマル出版会、一九九二年）など。

14　軍の銃撃に遭遇した北京脱出行

伊藤忠商事北京駐在員事務所駐在員　三好賢治

丸腰だった若い兵士たち

一九八九年六月三日の土曜日から翌四日の日曜日にかけて、北京で歴史に残る大惨事が発生した。天安門事件である。

三日は早朝から約一カ月ぶりに北京事務所の同僚とともに北京郊外の順義ゴルフ場に出かけた。四月以来続いていた学生の天安門広場の占拠、五月二〇日に発令された戒厳令は継続中だったが五月後半には天安門広場の学生の数もかなり減り、長安街の大通りの交通も正常に戻り、このまま鎮静化するのではと思われた。ゴルフ場からの帰りの車の中で今晩、天安門広場の「大掃除（占拠者の排除の意）」が行われるとの情報が入り、一気に緊張感が高まった。それでも軍が実弾を撃ち、あれほど多数の死傷者が出る大事件に発展するとは思っていなかった。

午後三時過ぎ、「天壇公寓」に戻ると、山村隆志・中国総代表（故人）の部屋に集合した。当時、伊藤忠商事が経営していたこの日本式マンションは邦人の間では「天壇マンション」と呼ばれていた。天安門広場から南東の天壇東路沿いに位置しており、伊藤忠の社員は留学生を除いて全員がここに住んでいた。山村総代表は、社員、家族および会社派遣の留学生の安否の確認を行うとともに、今後、広場の近辺には絶対に近づかないよう、徹底周知した。

自分の部屋に戻り、衛星放送でＮＨＫやＣＮＮなどの報道を見ていたが、天壇東路に面した部屋に住む同僚から電話で「軍隊が天壇東路を進軍中だ。見に来ないか」との誘いを受けた。急いで四階にあった彼の部屋に向かい、ベランダから身を乗り出して天壇東路の南方向から市内に向かう軍の行進を見た。

歩兵が一定の間隔をあけながら道いっぱいに広がり市中心街に向かって進んでいた。兵士は銃を携帯しておらず、全員が小柄な高校生ぐらいの少年兵であどけなさが残っていた。歩兵の後ろからは装甲車と戦車が続いていた。持参したカメラで写真を撮ろうとしたところ、「カメラを向けたら撃たれますよ」との同僚の声で、体中に戦慄が走り、撮影は諦めた。ベランダからはよく見えなかったが、道路の前方にバリケードがあり、群衆から兵士に向かって投石が続いた。レンガのかけらが少年兵の身体にも当たり顔をしかめていたが、平静に歩を進めていた。投石がマンションの玄関近くにあたりガラスが割れたが、ここではそれ以上の大きな衝突はなかった。

私の部屋は内側だったので、外の音は聞こえなかった。夜遅くまで衛星放送を見ながら大変なことがすぐ近くで起きていることに不安を感じながら一夜を過ごした。

夫人や子供の帰国を最優先

翌四日の午後、同僚とともに建国門外大街に面した京倫飯店に泊まっていた出張者の様子を見にタクシーで向かった。天壇東路は昨晩からの騒動はなく静まり返っていた。天壇公園近くで真っ黒に焼け落ちた軍用トラック二台を見かけ、傍に近づいてタクシーを降りた瞬間、数人の兵士が駆け寄り、銃口を向け叫んだ。「走！（去れ）」。恐怖に怯えながら慌てて車に乗り込み、その場を去った。京倫飯店の出張者はホテルで騒動の様子を聞きながらも外には一歩も出ずに不安な一夜を過ごしていた。

天壇公寓では頻繁に山村総代表の部屋に社員が集まり、大使館や他社からの情報を整理しながら本社と連絡を取っていた。日本政府からまもなく「避難勧告」が出されるとの情報があり、全員帰国することが決まった。会社を問わず夫人、子供たちの帰国を最優先した。次いで他企業の居住社員に帰国してもらった。伊藤忠社員は一番最後に帰国した。

家族の帰国は避難勧告と同じ七日になった。午前中、天壇公寓から数台のマイクロバス、バスに分乗して全ての家族が北京首都国際空港に向かった。安全を考慮してバスの窓には「日の丸」と「赤十字」を貼り付けた。私を含め若手の社員数人が同乗した。

天壇を出発して約一五分後、国貿大廈の付近で天安門広場方向から東に移動して来た軍隊に遭遇した。軍は3環路（第3環状道路）と建国門外大街の交差点で、高架橋を通過中で、われわれのバスはその下の道を横切って北に向かっていた。その瞬間にパン、パン、パンと乾いた連続音が響きわたった。軍が発砲しながら行進していたのだ。バスの中で思わず「危ない！　全員伏せろ」と叫び、傍にいた子供たちの頭を押さえつけた。夫人や子供たちは恐怖に怯え、頭を抱え込むようにして身体を前に倒していた。運転手の顔は恐怖で引きつり、猛スピードで交差点を突き抜けた。

無事、空港に着いて家族を見送った後である。天壇公寓から「市内で銃撃戦があった模様で、空港から市内に戻ることは危険。そのまま空港に留まること。場合によっては空港で一夜を過ごし、明日そのまま日本へ帰国することになる」との電話連絡が入った。

取り急ぎ水やスナック類を購入し、空港内での籠城に備えた。何人かはパスポートを自宅に置いたままで、同僚にパスポートを持ってきてくれと要請していた。幸い二時間ほどすると、「市内も平静になったので、全員天壇公寓に戻れ」との指示があり帰宅した。その後、われわれが遭遇した発砲事件は、外交官アパートから国際大廈、国貿大廈など建国門外大街沿いのビルへの発砲だったと分かった。

臨時開設された「駐在員避難部屋」

八日に全員帰国することが決まった。ただし、軍がまだ市内に残っており、騒ぎが起きて最悪の場合は内戦に発展する可能性も残っていた。最後まで気を抜かず、翌日空港への移動ができなくなる場合に備えて、会社の車を天壇公寓に準備し、現地社員にも来てもらった。家族が帰国した私の部屋に、現地社員一人を泊め、夕食をともにした。彼と空港閉鎖や混乱が生じた場合には、車で天津に逃げようという話をした記憶がある。幸い北京市内はとくに混乱も起きず、平穏で危険を感じることはなかった。

八日、無事に社員全員がＪＡＬとＡＮＡの臨時便で帰国した。

本社内には臨時に「中国駐在員避難部屋」が開設され、帰国した駐在員全員が集められ待機状態となった。数日間は社内外の関係者との会議（天安門事件での体験、現地事情の説明）、慰労会などで多忙を極めたが、長期にわたる待機はかなり苦痛で、早期に中国に戻ることを渇望した。実は全員が帰国した一週間後に先発隊四人が密かに北京に戻った際に、到着した北京首都国際空港で週刊誌にスクープされた。持参していたダンボール箱にわが社のロゴが印刷されていたためだった。「日本の商社マンはエコノミックアニマル」という報道だった。その影響もあって他の駐在員は、世論の動き、他社の動向を見ながら二〜三週間後に目立たぬよう分散して北京に帰任した。

天安門事件から二〇年後、当時、北京で私の部屋で一緒に過ごした現地社員と再会した。彼は実業家として成功していた。二〇年ぶりの再会を喜び合い二人の話は盛り上がったのだが、彼は天安門事件について一切語ることはなかった。

みよし・けんじ　一九五一年生、大阪府出身。一九七四年、早稲田大学法学部卒業、伊藤忠商事入社。海外プラントビジネスを担当し、一九八八〜九四年北京駐在。その後、四川成都事務所、ルーマニア・ブカレスト事務所、伊藤忠香港会社などに勤務。二〇一六年に退社。

15 〝ファシスト！〟と叫んだ涙の群衆

読売新聞北京特派員　濱本良一

現場で拾った弾頭と薬莢

天安門事件後しばらくの間、私は兵士が発砲した自動小銃の弾頭と空の薬莢を数個だが保存していたことがある。路上一面に散乱していたのを中国人の群衆とともに拾ったのだが、掌に納まる小さな金属塊は、ジャーナリストとしての私の密かな〝戦利品〟でもあった。それを見るたびに、瞼の裏にはオレンジ色のアーク灯に鈍く照らし出されたあの夜の光景が浮かび上がって来たからである。

一九八九年六月三日午後一一時（日本時間同）過ぎだった。北京市の目抜き通り、長安街に通じる復興路沿いにある軍事博物館前で待機している大量の人民解放軍兵士を乗せた軍用トラックの車列が、一斉に天安門広場に向かって進軍を開始した。後に分かったことだが、この部隊は第38集団軍（現北京戦区所属）が主力で、軍事博物館前の動きは歴史的な夜の進軍開始の主要な合図だった。私はまさにそれを一時間余にわたって目撃していた。

あの日の午後、中国国内のニュースは不思議なほどに途切れた。仕方なく私は自分の車で市内を走り回り、情報を集めようとした。主要道路が交差する各要所では、軍が中心街へ進軍するのを阻止しようと群衆が集まっていた。人々はみな殺気立っていた。軍や治安当局の動きを恐れていたのだ。リーダー格の住民に誰何された私が「日本の記者だ！」と言うと、彼らは安心したかのようにやり過ごしてくれたのだが、カメラは相手を刺激するのでカバンから取り出すことがためらわれた。

取材を続けながら進んで行くと、市西部の2環路（第2環状道路）と復興門の交差点で遂に車両は通行止めになった。車を支局の運転手・白栄申に預けて、復興門外大街をさらに西に向かって一人で歩いた。軍事博物館前まで辿り着くと、軍隊が幅広い車道を全面的にふさぐ形で止まっており、大群衆がこれに対峙する形で進軍を阻止する緊迫した光景に出くわした。

脇の歩道にまであふれ返った大群衆に混じって様子を見守る私は、食事をすることも忘れてしまった。すると午後一一時になるのを待ち構えていたかのようにトラックの激しいエンジン音と銃口を開く音が鳴り響き、進軍が始まった。同時に群衆が蜘蛛の子を散らすように一斉に逃げ始めた。それでもなお人々は「解放軍は人民の軍隊だ！」と声を張り上げ、学生リーダーは「怖がるな、止まれ」などと群衆に逃げないよう命じていた。

興奮から恐怖へ

私は流れ弾に当たらないよう身をかがめて必死に走った。「大変なことになった、早く支局に連絡しなくては」、「まさか首都・北京で銃弾が飛び交うとは」、「三年前、フィリピン・マニラのマラカニアン宮殿前で衛兵に自動小銃を水平撃ちされて以来だ」。興奮の中にも妙な冷静さがあった。

しかし、逃げようにも歩道の南側は高い塀が立ちふさがり、復興門外大街を抜け出せないことが分かって焦りがこみ上げてきた。銃声と怒号が飛び交う中で、胸に鮮血を滲ませたTシャツ姿の男がリヤカー式平板車で運ばれるのを目撃し、焦りは恐怖に変わった。必死で走って道路反対の北側にある「燕京飯店（ホテル）」の敷地内に飛び込み、生垣の陰に身を潜めることができた。

「スドーン」「バズーン」「パーン」。少なくとも三種類以上の異なった銃声と砲声が私の耳をつんざいた。「ヒュー、ヒュー」と風を切る音とともに弾丸が近くまで飛んで来るのを感じた。戦後生まれの私にとって初めての体験であり、まさに〝戦場〟そのものだった。

　中国人たちも生垣の陰に身を潜めていた。すぐ前の道路を軍用トラックの荷台に乗った武装兵士たちが、威嚇射撃を繰り返しながら次々と通り過ぎて行く。一瞬トラックが途切れるすきを見て、私と同じように身を潜めていた中国人たちが立ち上がり、口々に「打倒法西斯（ファシスト打倒）！」と叫んだのだった。罵声が聞こえると、兵士がまたこちらに銃口を向ける。冷やりとした瞬間だった。

　当初、「ファシスト」と聞いて咄嗟に意味が出てこなかった。だが、第二次世界大戦時に欧州の枢軸国ドイツ・イタリアなどのファシストを指していることは分かった。「ファシストを銃撃し、あらゆる非民主的制度を壊滅せよ」との「団結は力なり（団結就是力量）」を口ずさむ中国人たちには世代を超えて誰もが知る〝悪の代名詞〟だった。だが、こともあろうに栄光の歴史を持つはずの中国人民解放軍の兵士に投げつけられるとは。私の心の中で、何かが崩れるような大きな衝撃を受けたことをいまも記憶している。

　惨劇の模様を送稿しようとホテル内に入ると、直後にホテル職員が正面玄関にカギをかけてしまった。必死でドアをこじ開けて中に入ろうとする中国人たちは、怒り狂ってガラス戸を割ってなだれ込み、ロビーは上半身血まみれの若い女性ら負傷者であふれ返った。まさに阿鼻叫喚の修羅場という表現がぴったりの光景となった。

武力弾圧の余韻が充満する６月４日午前，天安門広場から西方の長安街（復興門内大街）路上では軍用車両が炎上、黒煙を上げ続けており、大勢の市民はなすすべもなく眺めていた。

泣きじゃくる市民

電話での送稿を終え、再び外に飛び出し生垣の陰に身を潜め、トラックの進軍を見守った。先頭車両が過ぎてから、最後尾のトラックが過ぎ去るまで一時間かかった。最後の車両が通過してしばらくした時だった。どこから湧いたのかと思われるほどたくさんの中国人が一斉に路上に飛び出したのだ。淡いアーク灯に浮かび上がった人影はどれも皆、大声で泣きじゃくっている。粗暴な人民解放軍の行為に抗議し、凌辱された悔しさをぶつけていたのだ。

ふと気づくと路上には弾頭や薬莢があたり一面に散らばっていた。涙を抑えながら、私も素早く拾い、ポケットの中に押し込めるだけ押し込んだ。武力行使の動かぬ証拠品として確保しておきたかったのだ。その頃ホテルから約一キロ東にある復興門立体橋では大型路線バス一二台に火が放たれ、民間トラックが進軍を阻止するために路上に積み荷のガラクタをばらまくなど抵抗を試みていたのだが、知るよしもなかった。

私は茫然自失の状態で裏通りを辿って自宅に向かって歩き始めた。あまりのショックで自分の車のことは頭になかった。今から思えばホテルから建国門外外交公寓にある自宅（7号楼1単元34号）まで約一〇キロを三時間余り歩き続けただろう。自宅近くに着いた時には東の空が白々と明けて来たシーンが今も目に焼き付いている。白運転手は一足先に無事自宅に戻っていた（白氏はその後、一人娘の家族が住む豪州に移住した）。

一方でこんな体験も忘れ難い。進軍があったメインストリートから一本路地裏に入ると何事もなかったかのように、中国人たちが路上に座り込んで雑談に興じていた。中国現代史の一頁が塗り替えられようとしているのに、この人たちは今起きている惨事を知らないのだろうか。そう思わざるを得なかった。マルコス比大統領（一九八九年九月に米ハワイで死去。享年七二）がマラカニアン宮殿から米軍ヘリコプターで脱出し、長期独裁政権が崩壊した瞬間を取材した時も、宮殿近くの路地裏では子供たちが無邪気に遊んでいた光景を思い起こした。いずれも新鮮な驚きだった。

はまもと・りょういち　一九五二年生、愛知県名古屋市出身。七六年東京外国語大学中国語科卒、同年読売新聞社入社。八五～八七年ジャカルタ特派員、八七～八八年上海特派員、八八～九一年北京特派員、九三～九七年香港支局長。二〇〇一～〇四年中国総局長。論説委員などを務め、一一年退社。一二年一月～二〇年三月まで国際教養大学教授。著書に『世界を翻弄し続ける中国の狙いは何か』（ミネルヴァ書房、二〇一七年）など。

16　語り伝えることが私の責務

北京大学留学生＝外務省派遣　諏訪一幸

激しい権力闘争を予測

「（一九七六年の第一次）天安門事件同様、今回の『反革命暴乱』に対する評価も、いつの日か『革命的行動』へと逆転評価される可能性があることは否定できない。しかし、天安門事件との比較で言えば、今回の事件に対してそのようなことが起こる可能性は、近い将来においては大きくないように思われる。また、来るべき鄧小平の死は、現在予想される最悪の事態（党の崩壊、内乱など）にまで発展することもないと思われるが、かなり激しい権力闘争が繰り広げられるだろう。そして、結果的にはおそらく、改革開放のよりいっそうのスローダウンといったところに落ち着くのではなかろうか」。これは、一九八九年六月二三日の私の日記の結論部分である。

一九八七年九月から八九年六月まで、私は外務省派遣語学研修生として北京大学に籍を置いていた。私は学生らの行動にシンパシーを抱き、彼らに混じって天安門を目指すデモ行進に参加した。八九年五月中旬の一〇〇万人大結集では、その渦の中に身を置いていた。戒厳令発令当日は、中国人友人と共に、広場上空を飛ぶヘリコプターに向かって抗議の声を上げた。そして、六月四日朝、大学キャンパスを走り回るトラックの荷台に立つ学生の手に握られた血染めのランニングシャツを目にし、広場での異常事態発生を知った。それ以降は他の外務省派遣研修生らと共に、日本人留学生の帰国支援を行い、六月七日、大学を離れ、大使館勤務に移った。

事件直前の中国社会には、横行する役人の不正や年率二〇%近いインフレへの不満が渦巻いていた。そうした世情を反映し、北京大生は総じて政治に対してシニカルであり、関心の主たる対象は金儲けにあった。もちろん、学生らはかねてより胡耀邦・元総書記を高く評価していたが、胡氏の急死があれほどまでに学生を突き動かすとは、私には想像すらできなかった。

ハンストが訴えかけた力

中国政法大生による天安門広場中央の人民英雄記念碑への献花に触発され、四月一八日未明、約三〇〇〇人の北京大生がキャンパスを離れ、天安門広場へのデモ行進を始めた。これが今回の一連の事件における初めての北京大生デモだった。その際の主なシュプレヒコールは「特権、官僚、独裁、専制を打倒せよ」「自由、民主、北京大学、五四運動、中国魂万歳」であった。そして、広場に到着すると、彼らは、その後の学生側要求の原型となる「六項目の要求書」を、葬儀委員会を通じて、全人代常務委員会に提出した。「六項目」とは、胡氏の業績（自由と民主の尊重）再評価、反精神汚染・反ブルジョア自由化の否定と濡れ衣を着せられた知識人の名誉回復、指導者の収入公開、出版報道の自由、教育経費の増額と知識人の待遇改善および北京市のデモ規制規定廃止である。

四月二六日付『人民日報』の「動乱」社説をきっかけとしたデモの大規模化に驚いた政府側は、学生代表との対話集会を開催し、事態の収拾を図る。これがある程度奏功したのであろう、学生側は五四運動七〇周年の当日に当たる五月四日、一〇万人規模のデモを再度組織するのと同時に、今後の活動の場をキャンパス内に移すことを柱とする「五四宣言」を発表した。しかし、「北京市高校（日本語では大学の意）学生自治聯合会」（略称「高自聯」）にあって急進派に属する北京大学生ら多くの学生はこの決定に不満を抱き、王丹氏（北京大学）や柴玲さん（北京師範大学）らを中心に、五月一三日、ハンストに突入する。初日の参加者はおそらく数百人程度で、そのうちの約二三〇人が北京大生だった。

食事をことのほか重視する中国人社会において、「ハンスト」が訴えかける力には私の想像を遥かに超えるものがあった。

「彼らはそれほど思い詰めているのか。子供たちを救え！」

ハンストはそれまで傍観していた市民をも巻き込んだゼネストに発展したのである。さらに、学生らが、ゴルバチョフ・ソ連共産党書記長に対する趙紫陽総書記の発言を「現在の事態を収拾できないのは鄧小平の同意がないからだ」と解釈したことで、デモの規模はさらに拡大し、その性格も、鄧小平氏の完全引退や李鵬首相の退陣を焦点とするものに変質していった。そして、そのあとには弾圧が待ち構えていた。

瞬く間に消滅した連帯感

「より良い社会にしたい」という切実な願いが学生には共有されていた。学生らの行動は、決して反体制運動ではなかった。デモに参加し、内外の友人と議論し、北京大学内の動きをつぶさに見てきた私はこのように認識している。したがって、そのような学生と彼らを取り巻く知識人や市井の人々の思いと命を、本来ならば外敵に対処すべき軍隊を動員し、一夜のうちに葬り去った中国共産党と中国政府の判断と行為を擁護できる理由を私は見つけることができない。著しく減少していた広場の学生排除は「ごぼう抜き」で十分達成されたはずだ。

しかし、一方で、学生の行為を民主化運動と美化し、失脚していった趙紫陽氏を英雄視することに、私は強い違和感をもっている。学生の言う「民主」はきわめて曖昧なものだった。強いエリート意識を持つ当時の大学生と市民の間には、確かに短期間ではあったものの、非日常的な連帯感が生まれていた。

それは紛れもなく美しいものだった。しかし、軍出動の戒厳令が発動されるや、連帯感は瞬く間に消滅した。学生らの団結力にも問題があった。さらに、「趙紫陽は中国最大の悪徳官僚ブローカーである」との認識が学生の間には定着していた。

私は毎年、複数の授業で、映画『天安門』（一九九五年。製作＋監督：リチャード・ゴードン、カーマ・ヒントン）を上映している。多少の知識はあっても、「六・四」が映像として浮かばない今の大学生の多くが、これを見て衝撃を受ける。学生の中には中国人留学生もいる。良くも悪くも、日本にとって、世界にとって、中国の存在感はますます強まっていくだろう。その中国をわれわれはもっと知るべきだ。「六・四」という暗い過去が社会主義中国七〇年の歴史の中に確かに存在している。この記憶を風化させないことが、中国理解と相互理解の一助になり、「健全な」日中関係の基礎となる。私はそう確信している。

すわ・かずゆき　一九五八年生、山梨県出身。日本大学大学院総合社会情報研究科修士課程修了。八六年外務省入省。交流協会（現日本台湾交流協会）台北事務所主任、在上海日本国総領事館領事、在北京日本国大使館一等書記官などを経て、二〇〇四年北海道大学言語文化部助教授、〇八年より静岡県立大学国際関係学部教授（専門：現代中国政治）。論文に「中国共産党の幹部管理政策」など。

17 「戦車男《タンクマン》」を盗《と》れ

NHK報道局特報部デスク　中林利数

助っ人として天安門広場へ

天安門事件に至る転換点の一つとなった戒厳令の下で、「取材の自由」は一切なくなった。自由どころか下手をすると命すらないような状況だった。日本のマスコミ各社の中には、呼び出しを受けて警告を発せられたり、党機関紙『人民日報』や国営放送『中国中央テレビ（CCTV）』のニュース番組で、名指し批判されたりした。公安（警察）当局に支局に踏み込まれることもあった。NHK北京支局もやられた。こうなると、もう「撮《と》る」どころか「盗《と》る」ことになる。

天安門広場が学生たちで占められていた時は、学生側の発行した〝通行証〟を首からぶら下げて同広場に出入りしていた。「盗る」ために目立たない小型の8ミリビデオなども使ったが、公安当局のカメラと誤解されることもあり、外国メディアと分かるプロ用大型カメラを使用するなど状況を見て使い分けた。

広場が学生や市民で占拠されている間は、その中に紛れ込んで、〝ヒトの海〟の中で「盗る」ことができたが、軍の弾圧が強まり、メディアに対する脅しがひどくなると、信用できる正確な情報をたよりに動物的な勘で動くしかなかった。

NHK取材陣は、北京在住の特派員のほかに、たくさんの助っ人が東京から臨時派遣された。五月中旬に北京で開催された歴史的な中ソ首脳会談の取材・放送のためだった。この時はCCTVとも友好関係にあり、東京との中継や映像を送る「伝送」のために市内西部の復興路沿いのCCTVビルにも楽に出入りすることができた。ゴルバチョフ書記長下のソ連のように、中国も変わっていくのだろうと私も世界も考えていた。

首脳会談が終了し、NHKの助っ人たちが相次いで日本へ帰国するころになって、天安門広場の学生たちがますます増えた。何か変だぞ、と東京は五月二三日に第二陣の助っ人を北京に派遣した。その中の一人が私だった。その時の私は、東京では報道局特報部デスクという立場だった。若い時は特派員としてレバノン内戦やイラン革命など、それなりに修羅場を踏んでおり、久々の修羅場となった。六月の北京支局は、常駐の特派員と助っ人がコンビを組み、全員で「盗り合い」となるような状況だった。

音声は何とかなった。携帯電話は今ほど普及していなかったが、現場の音や声やレポートは十分に東京に送ることができた。問題は映像だった。平時だったらCCTVから人工衛星を経由して東京のNHKに送ることができたのだが、戒厳令下ではこれが禁止になった。取材済みのビデオテープをヒトが持ち出すしかない。

しかし、これとて臨時支局を開設していた広場近くの北京飯店の出入口には公安当局者が見張っていて、ビデオテープやスチールカメラのフィルムも抜き取られていた。さてどうするか。

「アッ、轢かれる」

切羽詰まってビデオテープのプラスチック製のカセットを壊した。「1/2ベータ」ビデオも8ミリ・ビデオも外側の箱を壊して中のテープだけを取り出し、丸めると小さな円筒形状になった。これを浅田飴の缶などに入れ、北京首都国際空港に運んだ。成田空港や大阪国際空港にはNHK技術陣が待機し、テープを受け取って再生・放送された。

いまは膨大な数のスマートフォンなどが全世界に広がり、アマチュアによる夥しい数の映像がYouTubeやSNS（ソーシャル・ネットワーキング・サービス）などで飛び交っている。そうした愛好者からみれば、私たちのやったことは縄文人の石器を見るようなものだろう。三〇年前のことである。今日のような放送と通信の融合は当時、想像もできなかった。

東京からの助っ人で北京入りした私と河瀬謙二カメラマンとは、北京飯店に投宿し、互いに仮眠をとりつつ、ほとんど一緒にいた。六月五日のあの「戦車男（タンクマン）」の映像は、同ホテルの一六階のベランダに二人でいる時に撮った。ベランダに大きな植木鉢を三鉢置いて、その陰に三脚を立て、レンズに望遠アタッチメントをつけて、眼下に広がる東長安街を見下ろしていた時だった。戦車の隊列が縦一列で進んで来た時に、一人の男が戦車に歩み寄った。「アッ、轢かれる」と思わず私が声を上げた時には河瀬カメラマンはカメラを回していた。その声はほんの一瞬だが、いまも聞くことができる。

彼はあの男が当局者によって連れ去られるまでカメラを回し続けた。二人ともそれが後々まで話題になるカットだとは、その時は思わなかった。それ以上に東長安街では実際に撃たれて死ぬ市民・学生らもっと大変な事態が立て続けに起きていたからである。キャプション（撮影報告書）を書いている暇はなかった。代わりに、その時その時の時間と状況を音声で録音していった。

「戦車男」の映像もヒトの手で持ち出され、その日の六月五日夜の番組「NHK　TODAY」で放送された。しかし、放映された時間が短か過ぎると、当時の園田矢・北京支局長が東京デスクに電話で怒り、翌朝の「モーニングワイド」でもっと長い時間放送するよう声を荒げて申し入れた。

この後、戒厳軍からホテルのベランダの植木鉢を撤去するよう指示があり、公安当局者が部屋に入って来て、「一九八九年六月五日封」という貼り紙を窓ドアに貼り、開閉できないようにしてしまった。万事休すだった。

鄧小平をやっつけろ

北京飯店から撤退するしかない。私は小さな8ミリビデオをポケットに忍ばせ、ふらりと天安門広場まで行って戻って来たのだが、なんと北京飯店の出入口は割と自由に出入りできた。そのまま一六階に上がり、封印された窓から広場周辺に山ほど集結していた戦車と兵士を目撃できた。撮影角度は限られたが、8ミリビデオで「盗れるだけ」撮った。

邦人に政府の退去勧告が出た六月七日の午後三時まで、ギリギリいっぱい「盗り」続けたのだが、園田支局長からの命令でホテル裏口から逃げるようにして外に出て、そのまま北京首都国際空港に向かった。夜のJAL臨時便で成田空港に戻り、持ち帰った直近の映像は翌八日の昼の全国ニュースで私の若干のレポート付きで放映された。

天安門の壁に掲げられた毛沢東の肖像画と長安街通りを挟んで向かい合うように建てられていた「民主の女神」像が六月四日午前五時前、戒厳軍によって倒される前後から大惨劇は始まった。あの像の下で、「小瓶（シャオピン）」と「鄧小平（ドン・シャオピン）」をかけて小瓶を倒し、「打小瓶（ダー・シャオピン＝鄧小平をやっつけろ）」と叫んでいた中央美術学院の学生たちの無邪気な顔が忘れられない。彼らはあれからどうなったのだろう。

「眠れる獅子」と言われた中国は、いまや天に駆け上る「巨大な昇龍」としてアメリカと覇権を争う勢いだ。その龍vs.鷲が闘う凄まじさに世界はただ恐れ慄いている。「あれだけのこと」があったのに、「たったそれだけ」のこととして、巨大な昇龍は長い歴史の流れの中に埋没させようとしている。

そんなことが許されてよいのかと思いつつ三〇年が経った。中国も中国だが、アメリカもアメリカで、「アメリカファースト」の前に正義も道理も常識も引っ込んで、私は老いて田舎で呆然としている。

勝者が歴史を書き、敗者が文学を語るという。天安門事件は歴史の上でどう総括されるのか。あの時あそこにいた者としては、命がけで「盗った」記録の証拠は残し続けてほしいと思う。いまはそれがたとえ縄文式石器のような古びた物になったとしても。

〔追記〕深まる戦車男のナゾ

「戦車男」は、過去三〇年にわたり世界中のテレビ・ネット画面で繰り返し放映され、いまなお中国民主化の象徴として英雄視されている。たった一人で戦車に立ちはだかった勇気ある行動は、NHKを含む西側メディアのカメラに相次いで記録され、早い時期から戦車男の行方を追い求める報道が間欠泉のように続いてきた。英紙『サンデー・エクスプレス』は一九八九年夏に、この男性が「王維林」という一九歳の学生だったと報じ、政治的騒擾罪で逮捕され、投獄ないしは処刑されたと伝えた。

二八年後に香港紙『蘋果日報』(二〇一七年七月二一日付)は、男性が北京市石景山区出身の当時二四歳の「張為民」で、その後、無期懲役の判決を受けたが、二〇一〇年に減刑され仮釈放された後に一五年頃、再び収監された、と報じた。北京の刑務所で一緒に服役していた男の証言によるもので、近く収容先の天津刑務所を出所すると指摘したものの続報はなかった。どの情報も真偽は不明である。

米ジャーナリストのマイク・ワラス氏は二〇〇〇年八月三一日に放映された米CBSテレビの番組「六〇分間」で、江沢民《こうたくみん》総書記(当時)に、戦車男の勇気を称賛するか否かを尋ねている。江氏は「彼は逮捕されていない。今どこにいるのかは知らない。写真を見ると、彼は明らかに自分の考えを持っていたことが分かる」と答えた。

するとワラス氏が、「私の質問に答えていない。彼の勇気を称えるのか否か」と畳かけた。これに対し、江氏は「あなたが言わんとすることは分かるが、私が強調したいのは、すべての市民に対して自らの意思と希望を自由に表現する権利があることをわれわれは十分に尊重しているという点だ。しかし、国家の緊急事態の際に政府の行動に対して、目に余る反対の意思表明することは賛成できない。戦車は停止し、あの若者を轢かなかったのだ」と踏み込んだ回答をしていた。いまも残る戦車男の映像の成せる業だろう。

江氏は天安門事件当時、上海市党委書記（政治局員）だった。総書記辞任を表明した趙紫陽氏に代わる後継者として事件直前の八九年五月三一日、上海から急遽上京し、翌六月一日に鄧小平氏に面会し、総書記就任を直に通告されていた。天安門広場の武力制圧とともに翌日の戦車男の行動も、江氏は次期総書記として北京で状況をしっかり把握していたのである。（『李鵬六四日記真相、附李鵬《六四日記》原文』＝澳亜出版有限公司）

最後に戦車男に〝新説〟が登場したので紹介する。NHK元香港特派員の見立て「戦車男は当局の自作自演」説である。当時、北京で天安門事件の応援取材をしていた同特派員によれば、その理由は(1)現場が北京飯店の近く、公安省の真ん前。しかも同ホテルのベランダには多くの外国人記者がカメラを構えており、中国当局も十分に承知していた。実際、複数のカメラマンが撮影に成功した。(2)前日の六月四日朝、広場近くの六部口で、戦車によって学生ら一一人がひき殺されており、市民の間で「戦車が学生たちをひき殺した」との情報が瞬く間に広がった。当局はこの情報に対抗する意味から、「戦車は人をひき殺さない」とのイメージを拡散させる必要があった。(3)党宣伝部関係者は「戦車が人をひかなかったことに注目してほしい」とメディアを誘導していた――などである（加藤青延著『目撃天安門事件』）。はたして真相や如何？　謎は一層深まるばかりだ。

なかばやし・としかず　一九四二年生、岐阜県高山市出身。六五年早稲田大学卒、NHK報道局入局。函館放送局を振り出しに以降転勤一〇回。報道局映像取材部統括、パリ特派員、ボン支局長、札幌放送局副部長、函館放送局長などを経て二〇一八年、故郷の高山支局長で定年。著書に『鮭の子の歌』（高山市民時報社、一九九八年）、『岡目一目』（同）など五冊ある。

18 「戦車男」と義勇軍行進曲

朝日新聞北京支局員　田村宏嗣

ドラマ・チャイメリカ

天安門事件を象徴する一枚の写真がある。

北京の東長安街の大通りで、向かってくる戦車の隊列に、買い物袋を下げた白いシャツの男が一人で立ちはだかっている。

「戦車男（タンクマン）」である。

その写真をめぐるドラマ「CHIMERICA チャイメリカ」（ルーシー・カークウッド作、栗山民也演出、小田島則子翻訳）が、事件から三〇年を経た二〇一九年二～三月に、日本でも上演された。演題は「CHINA」と「AMERICA」をかけ合わせた造語で、「中国化したアメリカ」を意味している。

舞台は、この写真を撮った米国のカメラマンが、戦車男のその後の行方を探る展開で進む。八九年の北京と二〇一二年のニューヨーク。時間と空間を目まぐるしく移動する。

戦車男の行方を追いかけるカメラマンは、最後にもう一人の戦車男の存在に辿り着く。それは、徒手空拳の白シャツの男を前にして立ち往生する、戦車隊長＝タンクマンだった。だが、二人のタンクマンの「今」は、なお謎に包まれている。

私は二月の公演を東京の世田谷パブリックシアターで見た。客席はというと、三〇代以下の女性が九割以上で、還暦を過ぎた私は完全に〝アウェー〟状態。天安門事件を知っているとおぼしき年代の人は二〇人に一人いるか、いないかだった。

なぜ、こうなったかというと、主役の米国人カメラマン役の田中圭、その中国人の友人役の満島真之介、その他にもイケメン俳優が並び、これがなにより女性ファンに受けたようだ。客席からは韓国語も聞こえてきた。

さて、その若い女性たちに天安門事件と中国はどう映ったのだろうか。

「あんなことがあったなんて、知らなかった」

「拷問もあるし、中国って、何か怖い国ね」

カーテンコールの後でこんな声が聞こえてきた。

白昼の乱射　自宅居間に銃弾

ドラマ「ＣＨＩＭＥＲＩＣＡ」の手法をまねて、八九年の北京に戻ってみよう。

私は八八年三月から九〇年一〇月まで、朝日新聞社の北京支局に勤務した。天安門事件当時は三三歳で、斧泰彦支局長（二〇一七年六月死去、享年八五）との二人態勢だった。

戦車男が現れた東長安街から東に進むと、大通りは建国門内大街、建国門外大街と名前を変える。建国門には陸橋があり、東2環路と繋がっている。

私の住まいは、この陸橋に近い建国門外の外交公寓（外交官アパート）にあった。大通りに面した三階で、立体交差があるため部屋と道路の高さがほぼ同じだった。戦車男の現場からは直線距離で三キロほどだ。

民主化運動制圧の任務を帯びた戦車隊は、北京東郊からわが住まいの前の道路を通って、天安門広場に向かったのだろう。

六月四日の惨劇の後、情勢は混乱し「内戦勃発」の情報も飛び交った。住まいの近くの陸橋には戦車や装甲車が二〇台近く布陣していた。住まいに戻っても、明かりを落として食事をとり、大通りとは反対側の部屋で寝ていたものの、戦車や装甲車が通る音で眠りを妨げられた。

戦車隊は任務を終えると、「戦車男」との対決を経て、再びわがアパートの前を通って東へ移動したはずだ。私とタンクメン（戦車隊員）との因縁を感じる。

次の場面は六月七日朝。アパートでは、妻の玲子が中国の家政婦と洗濯物を干していた。すると、軍用トラックの兵士が拡声機で「戦車の通行を妨害すると撃つぞ！」と警告してきた。妻はすぐに家政婦を家に返すと、支局にいた私に電話をかけてきた。歩けば一五分ほどの距離だが、支局の車を迎えに出した。

妻が車に乗ってアパートを離れようとしたところで、「乱射」が始まった。彼女は近くの植え込みにしゃがんで隠れていたが、乱射は一五分ばかり続いた。その後、無事支局に辿り着いたが、居間の窓ガラスには直径一〇センチほどの穴を開けられた。

私たちは前年の一〇月に北京で挙式したばかりだった。支局でその銃声を聞いていた私は生きた心地がしなかった。ちなみに、住まいに撃ち込まれた銃弾は「反革命動乱時持ち帰り品」（？）として、今も大事にしまってある。

素直に聴けない中国国歌

さて場面は変わって、翌九〇年三月二〇日の北京。天安門広場に面した人民大会堂で、全国人民代表大会の総会が開幕した。

初日の目玉は、天安門事件で武力鎮圧に踏み切った、李鵬首相（二〇一九年七月死去、享年九〇）による政府活動報告。私たち特派員は上の階の記者席に陣取った。

まず、国歌の演奏。

「全員起立」

勇ましい義勇軍行進曲が始まった。「立て！　奴隷になるのを望まぬ人々よ！」の歌詞で始まる曲は、もともと一九三五年に制作された抗日映画『風雲児女』の主題歌だった。作詞は田漢、作曲は聶耳。「敵の砲火をついて、進め！　進め！」。日中戦争の間に抗日の歌として広まった。それが、新中国の建国とともに国歌になった。

だが、私は立ち上がらなかった。立ち上がる気にならなかったのだ。

すると、後ろの席にいた中国の中年女性記者が、首からひもでぶら下げていた私の記者証を取り上げて確かめると、「日本人か！」とだけ言って、つき返してきた。彼女がどう受け止めたのかは、分からない。

ただ、私の思いとしては、わずか一年足らず前に、ハンストの若者たちの民主と自由を求める声で埋まり、その若者たちが戦車で蹴散らされた天安門広場の隣で、とても素直に立ち上がって中国国歌を聴く気にはならなかったのだ。この思いは、三〇年たった今でも変わらない。

たむら・ひろつぐ　一九五五年生、東京都出身。東京大学教養学部卒業。北京大学歴史学系中退。八二年朝日新聞社入社。外報部、政治部などのほか、北京、シンガポール、台北各支局に勤務。現在は編集局フォトアーカイブ編集部に勤務。著書に『キーワード30で読む　中国の現代史』（高文研、二〇〇九年）。

19　私が目撃した天安門蜂起

米ロサンゼルス・タイムズ社北京支局長　デイビッド・ホーリー

軍に挑んだ群衆

一九八九年六月四日の夜明け前の数時間で、中国軍は北京の歴史的な中心地・天安門広場を主な場所にして七週間余に及んだ学生らの抗議活動を流血の末に終結させた。

天安門から東方に数百メートル離れたホテル「北京飯店」のひと気のないコーヒーショップの窓越しに、私は広場の方向に数百人の兵士たちが長安街の幹線道路を塞ぐように一線状態に展開している光景を目撃していた。ホテルの前には怒り狂った勇敢な数千人規模の北京市民たちが集まっていた。彼らは兵士たちが発砲しながら市中心部に突き進み、戦車や装甲車が障害物を轢きつぶし、兵士たちが前進を阻もうとした群衆に向けて銃を乱射することに怒りをあらわにしていた。

中国人たちが発生した月日から単に「六四」と呼ぶ事件は、現在の中国を形作るきかっけになったのだが、私にとってそれは前夜（六月三日）から始まっていた。

当時、私は米ロサンゼルス・タイムズ社の北京支局長で、四月中旬に始まった一連の民主化要求運動に関する同紙の取材全体を統括していた。ロス・タイムズの取材班は、広場の観察を順番で担当していた。私の番は（六月四日の）深夜、午前〇時からだった。六月三日深夜に市内中心街の建国門外外交公寓の自宅アパートを出発する前に天安門の数キロ西方で中国軍が群衆に対して発砲し始めていることは分かっていた。

私は自転車のハンドルをしっかりとつかみ、広場へと疾走した。

自転車をこいでいると、徒歩で逃げ惑う数百人規模の群衆や、自転車で広場の方向から疾走して来る人々と行き違った。軍の主力部隊が市内西方から近づいて来ていたのだ。

間もなくして一両の装甲車が猛スピードで交差点の角を曲がって広場に向かって行った。装甲車はデモ隊が走行を妨害するために路上に設置していた赤白縞模様の道路分離帯を乗り越え、必死でついて行こうとした私の進路を縫うように前進して行った。あの道路分離帯はトラックや車両の通行は阻止できたが、戦車や自転車を阻むことまではできなかった。

とうとう広場の東北角で歩行者用通路まで群衆があふれるほどになり、装甲車の運転士は立ち止まらざるを得なくなった。さすがに群衆を轢き殺そうとするようには見えなかった。再度、装甲車が停止した瞬間に、誰かがタイヤの部分に分厚い金属棒を突っ込んだのだ。

怒り狂った群衆は燃えている毛布や火炎瓶を装甲車に向かって投げつけ始めた。数人の若者が車上に駆け上り、ハッチを叩き出した。ハッチを開けることに成功すると、燃えている物体を車内に中に投げ込んだ。三人の兵士が中から飛び出して来た。車両を飛び降りると、群衆の中にちりぢりになって消えた。私は逃げる兵士の一人を追いかけた。居合わせた群衆は興奮状態でパイプや棍棒で兵士を殴打し、兵士はジグザグ状態になって逃げ惑った。恐怖でひきつった兵士の顔面からは鮮血が流れ落ちていた。

その時だった。二〜三人の学生が兵士を暴徒たちから引き離すと、近くにいた救急車に収容した。

予定を繰り上げた学生の抗議行動

私はその後、広場の中央に行き、平和的な抗議行動を行っている学生や、武装闘争で復讐を誓っていた過激派の市民たちにインタビューして回った。この時、私は広場の歩行者通路側から長安街通り沿いへと移動したのだが、兵士たちの銃撃の射程内に入っていることに気付いた。

私は北京飯店に戻り、支局に電話連絡した。当時はまだ携帯電話は珍しかった。ホテルの入口では保安要員がカメラやフィルムをチェックしていた。薄暗いコーヒーショップに一台の電話があることに気付いた。ホテルのオペレーターは市内のロス・タイムズの支局につないでくれたので安心した。以降、私はコーヒーショップの窓越しに広場の方向を観察しながら、定期的に情報を支局に送り続けた。

うわさやはっきりしない情報がホテル内にいた外国人記者や中国人、外国人たちの間で広まっていた。それは天安門の方向から聞こえた銃声は、広場にとどまる学生たちに向けられたものではないかという疑念だった。当時、私はおそらくそういう事態が進行していただろうと考えた。

毛沢東の後継者とされる最高実力者の鄧小平は、夜明けまでに広場を接収するよう軍に命じていた。その目的を達成するためには、殺害行為も必要との権限を与えていた。大量殺人はあのころ市内のあちこちで発生していた。大半は西方から天安門広場に通じる幹線道路の数マイル沿いで起きていた。

天安門事件は、東欧諸国の共産主義体制が包囲攻撃に遭う運命的な年に発生した。ベルリンの壁はその年の一一月に崩壊したし、二年後にはソ連邦が消滅した。鄧小平の運命的決定のタイミングは、ポーランドの共産主義体制に終止符を打った六月四日の議会選挙前に天安門広場から学生らを強制排除するという要請に部分的に合っていたかもしれない。学生たちをさほど恐れていなかった鄧小平もポーランド式の独立自主管理労組「連帯」を非常に恐れていたからだ。

中国で数カ月に及んだ民主化抗議行動は、人々に人気のあった総書記・胡耀邦の死去（四月一五日）が引き金だった。胡は一九八七年、抗議行動者たちに対してあまりに軟弱だったとして党トップ総書記の地位を失っていたのである。一九八九年春、学生たちは一九一九年五月四日の歴史的な「五四運動」七〇周年の民主化デモを計画していた。だから胡が死去すると、天安門広場に花輪を持ち込んで胡を追悼するために計画を半月余り繰り上げたのだった。

これは生存している指導者たちにとっては、暗黙の批判を意味していた。警察当局はただちに弾圧することは困難だった。なぜなら表面的には党トップだった指導者の追悼行為だったからだった。

広場に残った記者からも取材

鄧小平体制下の官僚たちは学生の抗議行動に対して大きく見解が割れた。それはソ連のミハイル・ゴルバチョフ書記長の五月中旬の訪中でいっそう際立つことになった。

鄧小平が広場から学生らを追放するために軍の導入を決めた時、主要な経済改革派だった趙紫陽総書記は、同調することを拒んだ。

趙紫陽が民主化運動の弾圧に反対している見解は外部に漏れた。軍が五月二〇日の戒厳令発動と同時に首都に入城しようとすると、大勢の群衆によって阻止されてしまった。自由を求め、腐敗に反対する学生たちを支持する北京市民は、二週間余りにわたって軍を追い詰め、その間に鄧小平を追放し、権力を趙紫陽に引き渡せというように抗議の性質は変化していった。だが、時はすでに遅かった。趙は自宅軟禁状態になってしまった。鄧小平は頑固な長老たちとともに、この闘いに負ける意思など毛頭なかったのである。

夜明けと同時に、私は友人のデイビッド・シュワイツバーグUPI通信支局長（半年後に北京市内で心臓発作のため三九歳で急逝）とシンディ・ストランドCNNカメラ担当が北京飯店に向かって歩いて来るのに気付いた。もし、シンディがビデオテープを持ってホテル内に入ろうとすれば、入口で取り上げられてしまうので、私は窓を開けて、彼らに大声で警告した。すると彼らは、最後の瞬間まで広場に残って、夜明けに一列になって広場を無事退場する学生たちを目撃していた、と答えたのだった。

この事実はとても重要だった。午前四時過ぎに広場の方向から聞こえた銃声は、警告の射撃音であり、兵士は学生たちが街灯の上部に設置したラウドスピーカーをめがけて発砲し、放送できないようにしていた。それより先に激しい銃声は私も聞いたのだが、広場の北端から北京飯店を通り過ぎた長安街通り沿いに鳴り響いた。この間に学生たちの身に何が起きたのかを二人はちゃんと取材していたのだ。

シュワイツバーグとストランドが私に語った話を伝えるべく支局に電話した後、私は学生を含む米国人数人と話す機会があった。その時に良いアイデアが閃いた。ホテルの部屋を借りるのだ。ただ私がカウンターでやったのでは身分証から記者だと分かって問題になり、チェックインを拒否されるのがおちだ。しかし、彼らなら普通の客として疑念を呼び起こすことはなさそうだった。長安街に面した上層階の部屋を借りて、部屋代を会社で支払うようロス・タイムズ本社と掛け合った。今後も続くであろう学生と軍との対立をよく観察できることは請け合いだった。

しばらくして私は上層階の部屋のバルコニーに立って、広場の北端を見ていた。そこには戦車や装甲車とともに兵士が展開していた。眼下の路上には、恐れを知らない怒り狂った市井の人々が左方に見えた。

私は過去の出来事を悔やんだりするような人間ではなかったが、せめて一夜だけでも見晴らしのよい部屋にいられればよかったのにと後悔した。でもそんなことをしていれば、ホテルに戻ろうとしたシュワイツバーグやストランドと決定的に大切な話ができなかったこともすっかり忘れていたのだった。それに狭いバルコニーの赤いレンガ造りの側壁に、銃痕を一つ見つけていた。前夜に部屋を借りていれば、私の頭があったかもしれない場所だった。

後悔しても意味がないことだ、と私はつくづく思った。

趙紫陽が勝利していたら……

約二四時間後に私はホテルを引き払い、自転車で建国門外外交公寓にある支局まで戻り、仕事を再開した。

私が北京飯店を離れてしばらくして、ＡＰ通信のカメラマン、ジェフ・ワイドナーが同ホテルに到着し、私が相部屋にした部屋に入り、その数時間後に部屋のバルコニーから東方向に向かっていた戦車の前に立ちはだかった男の伝説となった写真を撮影していた。数人のカメラマンも同様の写真撮影に成功していた。

欧米社会では「タンクマン（戦車男）」と言われる写真は、悪徳に対する人間の勇敢な精神を具現化した象徴として扱われている。しかし、中国では戦車は男を轢き殺すことなく止まったので、中国軍の部隊は自制心をきちんと働かせていたとアピールする政治宣伝として利用されている。

より重要なことは、中国のテレビニュースが、抗議デモに参加した連中の暴力行為が、軍の発砲の引き金になった、と報道した点だった。真相は、軍が乱暴に市街地に突入して来たことが市民の暴力行為を引き起こしたのだ。

こうした騙しの手法や報道規制、ネット管制によって、いまの中国人たちのほとんどが、あの時に何が起きたのかすらよく理解していない。多くの国民は誰も話さない「六四」と呼ばれる出来事が起きたことを知るのみである。

六月九日になって鄧小平が突然姿を見せ、軍を「国家の鉄の砦だ」と称賛した。彼は中国が引き続き改革開放の基本政策を続ける、と世界に向けて強調した。ロス・タイムズ紙は当時、三段見出しの記事で「経済改革は継続と鄧が誓約」と大きく報道した。鄧小平は「この出来事は、われわれに過去を冷静に考えさせると同時に未来をも考えさせた。われわれの大義を、より確実に良好かつ迅速に推し進め、自らの誤りを迅速に訂正することになろう」とも語った。

この北京の大虐殺は最終的に鄧小平の支配を強化し、中国の近代化＝市場経済の改革を伴った一党独裁制度の教義を固定化することになった。言い換えれば、中国式の権威主義的資本主義体制である。鄧の凶暴な抑圧への転換は、共産党が享受してきた左派の思想的正統性の終焉を運命付けた。軍と警察の国家権力、経済成長、狂信的な民族主義だけが支持の支柱になった。過去三〇年間で中国は強国となり繁栄した国に変貌したが、この教義は依然として変わらないままである。

虐殺は共産党が内部で進化していく選択肢を断ち切ってしまった。おそらく趙紫陽のような穏健派指導者が勝利していれば、ゴルバチョフがソ連の人民にもたらしたような路線に沿った政治的自由化が最後には生まれていただろう。ソ連の崩壊以来、中国指導部はゴルバチョフの脆弱性を危険な物語として注意喚起の対象としている。

死者数は推定一〇〇〇〜一五〇〇人

天安門事件から数カ月した後、私は米国大使館で、ある当局者からあの弾圧で何人の死者が出たと考えているのかと尋ねられた。私は「一〇〇〇人ぐらいだと思う」と答えた。彼は驚いた様子だった。多くのメディアが多数の犠牲者を示唆していたこともあって、もっと多くの数字を期待したようだ。彼は、米国と欧州の諜報機関が協力して最も適切な死者数の推定概算数をはじき出したが、それが一〇〇〇人程度だった、というのだ。

この諜報機関と同じ推定値は、ハーバード大学の権威ある一九九二年報告書の中でも引用されている。この報告書は「天安門の騒動——米メディアによる一九八九年春の報道の検証（Turmoil at Tiananmen : A Study of U. S. Coverage of the Beijing Spring of 1989）」（一五〇頁を参照）で、西欧諸国の駐在武官団が秘密裏に調査を行い、死者数は一〇〇〇人から一五〇〇人との推定概算数を出している。

私はいま東京の早稲田大学で歴史と政治を教えているが、セミナーでは天安門広場での抗議行動とその歴史的文脈を扱っている。私は学生たちに対して、「全部で一〇〇〇人ぐらいが死亡した。そのうち八〇〇人ほどが一般市民で、主に部隊の進軍を阻止した人々だった。学生の死者は北京市内や地方から来た五〇人から一〇〇人であり、天安門広場の歩行者区域内では死者はゼロかほとんどいなかった。私は一九八九年に当時の政府が発表した〈数十人の兵士と警察官が抗議者たちによって殺害された〉との数字を受け入れている」と話している。

また大学の教室では、「もし皆さんが今日の中国を理解したいのなら、中国共産党が〈豊かで強力な中国党〉となって名称を変えたと想像しなさい。それがすべてです。もし中国が〈豊かで強力な中国党〉の独裁のもとで、目標に向かうために資本主義を利用していると考えれば、すべての疑問が解ける」と言っている。

この権威主義的資本主義体制の固定化は、今後一世代あるいはそれ以上、将来何年にもわたって続くのだろう。それはいまのところ六四事件の遺産である。しかし、これらの出来事は、永久的に中国の歴史の中に埋もれることはない。それらの記憶を消し去ることはできないし、より深淵な形を伴って中国の運命を形作って行くだろう。

（二〇一九年五月三〇日付同紙に特別寄稿より）

デイビッド・ホーリー　一九五〇年生、米国ニューヨーク州出身。七二年オベリン・カレッジ卒。七八年スタンフォード大学修士号取得。七九年米ロサンゼルス・タイムズ社入社、八七〜九三年同社北京支局長。その他、東京、ワルシャワ、モスクワの各特派員を歴任。東京都内在住、二〇〇八年から早稲田大学と慶應義塾大学で非常勤講師を務める。

紫陽、李鵬両氏が広場の学生を見舞ったとのニュースがあった。李鵬首相と会見した際の学生代表の態度は一国の首相に対する態度ではなく礼を失しているとの意見もあった。帰宅時、天壇東路沿いの天壇公寓（当時、広江勉・副所長および金沢所員、小原所員が居住）に寄ってタクシーで帰るも天安門広場へ向かう群衆が多く途中から徒歩で帰館した。

五月二〇日　ベッドに入りウトウトしていると「こちら東京の小早川です。足立君ですか。北京で戒厳令が施行されたとこちらのテレビで放送があった。外出はやめた方がいいし、食料を確保しておいた方がいい」との連絡あり。戒厳令という言葉で全身がピリッとすると同時に目が覚めた。一階に降りてテレビをつけると楊尚昆《ようしょうこん》国家主席の演説が行われており、この時間（午前一時頃か）としてはやはり何かがあったと思わざるを得ず大使館に電話。政治部の佐藤重和書記官が出てきて「李鵬首相が学生デモは動乱であり、軍の出動を要請したが戒厳令を出したかどうかは確認されていない。そちらでも何か情報があれば教えてほしい」とのことだった。午前六時に起床し、服務員に広場の安全性を筆談で確かめ広場の東南の歩道まで出かけた。学生の群が次々と天安門広場へと集ってきた。沿道の見物人が拍手し昨日までと同じ風景の朝だった。広場周辺の交通整理は一六日頃から学生が行っていたが、ますます学生がコントロールする色彩が強くなった。中国人スタッフを含め全員に情況を説明し、交通が遮断するおそれがあるので全員に帰宅を指示した。午前九時一五分頃、軍のヘリコプター六機が長安街の上空を東から天安門広場方向に向けて低空で飛来する。威嚇のためか。職員を送るため天壇公寓に向かう途中にラジオで午前一〇時から戒厳令が施行される旨の放送を聞く。放送は繰り返されたが外出禁止ではなかった。

五月二一日　午前六時、服務員に外出の安全性を確認の上、広場へ向かった。広場は多数の学生が寝起きしたためかかなり汚れ、臭気がただよっていた。天壇公寓前の大通り（天壇東路）はドラム缶、バス二台によるバリケードが作られ、周辺に群衆が多数集結し、異様な緊張感が高まっているとの情報が天壇公寓の広江副所長よりあり。夜、天壇公寓に移動し宿泊。

五月二二日　大使館より中南海から北京飯店にかけて危険地帯に指定するとの連絡が入ったと聞き、大使館に確認するもそうした事実はなし。(午前五時一〇分) 大使館によれば天安門広場は引き続き学生が占拠中であるが軍は動いていないとのこと。午前六時のNHK報道によれば、天安門広場は学生が占拠したまま。(午前七時一五分) 全員で天壇公寓を出発し出勤。街の空気が平静になりつつあるように思われた。(午後二時三〇分～三時三〇分) 街の様子が昨日までとうって変って落ち着いてきたので車で市内を廻った。道路は平静、街角では昨日までと異なり交通警官が整理にあたり、学生の数も減少した。『人民日報』の記者によるデモ行進あり「李鵬、鄧小平は辞めよ」のプラカードを見かけた。

五月二三日　(午前八時) 全員で天壇公寓より出勤。市内は急速に正常化していたが、地下鉄はストップ。バスは運行した。

五月二四日　(午前七時三〇分) 天安門広場は引き続き学生が占拠し広場周辺の交通は形だけ学生が行っていたが、交通に支障はなく地下鉄も動き出した模様であった。

五月二五日　(午前七時) 天安門広場は引き続き学生が占拠していたが群衆は減りつつあり、デモは一応ピークを越えた感があった。(午後七時三〇分) 広場周辺の人数は激減し歩行も容易になり、夜間に学生の歓声が数回あっただけだった。

五月二六日　(午前八時一五分) 広場の学生は元気がないと感じた。

五月二七日　中島敏次郎大使公邸で大使と北京日本商工クラブ幹部のミーティング。

五月二八日　学生デモがあったが規模はさらに縮小してきた。

五月二九日　広場のデモは依然継続。趙紫陽の処分で党執行部はもめているとの情報。

五月三〇日　広場に民主の女神像が出現した。学生の抗議デモは依然広場で続いた。

五月三一日　広場管理者より民主の女神像の撤去指示が出たが、像は存続し見物人が増加した。長安街（建国門外大街）に面する建国飯店に「偉大的中国共産党万歳」「旗幟鮮明反対資産階級自由化」、京倫飯店には「堅持改革開放」「堅持四項基本原則」の垂れ幕が出現した。

六月一日　（午前八時一五分）広場の学生は減ったが、香港から寄贈されたテントや民主の女神像は残ったままだった。

六月二日　広場の学生数が相当に減少しテントだけが目立つ。民主の女神像も。学生の敗北で終わるのだろうか。

六月三日　（午前七時）長安街の革命・歴史博物館前、正義路との交差点、崇文門内大街との交差点にバリケード（バスや分離帯の鉄柵を利用）を構築した跡が見え、かなりの市民が集っていた。衛星放送で学生と軍が昨晩衝突した、地元の情報では軍の車で三人が轢死したとのことを耳にした。（午後七時）戒厳司令部が強制手段も辞さないことと市民が天安門および新華門付近に近付くことを禁じた。（午後八時）広江副所長と広場の周辺を車でまわった。市民が集りつつあり、とくに広場の西北部は混雑し交通警官は姿を消していた。混雑で新華門までは行けずに戻ることにした。（午後一〇時）大使館より外出を控え両門に近付かないよう連絡あり。（午後一一時～午前二時三〇分）天壇公寓より軍が陸続と天安門広場に向かっており最初に丸腰の兵二〇〇～三〇〇人が天壇東路を通過した。その後ヘルメットを被った兵数千人が天壇公寓前を通過した由。

六月四日　（午前六時）天安門広場方向で銃声が聞こえた。広場方面から多数の群衆が前門東大街から東へ押し出される様子が窓から見えた。ただし建物の外は銃声もあり外には出なかった。銃声のため一時は床に伏せて電話する。天壇公寓からの電話ではNHK情報として軍は完全に天安門広場を占拠した由。それにしては銃声が続く。天壇東路でも兵隊、トラック、群衆の動きがあった。(午前六時三〇分）商工クラブより緊急連絡あり。大使館情報として市民多数が死傷した模様で、かつ市政府が外出禁止令を出したとのこと。(午前七時三〇分）社員全員の無事を本社の吉澤専務に報告。(午前八時）前門東大街の人通りが減り銃声もほとんどやんだ。(午前一〇時）商工クラブより連絡あり。「本日外務省本省は北京を目的とした訪中を当面避けるか、または延期するよう勧告することを決定した」。(午後一時）広江副所長一家の明日の一時帰国を決定したが現在の交通、治安情況では動けない状態であった。(午後四時一五分）天安門広場の方から歓声が聞こえた。今までの学生のシュプレヒコールよりはるかに力強い声で天安門広場を占拠した兵の鬨《かちどき》の声か。

六月五日　時折、兵士の鬨の声が聞こえた。23号賓館の西一〇〇mの場所にバス、トラック、兵士の警戒線が引かれていた。(午前九時四五分）大砲のような大きな音が聞こえた。兵士の鬨の声がしきりと聞こえ、ヘリコプターが頻繁に旋回していた。市民を威嚇するためか。兵士への食糧補給のためか。このころ電話回線は不調であった。(午後一時四五分）小原所員が現れ天壇公寓より崇文門、23号賓館まで来たが23号賓館の先に兵士の姿が見えた以外は通常の状態に近いとの説明があった。(午後〇時三〇分）23号賓館の門前で兵士が威嚇射撃。小原所員と外に出たが市民の姿が多く通常の街の様子であった。

六月六日　(午前九時一五分）伊藤忠の車で山村隆志同社総代表、藤野文晤同社所長と日本大使館へ向かう。3環路（第3環状道路）経由の迂回で大使館に到着。途中で車の焼跡などを見た。大使館で久保田穣公使、赤倉亮領事部長、小林二郎政治部長と会議。公使から「もはや身の安全、食糧の確保などを考えると早く帰国させるべきと考える。航空機の臨時便の件は政府要請でJAL、ANAともに一日一便ずつ三日間増便。空港へのアクセスについて多数の場合には大使館車の先導を考え、邦人が使用する車には〈日の丸〉〈日本大使館〉のステッカーおよび大使館作成の通行許可願を発給する」との話があった。（午後四時）山村総代表に最後の挨拶を行い東京での再会を約した。日本輸出入銀行の一行とともに空港へ向かった。北村所長は一人で残られるとのことであった。（午後五時）北京首都国際空港に無事到着。空港はかなり混雑しており長蛇の列や、予約の手違いなどの一部混乱もあったが植田君ともども無事にチェックインを完了した。現地スタッフと別れの挨拶を交わし家族全員帰国することができた。このような形で北京を離れることは予想外のことであった。一日も早い北京の正常化、帰任の日を望む。

あだち・せいじ　一九四二年生、埼玉県出身。六五年三月慶應義塾大学法学部政治学科卒。六五年四月東京銀行（現三菱ＵＦＪ銀行）入行。七六年一一月〜八一年三月同行ニューヨーク支店、東京銀行信託会社、八八年一二月〜九一年四月同行北京駐在員事務所長。九一年五月〜九三年同行ジャカルタ支店長、九五年七月〜九七年一月カナダ東京銀行頭取、カナダ東京三菱銀行頭取。九七年一月東京三菱銀行退職。

第Ⅲ部　事件を見つめて思う

21　天安門の怒濤に直面した日本国大使

駐中国日本国大使　中島敏次郎

混乱の広場を視察

中国の李鵬首相の訪日（一九八九年四月一二〜一六日）に合わせ、駐中国大使だった中島敏次郎は北京から一時帰国し、李鵬の日本訪問の全行程に同行した。昭和天皇の崩御から三カ月余りの八九年四月一三日、天皇（現明仁上皇）は皇居・宮殿竹の間で李鵬と会見し、昼食をともにした。李鵬は次の訪問地・岡山県倉敷市を訪れていた四月一五日に、胡耀邦・前総書記の急逝の知らせを中島大使から受けた。同行の側近筋からも確認したうえで、李鵬はそのまま翌日の日程をこなすことを決め、当初の予定通り帰国した。任務終了とともに北京に戻った中島の前に急転直下で拡大し始めたのが学生たちの胡耀邦追悼の動きだった。

その後の北京は学生・市民による連日の大規模デモが繰り広げられ、天安門広場は籠城する学生たちのテントで埋まった。そんな五月上旬のある日のことだった。

「大使、きょう午後の予定が急に空きました。天安門広場に行ってみませんか」。大使秘書だった井川原賢（現青島総領事）の言葉に、中島は一瞬逡巡したが即座に応じた。昼食を済ませてほどなく、ネクタイを外した中島は大使公用車で井川原とともに、数キロ離れた天安門広場に出向いた。

中島にとって後にも先にも混乱が続く広場に自ら足を踏み入れた唯一の機会だった。生前、中島がオーラルヒストリー本として出版した『外交証言録　日米安保・沖縄返還・天安門事件』（岩波書店、二〇一二年）の「第6章　天安門事件――駐中国大使時代」の冒頭に掲載されている天安門広場に立つ自身のスナップ写真を撮影したのも井川原だった。中島は貴重な体験として写真を後生大事に保存していた。

中国語に不案内な中島は通訳役の井川原の案内で、広い広場内を見て回った。滞在は短時間だったが、大使自らが居座る学生たちと言葉を交わすなど状況把握に努めた。

中島は外務省内ではアメリカン・スクールとして通っており、中国問題の専門家ではなかった。外交官人生の中で、シンガポール大使、豪州大使のあとに最後の大使ポストとして就いたのが中国大使だった。

おっとりした温厚な性格の紳士で館員たちの人望は厚かった。大使退任後も東京で何度も中島を囲む旧大使館員らによる会合を開いた、と井川原は懐かしむ。

抗議デモの学生たちを支持した市民

そんな中島が天安門事件で受けた衝撃は並大抵のものではなかった。前掲の著作に従って中島発言を追った。

「北京というのは普段、自転車や歩行者たちの衝突事故が絶えない。街の通りでは喧嘩なんかやって、黒山の人だかりができるのが日常茶飯事だったのですが、この時はみんなもう衝突しても、ただ御免、『対不起《ドゥイプチー》』などと声をかけ合うだけで天安門周辺に駆けつけていた。リヤカーに旗を立てて、学生支援の北京市民が天安門広場にみんな集まってきていた。学生を支援すべきだというのが一般市民の受け止め方だったのでしょう。学生支援の食料などをリヤカーに積んで、広場に集まっていくわけです」。

「そのうちデモがエスカレートして、行政官庁の職員までデモに参加していました。たとえば〈外交部〈外務省〉なんていう旗が立てられたりしていた。参加者は鉢巻をして、学生運動に対する大衆の同情心というか、支援はものすごかったですね。北京市民が、みんな天安門へ天安門へと自転車やリヤカーを引っ張って集まってきていた。そういう興奮状態になっていたと思います」。

改革派の胡耀邦が急逝してから武力弾圧で終わった激動の五〇日間の中で、民主化運動に参加した学生・労働者を取り巻く北京市民の意識も大きく変化を見せた。中島はそれを思い返しているのである。外国人の多くが見たことのなかった中国人の姿だった。

中島が繰り返して強調したのは、デモにあらゆる階層が参加していた事実だ。「学生側の要求は、要するに民主化です。いろんな意味で中国の体制をなんとかしろということでした。だからこそ官庁の役人までがデモに参加したわけです。外交部や教育部（省、当時は国家教育委員会）の役人が出てきて、旗を掲げて行列して学生を支援していました。それから、日本の文部省に当たる文化部もいました」。

一方で鄧小平を中心とする指導部は、反革命暴乱として民主化運動を武力弾圧した。中島の執務する大使館にも影響が及んだ。

「六月四日以降、昼間は大使館の私の執務室の窓が開いていまして、その外を解放軍の兵隊が剣付き鉄砲でダッタカダッタカ行ったり来たりしているのです。誰が何をやっているのか、もちろん分からないわけですが、鉄砲の音がパンパン聞こえました。私は電報を書いたり読んだりする時、その窓の下の壁によりかかって、頭を下げて座っていました。普通に座っていると、窓から弾が飛び込んでくるわけです。このため、壁に寄りかかって、本省との電報のやり取りをいろいろ書いたり読んだりしていました」と、生々しく状況を語っている。

井川原によれば、実際に兵士の撃った弾が大使執務室に飛び込むような事態はなかった。それくらいの緊迫した状況だったと言いたかったのだろう。

中国の一番嫌なところを目撃

六月七日には日本人外交官も住んでいた建国門外外交公寓が解放軍兵士に一斉射撃される前代未聞の事件が発生した。死傷者は出なかったものの、中島は大使として中国外務省に強く抗議した。窓や壁などの補修作業は行われたが、中国指導部の答えは、「李鵬さんは外国に対しては何も悪いことはしておらず、中国国内の問題だとかたくなに主張していました」というものだった。「中国人というのは、そういう時に弱い姿勢を絶対示さない」とも付け加えた。

事件は中島が積み上げてきた中国との関係だけでなく、中国への思いも無残につぶした。

「私は率直に言って、天安門事件というものを自ら経験して、中国政府による自国民の弾圧といいますか、自国民に発砲して事件を片づけるような態度に対しては、民主主義という立場から見て、本当に残念だと思いました。また、中国の国民が気の毒だという印象を非常に深く持ちました」。

「中国の人達の中には、過去の歴史上の体験から『上に政策あれば、下に対策あり』とうそぶく人達もありました。私は、これ以上中国にいるのはうれしくない、不愉快だという感情を抱きました。もう北京には二年ぐらいとなっていましたが、北京を去るべき時が来たという思いを深くしました」。

井川原も、「中島大使は、事件前はさまざまな問題があったものの、中国の将来には一定の希望を抱いていたが、事件を境に深く失望していた」と断言する。

そんな中島の幻滅感を直接聞いた記者がいる。共同通信北京特派員だった松尾康憲だ。

中国政府は事件の犠牲者に対する追悼行事などは無視し、祝賀ムードの盛り上げに必死だった。国慶節の一〇月一日夜には、事件以降立ち入り禁止にしていた天安門広場で花火大会を催した。松尾が広場に赴くと、中島も訪れており、二人は見聞をともにした。軍の大砲一〇〇門が放つ二八発の礼砲に続き、「慶祝建国四〇周年」の文字が色鮮やかに浮かび上がった。さらに仕掛け花火が一五分間ほど続き、サーチライトの青い光線が左右に交差した。一見華やかな夜に見えた。

しかし、この光景と騒音は、四カ月前に同じ広場で繰り広げられた照明弾の炸裂音や突撃銃の発砲音に加え、兵士の突入も彷彿とさせるものだった。だが、大勢の中国人たちは、花火を見上げて無邪気に歓声を上げていた。怖じ気立った松尾は思わず「あんな気分になれません」と吐露したのに対して中島は、「われわれは、中国の一番嫌なところを見たのかもしれないね」と言い放った。この中島の一言を松尾は三〇年後も忘れることができない。

祝賀のため招かれた外国要人は、カンボジアのシアヌーク殿下（後の国王）、北朝鮮の李鐘玉《りしょうぎょく》国家副主席、ソ連・東欧諸国、アジア・アフリカの一部の国々に限られ、中国が陥っていた国際的孤立ぶりを却って浮き彫りにした。鄧小平は北朝鮮の李副主席に対して「先頃北京で起きたのは悪いことだったが、結局はわれわれに有利となった。われわれをさらに覚醒させたからだ」と断言したのには松尾は鼻白んだ。

この式典には、日本から日中協会会長の向坊隆と日中経済協会会長の河合良一が参加し、天安門楼上で鄧らと席を同じくしていた。本来なら大使の中島も同席すべきだったのだが、公使を代理に行かせ、本人はあえて下界の広場探訪に及んでいた。これが記者の松尾と隣合わせになった理由だった。

中島は式典の三日後の一〇月四日、二年超に及んだ大使の任を終え帰国した。中島は「私が国慶節の前に離任すると、大使引き揚げという外見を伴って、これまたいろいろ外交上は機微なことになってしまいます。このため、じっともう何もしなくても北京に残って、その後で平穏裏に北京を離れることにしました」と内情を明かしている。「じっともう何もしなくても」の発言に中島の深い絶望感が滲んでいよう。

社会主義＝中国に対する根本的疑問

そんな中島が、帰国後に残した証言からは社会主義＝中国への根本的疑問が垣間見える。

「共産体制とはセントライゼーション（centralization）、つまり、国の行政なり国民の生活なり全てを中央の党や政府がその理念に従って統制する体制だということです。そういう体制の中での経済発展がありえるのかという命題を考えていました」。

「事実、その根本的な矛盾、つまり共産体制と経済発展は基本的に両立しないはずだという私の命題をその通り実践してきたのが、天安門事件であったと考えるのです。それでも天安門事件後に李鵬首相と話した際、『中国は農民の国なのだから、そんな経済理論なんか当てはまらないよ。国民の七、八割を占める農民が変わっていかない限り、中国は変わらないのだ』と言われました」。

「私の駐中国大使時代は鄧小平の時代でした。鄧小平自身が一九九二年に南方をぐるりと回った後のいわゆる南巡講話で、これから経済発展を図ると言って、中国の基本方針が変わるわけです」。

「それから後の中国は、海岸に面するところを選択して、ものすごい勢いで経済活動を実行するようになりました。経済発展に伴って、一つの根本的な制度が変わるわけですから、それにいろいろな問題が付随する。いかなる制度でも同じですけれども、中国の場合には、民主化、デセントライズのプロセスで起こる問題、すなわち、中央に対する批判とか反乱だとか、そういうものを強い公権力、すなわち公安という警察力で抑えつけていく。そういう手法だと思います」。

中島は経済発展に邁進する中国で、政治体制の変化の可能性を予期していたことが窺える。外交官としての現地体験をもとにした洞察力なのだろう。

中島は自らの『外交証言録』が発刊される一カ月前の二〇一一年一二月一三日に八六歳で亡くなった。中島の根本的疑問に反論した李鵬も一九年七月二二日に病死した。事件から三〇年の月日が流れたが、中島の懸念した構図は今も変わっていない。

（文責・濱本良一）

なかじま・としじろう　一九二五年生、東京都出身。四八年東京大学法学部卒。同年外務省入省。在英国大使館参事官、同公使、本省条約局長、北米局長、シンガポール大使、オーストラリア大使などを経て八七年九月〜八九年一〇月まで中国大使。その後、最高裁判事、国際常設仲裁裁判所（ハーグ）裁判官などを務めた。二〇一一年一二月歿、享年八六。

22 中国で生まれ育った私の見方

電通北京事務所長　八木信人

北京大卒、二五年間電通の北京駐在

私は終戦の前年に旧満洲国・新京特別市（いまの吉林省長春市）で生まれ、今年で七六歳になった。終戦後、父が中国に残ったことで私は日本人としてきわめて特異な人生を送った。生まれてから今日までの約五九年間を北京で過ごし、中国は私を育ててくれた第二の故郷である。新中国建国の一九四九年一〇月、父の仕事の関係で一家は瀋陽から北京に移り、以来、小学校・中学校・高校、大学とも北京で、北京大学政治学部で中国共産党史を学んだ。同大政治学部は、現在、北京大学国際関係学院になっている。当時の北京は日本人が少なく、日中関係も良くなかったので、高校までは母方の姓を使って「関健」と名乗っていた。よほど事情を知っている者以外は私が日本人だとは気づかなかった。

父親の寛《ゆたか》は愛媛県今治市の出身で、大陸での人生を夢見て満洲にわたり、満洲映画協会でシナリオ書きなど映画製作の仕事をしていた。日本の敗戦で、多くの日本人はいち早く帰国したが、父を含む満映の一部の人は中国に残り、中国人民の映画事業に協力した。

終戦後なぜ日本に帰らず中国に残ったのかについて、父に尋ねたことがある。「これまで自分の目で日本軍、国民党軍、八路軍、ソ連軍の四つの軍隊を見てきた。その中で共産党が指導する八路軍兵士が最も規律正しく、真面目で正直だった。彼らに共鳴し、映画事業の面から協力しようと残留を決意した」と、話していた。

その後、父は中央広播事業局国際部日本語組（後の北京放送国際放送局日本語部）の立ち上げに参加するため、家族を連れて北京に移った。帰国する一九七〇年二月まで同放送局に勤務した。日本では「東方書店」に勤め、退職後の九三年、北京に再度移住し、二〇〇八年一二月に九三歳で亡くなった。

私は一九五〇年に小学校へ入学した。当時の中国は、「抗美援朝（米国に対抗し朝鮮を支援する）、保家衛国（国と家を防衛する）」のスローガンのもと、中国人民志願軍を朝鮮に出兵させ、韓・米軍と戦った。北京西城区の小学生もみんなと一緒に鉄クズを拾い、最終的に「戦闘機一機分の鉄が集まった」という大人たちとともに喜びを分ち合った記憶がある。

私が一五歳になった頃、五九年の建国一〇周年に合わせて「十大建設」の名のもとに首都・北京に立派な建造物が相次いで建設された。その中の一つが天安門広場の西側に隣接する人民大会堂で、学校から他の生徒とともに人民大会堂の建設現場に駆り出され、砂や砂利を運んだこともある。

私は大学を卒業した六七年九月に帰国した。文化大革命の最中だった。帰国直後には日本人社会で自在に日本語をしゃべれるようになるまで少し苦労した。七二年の日中国交正常化に伴い〝中国ブーム〟を迎え、大手広告代理店「電通」に入らないかとの誘いを受けて七三年四月に入社した。その後、八〇年から二五年間、「電通」の駐在員として再び北京で生活し、二〇〇五年二月に退職するまで約三二年間、電通マンとして働いた。

事件収拾——党の判断は正しかった

一番の思い出は八一年に人気歌手グループ「アリス」の北京初公演を成功させたこと。電通時代は中国に企業の宣伝活動とは何かを説明し、分かってもらうのに苦労した。

電通北京事務所長に着任して一〇年目で直面したのが、いわゆる「六・四（天安門）事件」だった。

中国の事柄に対し日本のメディアは、すぐ「指導部の誰々が保守派、改革派、また中国の人権、民主化……」などと言うが、何をもって保守派、改革派なのだろうか。

いわゆる「六・四（天安門）事件」の発端は、最高指導部内部において、経済建設、政治改革などについて意見の違いが生じたのであり、それがそのまま大衆に広がり、あのようなことになった。これは当時の党指導部に責任があると思うが、私は日本人なので、無責任にあれこれ中国のことは言えない。今日の中国の発展を見れば、中国共産党指導部の判断は間違っていなかったと思う。

当時、大衆は少人数から段々と増え、多い時は数十万に膨らんだ。しかも学生だけでなく、労働者、国家機関、企業の従業員など多く加わり、多くの共産党員も参加した。だが事態を収拾できず、戒厳令が布告され、最終的に軍隊が出動し、最後に残った学生を制圧した。

その時はかなり心配した。中国はやっと改革が進み、広告事業も発展し、電通も合弁会社の設立に積極的に取り組んでいた矢先だった。当時、電通北京事務所は発展大廈にあり、崑崙飯店（ホテル）に近い市内東部の朝陽区東3環北路だった。天安門広場からは相当に離れており、学生運動の状況や六月三日夜から四日早朝にかけての一連の騒動も目撃していたわけではなかった。

電通事務所の維持・再開に全力

五日に東京本社から「すぐ帰国せよ」との命令が来た。私はまず部下を帰国させると返事した。ところが部下のパスポートはビザ手続のため北京市公安局に預けていた。私はパスポートを取りに行くのを協力相手の北京広告公司に頼んだ。電通担当で、共産党員の張亜東さんが、すぐ自転車で戒厳令による交通の制限をものともせず、二時間でパスポートを取ってきてくれ、部下は午後に帰国できた。

六日、東京本社から再度「すぐ帰国せよ」と同じ命令が来た。私は再度、大丈夫と返事した。七日になって東京本社は「日本政府の帰国勧告も出ているので、今日中に帰国せよ、少なくとも中国を離れるように」と、これは最後の命令だと強調した。

私は社有車で車の少ない道を走って、北京広告公司に行った。そして相手の責任者に、(1)崑崙飯店に一室を確保した。電通担当の侯宏民部長に、今日から私が北京に再び戻るまで、この部屋に宿泊して、電通北京事務所の頼祥林君と一緒に電通事務所を守ってほしい。そのための宿泊・食事などのすべての費用は電通側が持つ。(2)東京電通本社と大阪支社に北京の事情を説明し、業務に影響がないよう協力する。この二点について協力を依頼した。これに対し、北京広告公司は全面的に協力することを約束してくれた。私は胸をなでおろした。

七日午後に私は帰国することに決めた。昼に崑崙大廈一階の日本料理店で食事をしていたら、女将と日本人料理人から「一緒に帰国したい」と頼まれた。緊急事態でもあり手荷物だけにすることを条件に承諾した。二時頃、三人で北京首都国際空港に向かった。

社有車の窓には大使館からもらった張り紙を貼った。そこには「戒厳部隊の解放軍同志、この車に搭乗しているのは日本人です。空港に向かいます。どうか協力してください」と書いてあった。空港に着いたらＪＡＬ、全日空などに搭乗しようとする人は少なくとも数百人が並んでいた。

全日空の大阪行き便一五席のうち三席を離陸寸前に買うことができ、間一髪で機上の人となった。あの時、大きなスーツケースを抱えていたら搭乗は無理だった。大阪国際空港に到着した時、手持ちの現金は底を尽きかけていた。東京本社に電話して、翌日に新幹線で東京駅に戻った際に社員に現金を駅まで持参してもらった。しかし、私は数週間後には再び北京に戻り、通常業務を再開したのだった。

やぎ・のぶひと　一九四四年生、中国長春市出身。五〇年九月北京輔仁大学附属小学校（現劉海胡同小学校）、

五六年九月第四四中学校、五九年九月第三七中学校（現二龍路中学校＝高校）を卒業、六二年九月北京大学に入学。六七年に帰国後、新潟県十日町市織物工場で約一年間、新華社と業務提携の華僑会社「中国通信社」「東京丸一商事」などで勤務。七三年四月に電通に入社し、八〇年一月〜八九年一二月、九二年一二月〜二〇〇五年まで同北京事務所所長、北京東方日海広告有限公司副総経理。〇五年二月に同社を退社。〇五年北京奥維真公関顧問公司を設立。

23　方励之と柴玲

日本テレビ北京支局長　高橋茂男

副学長からヒラ研究員に格下げ

一九八九年の天安門事件を現場で取材したジャーナリストとして、強く印象に残っているのは、民主化運動の精神的支柱と目されていた天体物理学者の方励之《ほうれいし》と、天安門広場で総指揮としてハンストの座り込みなどを続けた学生たちの女性リーダー、柴玲である。

前総書記・胡耀邦の突然死をきっかけに始まった大学生を中心とする民主化運動の初期に、私は北京市海淀区の自宅アパートで方励之にインタビューをした。英ケンブリッジ大学や米プリンストン大学の研究員を経て、中国科学技術大学副学長の要職にあった方励之は、八七年ブルジョワ自由化問題の責任を問われ、最高実力者だった鄧小平の指示で共産党から除名処分を受けた。同時に副学長の職務も解任され、北京天文台のヒラの研究員という肩書だった。

彼は、「経済改革のほかに政治改革を進めなければならないし、政治改革とはすなわち民主化だということを多くの人たちが分かってきた」、「学生と知識分子だけでなく広範な人民大衆が改革を求めているし、今の国際環境は改革に有利であり、中国の民主化運動が成功する可能性は十分にある」などと明快に語った。

中国メディアが方励之夫妻（李淑嫻夫人も物理学者、北京大学准教授）を民主化運動の「黒幕」と決めつけたことに対して、「何十万人もの人々が自発的に参加するデモを、一人や二人が黒幕となって操ることなど絶対にできない。ただ、私がこれまで主張してきた民主化要求の思想を学生たちが受け入れたという点で、影響を及ぼしたと言えるかもしれない」と、黒幕説を一蹴しつつも、自説に対する自信のほどを示した。

このインタビューに関しては「後日談」がある。鄧小平の決断で出動した人民解放軍によって民主化運動が武力鎮圧されてから一年後に、天安門事件一周年の報道企画として、私は再度、方励之にインタビューを試みたのである。方励之夫妻は、運動が武力鎮圧された日の翌日、米国大使館に保護を求め、それから一年間、大使館から一歩も外へ出ることはなかった。（当時、米国大使館内で方励之夫妻がどんな生活を送っていたのか知る由もなかった。ただ、八九年秋に米国大使ジェームズ・リリーがオービル・シェル記者を米国から北京に呼び寄せ、方励之にインタビューをアレンジしたり、大使自身の回顧録『チャイナハンズ』（草思社、二〇〇六年）を著したことにより、その間の事情は部分的に明らかになった）。

私は方励之宛にインタビューを申し込む手紙を書いた。手紙の内容は、

1、現在の心境
2、中国の指導者たちに、いま何を言いたいか
3、一年前民主化運動に参加した人たちに、いま何を言いたいか

この三点について語ってほしいというものだった。手紙には、一年前に行ったインタビューの一問一答を文字（中国語）にしたものを添えておいた。そして、一年前に語ったことについて考えが変わった点があれば、加筆訂正して送り返してほしいと書き添えた。

再接触阻んだ武装警察

問題は、この手紙をどのようにして方励之本人に届けるかということだった。なにせ、相手は反革命

宣伝扇動罪で指名手配中の人物である。コソコソ動いてあらぬ疑いを招いてはまずいと思い、正面から申し入れることにした。

九〇年五月三〇日、米国大使館に電話をかけると、シェリダン・ベル（Sheridan W Bell）という一等書記官が出たので用件を伝えた。ベル書記官はインタビューを受けるか否かは方励之が判断することであるが、手紙は自分が預かって本人に届けると約束してくれた。その日の午後に私自ら方励之宛の手紙を大使館に持参するというと、ベル書記官は「あなたが自分で？」と意外そうな声を出した。

約束の時間に、私は建国門外光華路17号の米国大使館文化処に到着した。中国政府は警備のために外国の大使館前に緑色の制服を着た武装警察を配置している。〈きょうは緑色の制服がやけに多いな〉と思いながら、門のそばまで来た途端、あっという間に緑の制服に周りを取り囲まれてしまった。

「何の用だ！」

「ベル書記官と会う約束です」

「その手紙をこっちへ渡せ！」

私が身分証明書を出すと、一人がそれをひったくり、「抱えているのは誰への手紙だ？　よこせ！」と怒鳴る。すごい剣幕だ。ベル書記官にアポイントメントを取り付けてあると言い、手紙はベル書記官に渡すもので、みなさんには関係がないと言っても、聞こうともしない。私は手紙の入った大きな封筒を両手で抱きかかえたまま門の近くに止めておいたクルマに戻り、携帯電話でベル書記官を呼びだし、「早く来てください！」と頼んだ。

門の向こう側にベル書記官らしき姿が現れたので、クルマから出て再び門の方に向かおうとするも、つかみかからんばかりの形相をした緑の制服の一団に遮られる。ベル書記官は門の外に出てきたが、私と書記官は緑の制服に遮られて接触できない。ベル書記官は私に「自分で判断して」とだけ言って、門の中へ消えてしまった。

と、その直後私を取り巻いていた緑の制服の一人が、脇に挟んでいた手紙の入った封筒を背後から引き抜いた。一瞬の出来事だった。武装警察は身分証明書を返してくれたが、方励之宛の手紙が戻ってくることはなかった。

そんなわけで、方励之に手紙を届けることは失敗に終わった。案の定と言おうか、それとも摩訶不思議と言おうか、私の抱えていた封筒の中身が方励之宛の手紙であることをナゼ武装警察は知っていたのか。米国大使館に行く前に、二回ベル書記官に電話していたから、盗聴された可能性が強い。仮に、米国大使館宛に郵送したとしても届かなかったろう、と私は思う。

まずい展開になったと感じて、私は北京駐在の外国人記者を所管する中国外務省報道局に説明に向かった。報道局の担当者は私の顔を見るなり「よりによって、天安門事件一周年という最も敏感な時期に大変なことをしてくれた」と不快感をあらわにした。後日、中国外務省から外国人駐在記者に関わる国務院の条例に抵触すると警告を受けた。

国外強制退去になるかもしれない、という不安が私の脳裏をかすめた。警告を受けた後、日本大使館の公使から「中国当局にマークされていますよ。西側外交官の間では、外国人記者が退去になるのではないかとの噂があります。しばらくは目立ったことはしないほうがよいでしょう」と言われたからである。しかし、北京は再び戒厳令下を思わせるような雰囲気になり、取材を手控えるわけにはいかなかった。

六月三日と同四日の夜には、北京大学で学生が騒いでいると聞き、取材に行った。学生たちは窓からビン（「小瓶」は発音が「小平」と同じところから、最高実力者である鄧小平にひっかけている）を放り投げては気勢を上げていた。だが、警備が厳しくて容易に大学には近づけない。私は大学周辺と人民大会堂など北京中心部で警察の検問にひっかかり、撮影済みのビデオテープ二本を没収されたほか、テレビカメラ一台とレポート用の原稿も一時押収された（新聞記事参照）。

天安門事件一周年が過ぎて間もなく、米中の交渉がまとまり、六月二五日方励之夫妻は出国を勝ち取り、米軍手配の輸送機で北京・南苑空港を飛び立ち、ロンドン経由で米国に亡命した。その後、方励之は米アリゾナ大学教授となり、二〇一二年に亡くなった。七六年の人生だった。

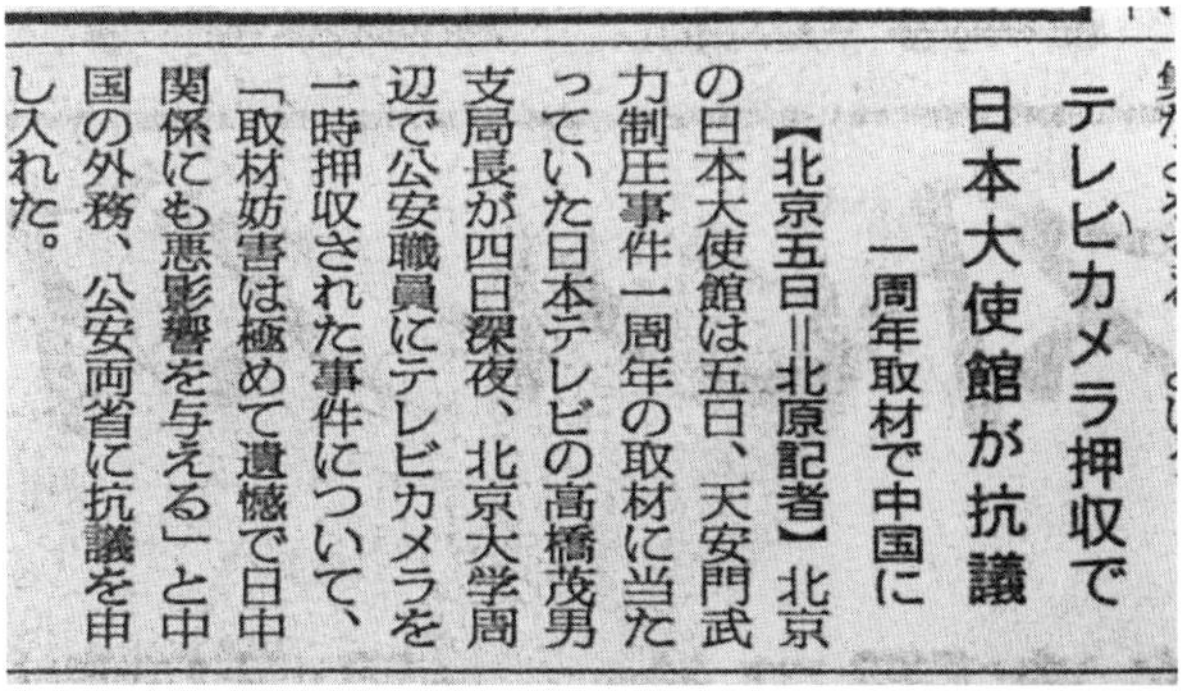
テレビカメラ押収で
日本大使館が抗議
一周年取材で中国に

【北京五日＝北原記者】北京の日本大使館は五日、天安門武力制圧事件一周年の取材に当たっていた日本テレビの高橋茂男支局長が四日深夜、北京大学周辺で公安職員にテレビカメラを一時押収された事件について、「取材妨害は極めて遺憾で日中関係にも悪影響を与える」と中国の外務、公安両省に抗議を申し入れた。

筆者の TV カメラが中国公安当局に一時押収された事件を伝える
1990年6月6日付『日本経済新聞』外電面

NYに一人でやってきた柴玲

天安門事件から六年経った九五年六月、台湾の総統・李登輝が訪米し、母校コーネル大学を訪問した。私はこれを取材した後、ニューヨークに出て柴玲に長時間のインタビューを行った。柴玲は王丹、ウアルカイシと並ぶ民主化運動のリーダーを務めた人で、北京大学心理学部を卒業後、北京師範大学修士課程で児童心理学を修めた。天安門事件当時、ノーベル平和賞の候補に挙がっていた。米国亡命後プリンストン大で主に米中関係を学び、インタビューに応じた時はコンサルタント会社に勤務しながら、王丹や六月四日未明、軍が天安門広場に突入する寸前に学生たちが広場から撤収できるよう軍と交渉したメンバーの一人である劉暁波（ノーベル平和賞受賞者。二〇一七年、中国で服役中に死亡）の釈放を求める運動に力を入れていた。

日本テレビ・ニューヨーク支局で柴玲氏（左）と筆者（1995年6月12日）

彼女を天安門広場などで見かけ、声を聞くことはあったが、一対一で会うのは初めてだった。これまでの体験から、「活動家」がよく知らない人に会う場合、仲間と複数でやってくるのが普通だと思っていたから、柴玲が一人でやってきたのは、私にとって意外だった。前夜ボストンから車を運転してきて、ニューヨークで一泊したという。

　エネルギッシュな印象、相手の目をじっと見て話す。服装には無頓着。化粧っ気なし。日焼けした健康そうな顔色。天安門事件の後、中国公安当局が出した指名手配書では「色白」となっていたが、この時点では当たっていない。握手した掌は硬かった。

　国外脱出の経緯、米国での生活、亡命した民主化運動家たちの実態、両親と兄弟姉妹のこと、読書について、中国の指導者たち、ポスト鄧小平、中台両岸関係、香港問題、日本との関係などについて、幅広く語ってくれた。

Q　あなたがた在米の民主化運動家は一つの組織になっていますか。

A　さまざまです。たとえば「民政」「民連」……

Q　柴玲さんは、どの組織に属しているのですか。

A　どこにも属していません。ただし、私たち八九年の民主化運動に参加した学生たちで一つの組織をつくり、雑誌『天安門』を連絡点として中国国内の友人と連絡を取り合っています。海外にいる私たちの果たすべき役割は、いろんな事情で抑圧されている国内の声を国外に伝えていくことです。国内の党内外の改革勢力を結び付け、この二つの改革勢力の力を国際社会と結び付けていくのです。

Q　海外の運動には限界があるということですか。

A　海外での民主化運動は、運動の核心になり得ません。決定的な役割を果たすのは北京であり、中国大陸です。私たちにできるのは一種のバックアップです。

Q　柴玲さん、民主化運動家の生活に援助を与える組織あるいは人物は存在するのですか。

A　（意外なことを聞く、といった表情になって）私は米国のコンサルタント会社で週六〇時間以上も働き、独立しています。これからずっと民主化運動を続けていくには、自分の生活の基盤を築いておくことがとても重要です。

Q　鄧小平の改革開放政策をどう見ていますか。

A　彼が経済の改革開放を進めたのは大きな貢献だと思います。しかし、政治体制の改革に手を付けなかったのはたいへん遺憾なことです。とりわけ八九年の「六・四」事件（天安門事件のことを、中国では「六・四」と呼ぶ）鎮圧の命令を下したことに対して、鄧小平は責任を逃れることはできません。

Q　いよいよ九七年に香港は中国に返還されますね。

A　私は香港問題に非常に関心があります。香港人は基本的な政治権利と民主自由の権利を求める闘いを続けるべきです。香港の人たちが法律上の権利を勝ち取ることはたいへん価値のあることです。中国共産党の一党独裁体制を香港に持ち込ませてはなりません。

Q　いつ頃中国に帰国できると思っていますか。

A　二年以内に帰りたい。

Q　二年以内とは、何か鄧小平と関係がありますか。

A　あります。ポスト鄧小平の中国には二つの選択肢があると思います。一つは一党独裁の継続、もう一つは民主開放への道。後者の場合、台湾の蔣経国（蔣介石の長男、前総統、八八年死去）のやり方が参考になります。彼は保守路線の踏襲を選ばず、台湾社会を開放する道を選びました。その結果、時間はかかりましたが、台湾はついに民主憲政に向かい、それが今の平和で安定した状況に繋がったのです（注　インタビューから二年後の九七年、鄧小平は死去したが、ポスト鄧小平は一党独裁を継続し、柴玲は帰国できない状態がいまも続いている）。

Q　李登輝総統が、台湾のトップとして初めて訪米しました。

A　李登輝総統訪米はたいへん結構なことだと思います。米国政府の賢明な決断によるものです。台湾はもはや中国の一つの省でもなければ、一つの市でもありません。台湾は二〇〇〇万同胞が自分たちの努力で素晴らしい成果を上げており、中国政府は台湾政府を一つの同等、対等の政治実体として対応していかねばなりません。台湾海峡両岸の統一問題は、対等の立場による話し合いを通じて解決されるべきです。台湾が独立を求めることは、両岸関係の発展にとって不利です。

ヒロインゆえの毀誉褒貶

九〇年代に入ってから、中国は反体制派に対する扱いを改め、一定期間収監した後、国外に追放するようになった。方励之も事実上の国外追放だったし、反体制のシンボル的存在だった魏京生も天安門事件の学生リーダー王丹もそうだった。柴玲も言っているように、在米の民主化運動家たちは一つにまとまりきれず、グループによっては対立状態になり、それが影響力を小さくしている。このままでは、米国は民主化運動家にとって〝政治的墓場〟になりかねない。

柴玲が香港について語った言葉は、二〇一九年の「香港逃亡犯条例」改正をめぐる大規模デモを予感させるに十分である。柴玲は「台湾が独立を求めることは、両岸関係の発展にとって不利」と語っているが、インタビューから二四年経ったいま考えが変わったかどうか、確かめてみたい。

ところで、柴玲に関する著作を読むと、彼女の言動に批判的なものが少なくないし、中には彼女に対する嫌悪感をあらわにするものも散見される。彼女の言葉足らずな面とか、彼女に対する嫉妬といった複雑な要素が絡んでいるのだろう。性暴力、性スキャンダルの話題が付きまとうのも、「天安門事件」ただ一人のヒロインとしての宿命であろう。

たかはし・しげお　一九四二年生、新潟県出身。東京外国語大学中国語科卒。日本テレビ入社。北京支局長（七八～八二年、八九～九二年）、香港支局長（九四～九八年）。定年退職後、文化女子大学、文化学園大学の教授を務めた。著書に『大陸・台湾・香港――両岸三地を行く』（露満堂、一九九九年）など。

24 黄順興――戒厳令の解除を目指した台湾出身議会人

共同通信社北京特派員　松尾康憲

一九八九年五月二七日。李鵬首相による北京戒厳令布告から一週間を経たこの日をもって、「六四」天安門事件の惨劇が運命づけられ、中国共産党は七〇年代末期以来の改革開放路線で標榜してきた政治体制改革という課題を放棄した。これは、台湾の立法委員から中国の全国人民代表大会（全人代）常務委員へと、厳しい政治対立を経てきた両地で国会議員相当の職を歴任した異色の議会人、黄順興が、戒厳令を問い直そうと尽力して挫折した顚末を取材した末に、私が辿り着いた認識である。

膨らんで弾けた万里への期待

戒厳令布告の五月二〇日も、天安門広場とその周辺には学生、市民ら数十万人が集まり、街角には「軍事管制反対」と大書したポスターが貼りだされていた。

二三日、党機関紙『人民日報』はじめ新聞各紙とテレビ、ラジオは、全人代常務委員長の万里がカナダ訪問中に語った「中国の学生の愛国的情熱は貴いものであり、彼らが望んでいる民主促進と腐敗一掃は、政府の主張、努力目標と一致している」との発言を一斉に報じた。呼応するように黄順興ら全人代常務委員二人が同日、次の訪問先、米国に移っていた万に電報を打ち、中国国内の緊急情勢を考慮し即刻帰国するよう要請。黄や人民日報社元社長、胡績偉ら五七人の全人代常務委員は、学生運動をめぐり全人代常務委会議（一五二人）の緊急招集を求める要請書面に署名し翌二四日、全人代事務局に提出した。

一党独裁の中国にあって、官製メディアと議会人たちが国策に疑義を提起する異常事態だ。緊迫高まるなか、「戒厳令の止め男」であるかのような期待を一身に集めた万里、かねて改革派と目されていた要人が、外遊日程を切り上げ二五日未明、上海に帰着した。ところが「病気療養」として渦中の北京には戻らない。二七日、万の書面談話が発表された。多くの人々を深く落胆させる内容だった。

李鵬への同意を強調し、「国務院（内閣）が憲法第八九条の授ける権力に基づき、北京の一部地区で戒厳を実行することは、合憲かつ護憲であり、それは、動乱を断固制止し速やかに秩序を回復するため、完全に必要な措置である」と断言した。国会議長に当たる万が、議会審議も経ず合憲と独断即決した瞬間、政治体制改革は潰えてしまったのだ。

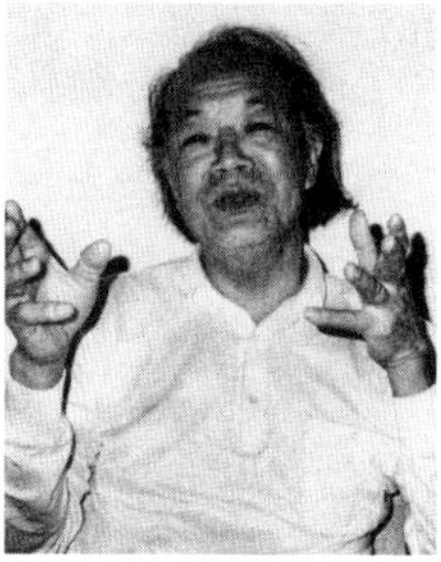
黄順興（89年５月28日，松尾康憲撮影／共同通信社提供）

共産党総書記だった趙紫陽は、『趙紫陽極秘回想録』（光文社、二〇一〇年）の中で、戒厳令布告の翌日、五月二一日時点で「民主主義と法の原則に沿った方法で、事態を好転させることができるかもしれない」との考えから、全人代常務委会議の招集と万里の帰国要請を思い立ち、胡啓立《こけいりつ》政治局常務委員ら複数の関係責任者に働きかけていたことを明らかにし、「李鵬も万里に電報を打ち、帰国しないようにと伝えていたそうだ」と述べている。

戒厳令布告後も、その是非をめぐり共産党中枢で最後のせめぎ合いが行われていたわけで、どちらが万里を取り込むかが勝負の分け目となった。党員ではない黄順興が、趙の言動を同時進行で知っていたかどうかは不明だが、戒厳令を「非」とする陣営の最前線で闘っていたのだ。

だが趙紫陽は敗れ、天安門事件の責任を負わされ総書記を解任、〇五年一月に八五歳で死去するまで法的根拠も無いまま一五年以上も北京市内の自宅に軟禁された。この幽閉生活の日々に、家族を巻き添えにしないよう内緒でテープレコーダーに向かい自己の軌跡と思索を口述録音していた。録音全三十数時間。かつての部下たちが、危険を冒しテープを起こしてまとめ上げたのが、この著だ。執念の労作であり、貴重な史料である。

禁令破ったインタビュー

万里の二七日の書面談話を受けて、私は黄順興の反応を聴こうと電話を掛け、繋がった。だが盗聴の恐れが濃く、取材には面談せねばならない。公園などで会うつもりだったが、議員官舎のような所へ来いという。戒厳令の付帯措置で外国人記者が当局の承認を得ずに取材することは厳禁されており、官舎への立ち入りは危険だ。だが結局、押し切られて翌二八日の日曜、不慮の事態に同僚らを巻き込むのを恐れ単身訪ねた。こうして書いたインタビューの抜粋を引用する。

――緊急会議をなぜ要求したのか。

「戒厳令が妥当なものかどうか検討するのは議会の当然の責務だ。軍導入が共産党内の権力抗争に利用されたことが徐々に明らかになっている以上、李鵬首相の責任を問うだけでなく、戒厳令をめぐる特別調査委員会を設立するべきだ」

――『国家最高権力、全人代よ、君はどこにいる』といった壁新聞が出るなど一般の関心も高かったようだが……。

「全人代にこんなに期待が寄せられたのは中華人民共和国四〇年の歴史で初めてだろう。水に流される者が草をつかもうとする、そんな民衆の危機感を中南海の人々（党・政府要人）は理解しなければいけない」

――招集要求はなぜ無視されたのか。

「一言で言えば一党専制のためだ。共産党は一昨年（八七年）秋の第一三回大会で党政分離を打ち出したが、自らこの原則を踏みにじった。万里常務委員長には失望したが、彼は共産党政治局員であり、純粋に議会の側に立って行動することはできないのだ。戒厳令布告という国政の重要な案件に対する評価を共産党内だけで決定し、全人代は既成事実を追認するしかない」

――学生運動は今後どうなるのか。

「知り合いの女子職員も一時はデモに参加『李鵬辞めろ』と叫んでいたが、ここ数日おとなしくなった。理由を尋ねると『デモに出ると食糧配給が受けられなくなる』と言っている。締め付けで、一〇〇万人デモの再現は難しそうだ。しかし、たとえ運動が寂しい結末になっても民主化に果たした意味は大きい」

このインタビューは新聞紙上で日の目を見なかった。取材した五月二八日は短めのストレート記事の出稿にとどめ、本稿は特集記事として六月三日未明に配信された。この日夜に軍の激しい動きが始まり、翌四日は天安門事件当日である。黄の言う「寂しい結末」をはるかに超えた流血事態への劇変に、平時の記事が載る紙面は失せていたのだ。その旧稿を再録したのは、三〇年余り前、天安門事件で断たれた中国の民主化要求運動が、学生のみでなく広範な人々に熱い思いを込めて担われていた史実を伝えたいからだ。

台湾で武力弾圧を体験

黄順興にとって、人民の武力弾圧を見るのは初めてではなかった。日本統治下の台湾に生まれた黄は、四三年に県立熊本農業学校（現熊本農業高校）を二〇歳で卒業し上海で働き、終戦後の四五年に帰台した。この地には大陸から共産党の軍事力に敗退した中国国民党政権が渡来したが、地元民である本省人との矛盾が募り、四七年二月に台北で国民党軍による本省人弾圧、二二八事件が勃発、騒乱は全土に広がった。民主化が達成された後の九二年に台湾行政院（内閣）が推計値として公表したところでは、事件での犠牲者は一万八〇〇〇～二万八〇〇〇人に上った。当時、黄も検挙された末に逃走した、と述懐している。

この実体験が政治認識を形成したのか、黄順興は、八七年まで続く戒厳令下の台湾にあって国民党独裁反対、中国との統一支持の立場を貫き、五七年に台東県議会議員に当選、六四年から八一年にかけて台東県長、立法委員を歴任した。

前妻、邱瑞穂が二人の遍歴を赤裸々に描いた著書『愛と別れ』（原題『異情歳月』新樹社、一九九六年）は、選挙に際して国民党の強い締め付けのなか、彼女も隣接選挙区に立候補して、黄支持を訴え民心を動かし、黄が当選した経過を記録している。黄は、直言ゆえに「黄大砲」というニックネームを得て、廉潔な政治活動で名声を博した。

だが七五年、日本に留学していた娘が中国に渡航、台湾に戻った後に逮捕・実刑判決を受けた。中国と台湾との関係は、旅行者が往来する今となっては想像し難い厳しい敵対・断絶にあり、黄順興の台湾における政治家としての環境は暗転した。八五年、黄は中国に赴いた。事実上の政治亡命といえよう。

中国で政治改革と民主化に挑んだ

政治の改革を模索していた中国共産党総書記、胡耀邦が八六年一〇月に黄順興と面談、後に黄は全人代常務委員に選任された。八八年三月から四月にかけて北京で開かれた全人代全体会議が、黄の晴れ舞台となる。台湾で国民党と孤軍奮闘する中で培われた政治闘争術が光った。共産党が推薦した長老起用の人事案に対し、「八九歳という高齢の方に、ご苦労を願うべきではない。国のため働く若者がいないはずはないだろう」と反対意見を表明すると、議場の三〇〇〇人近い代表の間から拍手が起き、挙手による投票では一一人が反対、六一人が棄権を選んだ。全人代では五四年の初招集以来、反対票が投じられるのは初めてだという。

黄の提案で、代表たちが秘密投票できるようにカーテンで仕切られた投票所が設けられ、全体会議で発言できることが議事規則に明記された。党の言うことを追認するばかりの「ゴム印」と陰口をたたかれてきた全人代が、ようやく議会の体裁を整え始めたのだ。

その後一年間の動きは急だった。八八年夏、共産党政治局常務委拡大会議は市場価格を実勢に合わせる価格改革を決めたが、これが八九年四月時点で消費者物価上昇率二七%というインフレを招来。これに乗じた党・政府の官僚の一部が、役得で安い公定価格で購入した物資を、高騰した市場価格で転売する「官倒（グアンダオ）」（官僚ブローカー）という現象がはびこった。特権層に対する憤りが社会に充満。天体物理学者、方励之ら在野の自由と民主を求める動きも台頭した。

その最中の八九年四月一五日、胡耀邦が死去。享年七三。黄順興と会って約三カ月後の八七年一月に、「ブルジョワ自由化」への対処が甘かったと批判され総書記の座から失脚していた。北京で大学生らの追悼デモが起き、たちまち万人規模に膨れ上がり天安門広場を拠点とする民主化要求運動へと発展していった。六六歳だった黄も広場に行き、民主と自由を叫んだ。

無念のあまり「共匪《ゴンフェイ》」とうめいた

盛り上がった民衆の自発的なエネルギーを取り込み公正な社会づくりに生かすのは、「人民に奉仕する」をスローガンとしてきた中国共産党の得意技かと、かつて私は夢想していたが、現実の党には、そんな度量などなかった。黄ら議会人の声に耳も傾けない。趙紫陽ら党内の穏便な解決を目指す人々を排除し八九年六月四日の軍事弾圧へと猛進した。

悲劇から数カ月が過ぎて、私は黄順興と北京市内の公園を散策していた。黄が「ゴンフェイ、ゴンフェイ」と、うめく。国民党が共産党をそしって呼んだ「共匪」で、匪は悪党の意味だ。周囲に聞かれないよう、私は制止した。国民党相手に政治闘争を長年続けた中台統一派の闘士が晩年に至って、こんな言葉を独白せざるを得なくなるとは無念至極だろうと察した。

黄順興は、九三年まで全人代常務委員の地位を保ち、環境問題などで提言を続けたが、再び施策に用いられた例は知らない。九八年、黄が去って久しい全人代では、あの李鵬が常務委員長に就任した。黄は二〇〇二年三月に北京で死去した。享年七八。

総括すると、黄順興の中国での活動は、徒労あるいは空回りだったのだろうか。否、私は決してそうは思わない。北京戒厳令の問い直しが不能になった時点での前掲インタビューで「政治家としての今後の課題」を問うたのに対し、黄は次のように答えていた。

「全人代常務委会議はこれまで秘密会議とされているが、市民、学生や新聞記者に公開し、議事録も公表するように改めるべきだ。私は社会主義を評価しつつ、憲法を改正して一部私有財産の所有を認めるよう要求してきたが、先程の女子職員の例を見ても『胃袋が口を開かせない』状況は改めるべきだと確信した。私の要求が現在採用されなくても、歴史に記録を残すつもりで民主主義政治制度実現を訴え続ける覚悟だ」

主権者であるはずの人民が、為政者の一方的な扇動の対象とされ、情報公開も享受できず、意見表明の権利行使も制度的に抑圧されている。黄が指摘した中国の統治体制の不条理は、世紀が新たになっても改まっていない。香港で二〇一九年に起きた学生や市民の、香港政府とその後ろ盾である中国共産党・政府に対する抵抗行動を見れば、分かることだ。

一方で、黄順興が全人代で行った反対演説は、初めての反対投票一一を生み、わずか一年余り後には五七人の全人代常務委員が常務委会議の緊急招集を求めたのである。つまり、中国の議会人たちは猛スピードで成長を遂げたのであり、これは民主主義制度実現に向けての歴史に残る記録ではないだろうか。

さらに、趙紫陽は前掲著の中で「経済体制改革にかかりきりで、政治改革の問題など眼中になかった。（中略）私が変わった主な理由は、経済改革の観点から見て政治改革が必要だという認識に至ったからである」「（政治体制改革に取り組んでいた）当時は気づかなかったが、いま考えてみると、私は統治の手法とともに、長年の『プロレタリア独裁』体制まで変えようとしていたのである」「西側の議会制民主主義体制ほど強力なものはない。現在、実施可能な最高の体制である」と明言している。

中国共産党を率いた人物が、苦難の実践を経た末に、この党による一党独裁モデルを見限ったのである。中国国民は息の長い人々であり、中国の政治も民意を尊重するシステムを追求していかざるを得ないのではなかろうか。機さえ熟すれば、黄順興の語ったことが中国で当たり前になる、と私は信じている。

まつお・やすのり　一九五三年生、広島県出身。七六年神戸市外国語大学中国学科卒、共同通信社入社。八七年一二月から二〇〇四年二月にかけて北京特派員、上海支局長、ハノイ支局長を歴任。現在は同社放送報道局委員。著書に『現代ベトナム入門——ドイモイが国を変えた』（増補改訂版、日中出版、二〇〇八年）など。

25 究極のリスクで得た教訓

富士銀行北京駐在員事務所長　桑田良望

東京と北京の認識ギャップ

北京の市街地に戒厳令が出された一九八九年五月二〇日、わが社の通常業務がストップした。東京の本部から、情報の収集・情勢分析を行い報告せよ、との指示が出された。市内の各所にバリケードが設置され、車は民主活動家による検問を受け、天安門広場に車で行くことは難しくなった。私は宿舎のあった北京首都国際空港にほど近い麗都公寓（マンション）から、自転車で天安門広場まで出かけてみたが、緊迫した雰囲気はなかった。

五月二二日付の『日本経済新聞』夕刊に「富士銀行駐在員事務所では『日本では現地の様子を詳しく知りたがっている。いまのところ情勢分析が最も大事な仕事』とし、所長自ら自転車で市内を見て回った」と報道された。すると東京の本部からすぐに電話が入り、「自転車で町に出かけるのは危険なので絶対にやめるように」との指示があった。東京と北京の認識ギャップを示すエピソードだ。

中国の英字紙『チャイナ・デイリー』の女性記者が事務所に取材に来て、「中国政府の戒厳令は外国企業の対中投資にどのような影響があるか」と質問してきた。私は「あなたは学生支持か不支持か」と逆に質問すると、「もちろん学生を支持する」と即答した。また、米紙『ニューヨーク・タイムズ』のシェリル・ウーダン特派員も取材に来た。「情報収集中だが、しばらくは様子見だ」などと言って対応したが、内外メディアの日系企業への関心はきわめて高かった。

当時の富士銀行はいくつかの航空機ファイナンス（資金調達）案件を抱えていた。第一号は八八年一一月に調印された中国民航北京（現中国国際航空）への案件であった。米航空機の購入に際して外貨を融資しようとしていたが、天安門事件が発生したことで頓挫した。だが、当時の大蔵省（MOF、現財務省）の意向は、新規の対中融資案件は認めないが、すでにコミット済みの案件まで取り止める必要はないというものであった。そこで継続案件を成約に持ち込むための工夫を重ねた。

八九年一二月一一日には天津市に対する継続案件だった一〇〇〇万ドルの単独ローンの場合は、調印式を対外発表せずに非公開で行った。

水面下で進んだ航空機案件

対中新規融資の再開は九〇年まで待つ必要があった。大蔵省の考え方は、国際協調の観点から、日本が他の西側主要国に抜け駆けして再開することは禁止。ただし、再開は他の国に遅れをとってはならない、というものだ。融資の目的も、中国政府を助けるようなものは問題だが、市場経済化を支援するものであればよいとのことだった。当時、富士銀行は全国銀行協会（全銀協）の会長行として、大蔵省の意向を各銀行に伝達し、また各銀行の手持ち対中融資案件を当局に報告する役割を担っていた。大蔵省は、再開第一号は会長行にやらせようとの意向であったので、水面下で航空機案件の組成に動いていた。

九〇年一〇月二九日の『日本経済新聞』に「富士銀が対中融資　航空機購入費に約1億ドル」との見出しで、次の記事が掲載された。

中国の航空関係筋が明らかにしたところによると、富士銀行はこのほど中国最大の航空会社である中国国際航空公司（エア・チャイナ）に総額一億一五〇〇万ドルを融資した。同公司が米ボーイング社から購入するボーイング747-200向けの資金。八九年六月の天安門事件以降、邦銀による本格的な対中融資の第一号となる。

富士銀が大型対中融資に踏み切ったのは、円借款の凍結解除に続いて、(1)世界銀行やアジア開発銀行も中国向け融資再開に動いている。(2)中国に厳しい姿勢を取ってきた欧州共同体（EC）も経済制裁の緩和を打ち出した――など、西側各国の動向を考慮したためとみられる。同行の橋田頭取も九〇年一〇月中旬の記者会見で、全銀協会長として、「民間の対中融資再開の環境が整った」との見解を明らかにしていた。また、米国製航空機の輸出を支援する形となるので、米議会などの反発も少ないと判断した。

融資方式はリースと株式発行を組み合わせて低利資金を調達するレバレッジドリースと呼ばれるもので、期間は一二年。金利は不明だが、ロンドン銀行間取引金利（LIBOR）に一％程度上乗せした水準とみられる。

中国はボーイングを中心に約四〇億ドルの航空機購入を予定しており、邦銀に資金供給を期待している。邦銀の多くは、その他の案件については「中国に対する格付けが低かったままの状態では、国際決済銀行（BIS）規制とのからみもあり、融資が急回復する環境にはなっていない」（北京の邦銀筋）との見方が多い。

この記事は、私が東京で執筆し、大蔵省担当者の了解を得たうえで、日本経済新聞北京支局に北京発として掲載を依頼した文書をもとに書かれたものである。日本政府は九〇年七月に対中円借款の再開を決定しており、これに民間が続くという流れだった。

鄧小平の長男も関与した

一方で富士銀行は、八八年三月に康華発展総公司との合弁リース会社の設立契約に調印、同年六月には「中国康富国際租賃公司」が北京で開業していた。この康華発展総公司は鄧小平の長男である鄧樸方が関与する国務院（政府）レベルの事業会社であり、幹部は国務院の元部長（大臣）クラスが就任していた。

しかし、天安門事件後の八九年七月には、物資の不正転売を行う「官倒」（官僚ブローカーの意味）による腐敗の温床として批判され、廃止処分になった。「官倒」は民主化運動のなかで大衆の強い不満として持ち出された課題だったのだ。

私は合弁リース会社の設立交渉に携わっていたため、「合弁設立後一年経過したら、合弁相手が解散するようでは、中国政府は信用できない」と関係者に何度も強くクレームをつけた。その後、康華（中国）側から「新たな合弁パートナーを富士銀行が選んでくれれば、合弁は継続する。中国市場から撤退しないでくれ」と懇願された。そのため対外経済貿易部（現商務部）傘下の中国南光有限公司を新たな合弁相手に選び、その合弁契約の調印式は八九年一二月四日に人民大会堂で大々的に行われて事なきを得た。

天安門事件は中国に対する国際的な経済制裁を引き起こし、金融取引もストップした。他方、銀行にとっては、対中与信リスクの高まりは貸出金利・手数料の引上げをもたらし、対中融資の収益改善に大きく貢献した。外国企業が中国ビジネスでリターンを得ようとするのであれば、中国関連情報・資料の綿密な分析と実態把握を通じてリスクを分析し、とれるリスクはとってゆく必要があるというのが天安門事件の教訓であった。

余談になるが、八九年七月に北京から重慶に出張し、当時の重慶市長と個別に面会した。市長は「天安門事件は二度と起こらないだろう。北京に部隊を派遣した成都軍区の司令官は、今後、学生・民衆の反政府デモに対しては、軍が躊躇することなく発砲し、鎮圧すると言っていたからだ」と説明した。そんなこともあって、私は二〇一九年の香港での大規模デモに対し、中国当局が三〇年前と同じやり方を踏襲するのではないかとの懸念を抱いたものである。

くわた・よしもち　一九四七年生、千葉県出身。一橋大学社会学部卒。七〇年富士銀行（現みずほ銀行）入行。七九年北京語言学院留学。富士銀行の上海・北京駐在員事務所長、中国室長を歴任。みずほ総合研究所理事（～二〇一二年）。明海大学外国語学部特任教授（～二〇一八年）。専門は中国の外貨管理制度・金融制度。著書に『外資系企業に対する中国の外貨管理』（みずほ総合研究所、二〇一〇年）など。

26　私が体験した「官倒」の世界

三菱信託銀行上海駐在員事務所長　杉野光男

悪い奴らが目をつけた二重価格制度

事件の二年前、一九八七年に上海日本人学校が小・中学生六一人で開校し、日本人駐在員の総数は約七〇〇人だった。いまは邦人人口が四万四〇〇〇人余に膨れ上がっており、今昔の感がある。当時の上海には、健全なゴルフ場もなければ、不健全な紅灯の巷もなく、そのかわりヒマだけは馬に食わせるほどあったので、駐在員は等しく無聊をかこっていた。

そんな単調な日々のなか、突如飛び込んできたのが、八九年四月に急死した胡耀邦（前党総書記）の追悼集会を機に、一気に全国に拡散した政府批判運動。震源地は北京だったが、五月に入るとわが社の上海事務所が担当した上海・蘇州・南京などでも数百人、時に数千人規模のデモ隊が出現、「打倒官倒」「新聞（報道の）自由」などのスローガンを各地で見かけるようになった。

日本のメディアは、デモ隊の掲げる「民主」や「人権」を大きく報道していたが、デモ隊の怒りの対象が自由や民主を規制する中国政府ではなく、暴利を貪る「官倒（グアンダオ）」という悪い奴らにあることだけは、現場にいてよく分かった。

あのころ中国と旧ソ連の二大社会主義国は生産力の向上を図るべく、市場経済の導入を決め、ソ連は「急進主義」を採用し市場経済化の急速導入を目指したため、破壊的不況に見舞われた。

一方、鄧小平が指導する中国は「漸進主義」を採用し、最貧国からのテイクオフに成功したが、その彼が採用した漸進主義の一例として、計画経済から市場経済への過渡期に限り、特例として認めた「二重価格制」が挙げられる。

当時の中国において、工業用原材料からカラーテレビに至るまで、同一商品に「固定価格」と、「自由価格」という二重価格が併存したこの制度は、公共性の強い財やサービスに対する政策的配慮としてやむを得ない一面もあったのだが、ここに悪い奴らが目をつけた。

その筆頭が権限と人脈を駆使して、体制内の統制物資を固定価格で仕入れ、体制外の自由市場で売りさばき、暴利を貪ったのが「官倒（官僚ブローカー）」だった。流行語となった官倒の語源は「倒売（ダオマイ）」という動詞で、商品転売を意味する。それ自体は違法行為ではないが、日本語で「土地転がし」と聞けば、胡散臭い響きがあるように、中国語でも同様で、官僚（官）が転売（倒）してぼろ儲けするのはけしからん！となった。しかも、こんな悪い特権階級が、全国に跋扈する異常事態となったので、北京の学生や市民が立ち上がった次第である。

江沢民——朱鎔基が上海を守る

事件当時の上海市トップは江沢民・党委書記と朱鎔基《しゅようき》市長だった。上海でも「官倒」への抗議デモは発生したが、ビジネスマンは公司（会社）に出勤、学生デモが通過する道端で、老人連中はカードゲームに興じるといった具合で、あまり危機感の感じられない街の光景が広がっていた。

「地味で政治色の薄い江沢民」と「効率重視の仕事師＝朱鎔基」コンビには、李鵬首相のように悪役に仕立て上げられる理由がなかったので、上海では広場占拠のような大不祥事は発生せず、不手際を「列車焼き討ち事件」だけに止め、中国最大の産業都市を守った二人は、後に〝皇帝（党総書記）〟と〝宰相（首相）〟に出世した。上海が無事危機を乗り越えた最大の功労者は、学生デモに動じることなく、普段の生活を守った商都上海の市民といえる。

記憶に残るのは事件直前の八九年五月下旬、江蘇省の連雲港市に出張した時のこと。市政府傘下の信託投資公司の記念イベントに国内外の賓客の一人として招待を受けて出かけたのだが、現地は平穏で、市内各地を秩序のとれたデモ隊が行進している程度だった。

招待を受けた外国勢は、上海に事務所をもつ世界各国の金融機関と、香港の貿易商たちで二〇〜三〇人はいただろうか。飲めや歌えの歓迎宴で頭が痺れてしまったのか、迂闊にもスポンサーの公司そのものが官倒の当事者ということに気付かなかった。

あの頃、国や省や市が競って新設したノンバンクの信託投資公司とは、海外から資金を調達し、（計画経済に属さない）計画外プロジェクトに投融資するのが主たる業務であった。

九七年に発生したアジア金融危機の衝撃は、中国広東省の信託公司をはじめとする各地のノンバンクに広範な支払い危機をもたらしたとして、日本でも大きく報じられたことがあるが、私が招待されたのは、そんなノンバンクが未だ誕生間もない頃のことだった。

確たる証拠はないが、海外の銀行から調達した短期の運転資金や長期の設備投資資金が、統制物資の購入資金に流用され、香港の貿易商たちを通じて、高価格で転売されるといったスキームで丸儲けした信託公司が一部に存在したのは間違いないだろう。

その〝功績〟が認められたのか、参加した日本の金融団は、現地で連日連夜の大歓迎を受けた。宴席では香港から参加した裕福そうな実業家たちが、市の高官や投資公司の幹部たちと親しく交わり、アルコール度五三度の茅台酒を懸命に飲み干しながら宴を盛り上げていたが、彼らのなかに官倒の協力者がいたことも間違いないだろう。

連雲港で杯を重ねた信託公司のトップは、翌年汚職容疑で逮捕され死刑判決を受けたと聞いたが、それは私の帰任後のことだったので、執行されたのか、判決に執行猶予がつき、二年後に無期刑となったのかは定かではない。

役立ったファーストクラス航空券

さて六月三日の夜、私は上海市内の情勢を気にしていたものの、手持無沙汰となり、情報収集も兼ねて友人宅で麻雀卓を囲んでいた。静かな夜だったが、一一時を過ぎたあたりで北京の不穏な情報が入り始め、上海にも状況を尋ねる日本からの国際電話が商社の上海所長である友人のもとに殺到し、ゲームはたびたび中断した。

日付が変わった深夜二時頃に、同じ敷地内の社宅に戻った時に東京の本社から電話で、天安門広場に突入した機甲部隊が発砲しており、多数の死傷者が出ていることを知った。

そして午前七時、私は呼べども来ないタクシーにしびれをきらし、自らの自転車に旅行鞄を載せて五キロの道のりを疾走して虹橋空港に突入した。国際線窓口で事前に買い求めていたオープン航空券を提示し、八時発香港行きのキャセイ航空に飛び乗った。上海を脱出した日本人第一号だったろう。危機管理の目的で用意してあった航空券は当然ファーストクラスだったので、機内では高級シャンパンを一瓶空け、共産党指導部が採った愚かな強硬策にひたすらクダを巻き、酔歩蹣跚《すいほまんさん》として香港のフラマホテルに辿り着いた覚えがある。

すぎの・みつお　東洋証券主席エコノミスト、専門：中国経済・現代史。一九五一年生、広島県出身。七四年一橋大学商学部卒。同年三菱信託銀行（現三菱ＵＦＪ信託銀行）入社。八一年上海華東師範大学へ留学。八三年同行北京駐在員。八七年上海駐在員。九八年上海駐在員事務所長、中国担当部長。〇七年東洋証券へ、現職に至る。著書に『中国ビジネス笑劇場』（光文社、二〇〇八年）など。

27 再会を喜び合った北京日本人学校の児童・生徒たち

北京日本人学校教諭＝教務主任　髙橋　豊

山崎豊子氏が胡耀邦総書記に直訴

北京日本人学校は、日中間の国交が正常化してから四年後の一九七六年四月、北京市朝陽区三里屯にあった日本大使公邸内の建物を利用し、「北京日本人学童補習校」としてスタートした。その八年後に中江要介大使の招きで大使公邸を訪れた作家の山崎豊子氏が、厳しい環境に見かねて、当時の胡耀邦総書記と会見した際に、きちんとした学校施設を提供してくれるよう直訴したことで、事態が大きく進展した。

とくに山崎氏が、教員や児童・生徒がすれ違うにも窮屈な校内の狭さを表現するのに、胡総書記の前で立ち上がって「蟹歩き」をして見せて一同を驚かせた話は、日本人学校では〝伝説〟として語り継がれている。山崎氏は九七年六月に訪中した際に日本人学校で講演し、この「蟹歩き」のエピソードを改めて紹介している。

私が着任した八七年四月当時、北京日本人学校は、北京市朝陽区西壩河東里19号にあった「西壩河第三小学校」の敷地を煉瓦塀で二分した煉瓦造りのやや古い校舎で、胡耀邦氏の指示で急遽準備されたものだった。「小学校の一部を北京日本人学校に提供するために、付近の子供たちを、他の学校へ通わせることまで中国側がして下さった」（山崎氏談）お陰でもあった。

そこから約四キロ北東に離れた四元橋近くの同市朝陽区蔣台西路6号に、新たな日本人学校を建設中で、完成を翌八八年三月に控えていた時だった。新校舎を建設し、体育館や広い校庭をつくることは、子どもたちだけでなく邦人社会全体の強い願いだった。

新たな学校への移転準備の責任を負った私は、三カ月がかりで備品の整理や搬出・搬入を手配した。移転後に子供たちが一番喜んだのが真新しい体育館だった。冬場は厳寒となる北京で、広い屋内での体育・集会などは考えられなかったためだ。全校の児童・生徒と教員が集まる朝会も体育館内で可能になり、まったく別天地の気分になったことを覚えている。

大使公邸内に開校した時は子供の数は一六人だったが、中江大使の着任時の八四年には一三〇人になり、八八年の新校舎竣工時には二〇七人、教職員も一五人に増えていた。

手元の記録によれば、天安門事件直前の八九年五月には三一一人を数え、日系企業の進出につれて年々、子どもたちの数が増える上り坂の時期だった。事件で三カ月余りの休校を余儀なくされ、同年九月に再開した時には二一一人（小学部一五三人、中学部五八人）にまで減ってしまった。緊急避難的に帰国した児童・生徒の三分の一が北京での勉学続行を断念したのだった（その後、二〇〇八年五月で六八八人＝小学部五四三人、中学部一四五人＝と過去最多を記録、二〇一九年一一月現在では三四二人＝小学部二六九人、中学部七三人＝に減っている）。

八九年当時の子どもたちの生活は、現地校との交流が制限された〝外国人隔離政策〟の中にあった。大人ですら現地中国人との交流は大変だった。これは今でもさほど変わっていないと思う。もちろん現地校との交流などはまったくなかった。そこでわれわれ教員は、中国理解の学習プログラムを作ったり、インターナショナル・スクールやドイツ人学校などとの交流を実施したりして現地理解とともに国際交流を深めていた。

民主化運動の影響、日本人学校にも

八九年四月中旬から学生や市民の民主化要求の抗議行動が始まり、次第に大規模デモが繰り返されるように変化していった様子は日本人学校にも伝わっていた。

マンションなど自宅に閉じ込められがちな児童・生徒の生活が少しでも豊かになるようにと、日本人学校では事件の数年前から授業以外の野外活動として「ナイトハイク（ハイキング）」を実施していた。自由参加方式で、保護者の同伴のもと、子どもたちは友だちと談笑しながら北京市内の夜の街をハイキングをして楽しんでいた。

ところが天安門事件の一年前に、急に公安（警察）当局から中止命令が下され、実施できなくなった。理由は不明だったが、「ナイトハイク」を支持してくれた保護者から、それならばと日系企業関係者に人気のあった順義ゴルフ場を夜間に開放し、子どもたちと一緒に各ホールを回り、ゴルフと関係のある遊びを工夫し、楽しんでもらおうとの声が上がった。

邦人、保護者、学校教員で準備会を立ち上げ、「ゴルフチック（ゴルフ風の意）」と名付け、八九年五月の実施を目指して準備を進めていた。ところが直前の同年四月、前総書記の胡耀邦氏が死去し、その後に天安門広場での学生と労働者による民主化要求運動に発展していったことなどもあり、このアイデアは実現できなかった。ただ、胡耀邦氏は日本人学校設立の功労者でもあり、学校関係者としては複雑な思いだった。

五月に入って状況は一変した。子どもたちの生活も以前にも増して自宅に閉じ込められることになった。五月一〇日頃に学校の仕事を終え、３環路（第３環状道路）を走っていた時である。いつもは家に帰るはずの多くの地元市民たちが、企業の旗を立て、天安門広場方面に自転車やトラックで向かっている光景を目の当たりにした。それは津波のように途切れることなく続いていた。学生運動が市民の支持

を受け、政治運動に変化していく瞬間だった。

短縮授業、臨時休校そして一時帰国へ

北京首都国際空港に帰国者を見送りに行く途中に、兵士の集団と戦車を目撃したこともあった。幼い顔の兵士たちが、にこやかに戦車の上で談笑している。私は軍事行動が起きるのかと思った。

そして五月一七日の水曜日、日本人学校は午後三時に一斉下校とし、その後も午後の授業打ち切りや臨時休校を同二四日まで一週間続けた。急激な変化で子どもたちに宿題を課す余裕もなかった。「自宅から勝手に一人で外出せず、教科書を毎日一回は開くように」との指示を出すのが精一杯だった。この期間に戒厳令（五月二〇日）が発布され、帰国する子どもたちがにわかに増え始めた。学校側が帰国を促すことはなく、それぞれ父母の判断で独自に帰国して行った。インターナショナル・スクール、ドイツ人学校などの子供たちや教師は早々と帰国しており、事態の急変に不安を感じ始めていた。

しかし、日本人学校は五月二五日以降、登下校時のスクールバスに教員を添乗させて安全を確保しながら午前中だけの授業を再開した。外国人が住むマンション「建国門外外交公寓」で、知り合いの邦人と現状分析をしていた時、天津方面から一一両の戦車が長安街の大通りを走行して来たことがあった。誰もが軍事介入は間近だと予感していた。学生は、市民はどうなるのかと、本当にやるせない気持ちだった。

日本人学校は六月一日から平常授業に戻ったものの、六月三日の土曜日は二時間目の授業で切り上げ、臨時下校にした。これらの対応は佐藤博司校長らが日本大使館側と協議をしながら決めていたと思う。三日午後三時には、中国軍のヘリコプターが上空を南北方向に飛行して行ったとの情報が「塔園外交公寓」（三里屯北側）在住の邦人から学校にもたらされた。上空からの偵察が始まったことで軍事行動は近

いと推察することができた。夜八時になって日本大使館から外出禁止令が出され、いよいよ事態は緊迫してきたと感じた。

翌六月四日午後四時、北京日本人学校は当面、臨時休校にする、と佐藤校長から各教員に電話連絡が入った。私はインターナショナル・スクールやドイツ人学校などと比べて、休校の決定が遅過ぎると感じた。もっと早めに設定していれば、保護者との帰国も慌てることなく進められたからである。

六月五日の月曜日には日本国大使館前で発砲事件があるなど北京市中心街は混沌としていた。別れを告げられずに帰国する子どもたちの数が急増した。七日には邦人に対して日本政府の避難勧告が発出された。この日に教員の家族は一時帰国した。急な荷造りを終えて集まって来たご婦人に口紅を借り、伝達用にと持参していた白い画用紙に「日の丸」を描き、すべての車の前後に張りつけ、日本人であることがはっきりと分かるようにした。同時に子どもたちには「身をかがめ、車からは顔を出さないように」と指示した。北京国際空港までの道のりには武装兵士があちこちに展開していることが予想されたからだ。あの時ほど「日の丸」をありがたく感じたことはなかった。私ども教員が帰国したのは、翌日、一一時に退避・避難勧告が発出された後であった。

新宿御苑で日本人学校児童・生徒、保護者が集う

日本に一時帰国した児童・生徒たちは緊急帰国だったため、各市町村の教育委員会の受け入れ体制が十分ではないことが分かってきた。順調に転入学できないケースが発生していたのである。私は保護者からの相談に対して、「避難勧告による緊急帰国である点を強調してください」とアドバイスすること以外に方法がなかった。

その後、文部省（現文部科学省）が各都道府県の教育委員会に対して、中国からの児童・生徒を受け

入れるようにとの指示を出したが、帰国した子どもたちは、日本各地で違った意味で苦労しているのだった。互いの身の置き方を話し、分かり合うことによって少しでも元気になってくれればと考えた。そこで神奈川県川崎市内の自宅に戻っていた私は、他の教員たちと連絡を取り、北京日本人学校の集いを東京で開けないかと提案した。反応はさまざまだったが、目的や連絡方法などを提案していくうちに理解を得ることができた。

そして八九年七月三〇日の日曜日、午前一〇時半、新宿御苑内のレストハウス前で、北京日本人学校の集会が実現した。全国各地から数百人が参加した。子供たちも保護者たちも互いに近況を語り合い、低学年の児童たちは久しぶりに再会した友だちと遊びに興じた。佐藤校長はじめ私を含む教員たちは、子供たちの明るい笑顔と保護者たちの思いのこもった表情を目撃したのだった。

その後、教員は九月からの新学期開始に備えて八月二八日に北京に戻るため、羽田を発った。戒厳令は解除されていなかったが、北京市は何事もなかったかのようにわれわれを迎えてくれた。連日、職員会議を開き、児童・生徒や保護者が楽しみにしている行事は規模を縮小しても実施する方向で話し合った。

週明けの九月四日、北京日本人学校の授業が再開された日だった。若干の緊張はあったものの、明るい笑顔が学校に戻ってきた。外国人隔離政策、借用していた旧校舎から新しく建設された校舎への移転、天安門事件で全国に散った児童・生徒たち。そして、再びここ北京に集まった児童・生徒たち。これらを思うと北京の生活にさまざまな不自由があったけれども、豊かで誇らしくしてほしい、とくに人との繋がりを大切にしてほしいとの思いが一段と募った。

東京で北京日本人学校の集会を成功裏に開くことができた体験から、そうした組織が日本にあれば児童・生徒も保護者も、北京での暮らしを後ろ向きに捉えることが少なくなるのではないかと考えた。辛いことや苦しいことがあるほど、一つの喜びや人との繋がりが蘇り、北京での暮らしを前向きに捉えてくれるのではないかと思ったのである。

私は邦人代表と学校教員と日本大使館による「学校運営委員会」に北京日本人学校同窓会の設立を提案した。まずは北京日本人学校に在籍した児童・生徒の名簿作りから始めた。日本国内の住所や転学年を記した六八〇人の名簿を作成することができた。「学校運営委員会」の協力を得て、北京での勤務を終えて帰国した後に、卒業生の一人で大学生になっていた饗庭さんと連絡を取り、同窓会の準備委員会を設けた。数回の会合の後、翌九〇年に第一回北京日本人学校同窓会を東京・渋谷で開催した。私は乾杯の音頭を取って同窓会の発足を祝した。役員を務めてくれた方々、参加してくれた方々、元教員の方々、みなさん明るい笑顔で歓談している姿を見つめ、「人は繋がって生きているのだな」と痛感したのだった。

たかはし・ゆたか　一九五〇年生、神奈川県川崎市出身。七三年国立埼玉大学卒業。七五年埼玉大学美術研究室修了。同年神奈川県座間市立ひばりが丘小学校赴任。七八年川崎市立白幡台小学校赴任。八七〜九〇年北京日本人学校赴任。二〇一〇年川崎市立百合丘小学校退職。著書に『国際理解教育の本』（川崎市総合教育センター、一九九五年）。

28　天安門事件の主役たちの思い出

北京・順義ゴルフ場支配人　泉喜久男

早々と完全休業

中国人学生らの民主化運動を武力弾圧して流血の大惨事となった天安門事件（一九八九年）は中国共産党総書記を事実上解任され、自宅軟禁状態にあった胡耀邦氏の死去で始まった。

胡氏が死去したのは武力弾圧が行われた六月四日の二カ月ほど前の四月一五日のことで、北京中心部から北東三五キロ（北京首都国際空港からは北東一〇キロ）のところにあるわが順義ゴルフ場ではこの日、土曜日ということもあって、少なからぬメンバーたちが、霧雨のなか、コースに出てプレーを続けていた。私は昼のニュースで胡氏の死去を知り、プレス関係者がコースに出ていたことを思い出し、急いで彼らにそのことを伝えた。

この時はまだ、胡氏の死がその後の大事件に繋がっていくとは思ってもみなかった。順義ゴルフ場の正式名称は「北京ゴルフクラブ／北京高爾夫俱楽部（Beijing Golf Club）」で、事務所は天安門近くの北京飯店に置かれており、私は毎週月曜日、順義から売上金等を持って事務所に行っていた。

車を走らせている時、建国門と西単の間で学生たちのデモに出くわしたが、統制がとれており、意外にスムースに通行できたことを覚えている。デモが行われている横を車で通過した最後は戒厳令下で、天安門広場には民主化運動の象徴である「民主の女神」像が立っていたので、五月末だったと思う。

しかし、ゴルフ場のある順義県（現在は順義区）は北京市内の喧騒とは全くの無縁で、六月三日までは平穏に通常の営業を行っていた。それでも日々朝な夕なＮＨＫの国際放送を聴取していた。ところが六月四日早朝の放送で深刻な事態の突発を知り、ゴルフ場の「完全休業」を早々に決定した。

首都北京が大変なことになっているのに日系ゴルフ場は開業していた――となったら、後で何を言われるか分からない。ただ、実際には、北京郊外のホテルに宿泊していた二人の日本人客がゴルフ場にやってきたが、不本意ながらお引き取りいただいた。彼らは市内で起きている事態をまったく把握していないようだった。また、市内在住の女子研修生の一人が、休業で送迎バスが止まったにもかかわらず、四〇キロの道のりを自転車で出勤し、私を驚かせた。

ゴルフが大好きだった趙紫陽氏

ここで順義ゴルフ場設立の経緯に触れておく。一九八四年、北京で九〇年にアジア競技大会が開催されることが決定し、この大会からゴルフが正式種目となった。だが、北京市にはゴルフ場がなく、中国の国家体育運動委員会は日本に協力を打診。日本側はこれを受け、今でいう特別目的会社（ＳＰＣ）の日本法人「北京ゴルフクラブ」を設立した。中国側が土地を提供し、日本側が施設を建設するという「合作方式」で、池浦喜三郎・日本興業銀行会長（当時）のお陰で日本の大手企業も資本参加し、八七年五月二三日に正式にオープンした。

オープニングセレモニーは当初、陳慕華・中国人民銀行総裁をメインゲストとして迎え、午前中に始まる予定だったのだが、数日前に中国側から「午後からにしてほしい」と申し入れがあった。中国流でその理由は開示されない。当日、「趙紫陽首相（兼総書記代行）が参加される」との情報があったが、私には信じられなかった。なぜならこの日の午前中に北朝鮮の金日成主席との会談が予定されていたからで、日本のプレス関係者もほとんどが市内にとどまっていた。

筆者家族と趙紫陽氏（後列右側）
（1988年10月12日，順義ゴルフ場にて）

ところが、午後二時過ぎに趙紫陽首相が突然に来場。クラブハウス前で真紅のテープにハサミを入れ、セレモニーが終了すると、趙首相はコースに移動、10番ホールでスモークボールを打って始球式をやってくれた。この時は梁伯琪夫人も同行しており、スモークボールで試し打ちをした。このセレモニーで中国要人の通訳を務めていた于再清氏はその後、中国オリンピック委員会（ＣＯＣ）副会長、国際オリンピック委員会（ＩＯＣ）の委員、副会長を歴任した。

趙氏は八七年一一月に胡氏の後を受けて党総書記に正式に就任したが、それでも早朝にしばしば来場されていた、多忙な政務の中でのちょっとした息抜きだったように思う。天安門事件前年の秋に撮影したわが家の子供たちとの写真が残っている。そこに写る表情からは、趙氏が当時、政務に忙殺され、政争に巻き込まれていたことを読み取ることはできない。

楊尚昆氏や万里氏もゴルフを楽しむ

ゴルフ場で趙総書記とタイのチャチャイ首相とが一緒にプレーをしたことがある。時間の関係で数ホールだけだったが、社会主義・中国における〝ゴルフ外交〟の嚆矢になったのではないかと思っている。

趙氏には何度もお会いしているが、偉さを感じさせない穏やかな印象の人物だった。梁夫人も時々、プレーをしたものの、趙氏のプレー中は、ほとんど車の中でよく編み物をしていた。

趙氏は本当にゴルフが好きだったと思う。順義ゴルフ場は本コースとは別に三ホールの練習コースが本コースに先行して完成したのだが、趙首相はしばしば数名の警備関係者とともに来場した。ゴルフそのものは市内の練習場等で身に付けたようである。趙氏にとって、人目がない自然の中でのゴルフは煩わしい世俗を忘れるのに大いに役立ったのではないだろうか。趙氏の思い出は尽きない。

天安門事件で趙氏の政敵となった李鵬首相も順義ゴルフ場を訪れた。視察が目的で、私は李首相とクラブハウスを出る直前に握手をした。朱琳夫人が私を見つけ、玄関ドアの手前で李首相を止め、挨拶を交わすように促したからで、それが強く印象に残っている。李首相はテニスをよくやっていたが、ゴルフはやらなかったようだ。北京市長だった陳希同氏は二度来場したが、上から目線的な態度で、他の要人の方々とは異質な感じを受けた。一度はアサヒペンタックスを首からかけて来ており、意外な一面を見たような気がした。

改革開放政策を主導した実力者、鄧小平氏の盟友とされた楊尚昆氏（元国家主席）は家族とともに来場した。練習場でボール数発を打って帰った際に、カメラマンだという息子さんが一緒の写真をとってくれた。しかし、「後でくれる」との約束は守られなかった。握手した際の楊氏の分厚い手が忘れられ

タイのチャチャイ首相との「ゴルフ外交」を終えた後に，趙氏は自らの名前を揮毫した（1989年3月16日，順義ゴルフ場にて）

ない。全国人民代表大会の委員長だった万里氏もゴルフ場にやってきた。「元老」といった風格で、毎回、クラブの女子研修生とハーフラウンド程度を回り、適当に楽しんでいた記憶がある。

ゴルフはその後、中国の大地にも根付き、ゴルフ場の数は今や六〇〇カ所を超えているという。

いずみ・きくお　一九三九年生、東京都出身。六一年中央大学商学部卒、八五年までＪＦＥスチールの子会社に勤務、同年前記ＳＰＣに転職後、建設事務・ゴルフクラブ支配人等を歴任後、〇三年退職し長野県へ移住。二十代に取得した税理士資格を生かし長野県御代田町の監査委員を一三年間務め、現在に至る。

29　事件発生前に北京を脱出していた米国人親子

AP通信北京支局長妻　ケイコ・エイブラムズ

地震と勘違いした戦車の轟音

六月四日の天安門事件が起きる直前までは、中国人も外国人の私たちも一種のお祭り騒ぎのような感じで、私は当時一〇歳の長男アンディ、八歳の次男ジョー、四歳の三男マイクの三人を連れて天安門広場へ見物に行っていた。広場に泊まり込んでいる学生たちや「民主の女神像」（五月三〇日に設置）などを見て、写真を撮ったりしていた。しかし、その直後に子供たちの通う北京インターナショナル・スクール（International School of Beijing）が休校になり、私は子供たちと一緒に住まいのあった斉家園外交公寓の敷地から外部に出ないよう心掛けた。

戦車が街中に頻繁に来るようになったころ、長安街（建国門外大街）のメインストリートに面していたわが家のアパートでは、戦車が通過するたびにものすごい地響きと振動が伝わってきて、はじめは地震かと思ったほどだった。

夫が支局長として働いていたAP通信の北京支局は、記者四人（現地雇いの中国系米国人と夫も含む）とカメラマン一人が常駐していたが、ソ連のゴルバチョフ書記長の歴史的な訪中や学生・市民の抗議行動が活発化した五月中旬には、応援組として記者二人とカメラマン二人が東京支局や香港支局などから相次いで駆けつけた。常駐の記者一人は五月に働き過ぎて体を壊し、五月末か六月に入ったころに香港へ療養に行き、六月四日前後は北京に不在だった。

わが家はAP通信北京支局があった斉家園外交公寓内の同じ建物にあったので、私はサンドイッチなどを作って支局の記者たちに差し入れしていた。

応援取材に来た外国の報道関係者はAP通信のほかにも大勢いて、大半は北京飯店に宿泊していた。AP通信カメラマンのジェフ・ワイドナーは、戦車の隊列の進軍を阻止しようとした「タンクマン（戦車男）」の写真を、同ホテル上層階のベランダから撮影に成功した。その他にも大勢のカメラマンが、北京飯店やその周辺で撮影していた。若手支局員のジョン・ポンフレットは天安門広場に最後まで残っていた外国人記者の一人だった。

AP通信東京支局から応援に来た三上貞行カメラマンは、私が日本から持参したママチャリに乗って写真撮影を行っていた。なぜかというと、当時の中国製自転車には前方に買い物かごが付いていなかったからだった。三上カメラマンは私の日本製自転車の前かごの中にカメラを忍ばせ、その上を服などで覆ってコード式のスイッチを使って中国の警察官に気付かれることなく街中を走り回って写真を撮りまくっていた。

自力で脱出した米国人

六月四日の少し前から、米政府系ラジオ「ＶＯＡ（ボイス・オブ・アメリカ）」が、中国では内乱が起きるかもしれないので、国外へ出るようにとの通告を繰り返し放送し始めた。米国人留学生の多くは、北京大学や清華大学の付近に住んでいたが、街中にある外資系ホテルに移動し始めていた。米国政府の正式の避難勧告や退去命令はなかったと思う。その理由は、北京在住の米国人（約一四〇〇人、中国全土では約六〇〇〇人＝Ｊ・リリー米国大使）が多いからとのことだった。大使館の関係者以外は、みな自力で国外に脱出するしかなかった。子供の友だちも大半が早めに六月四日以前に出国していた。とくに家族連れの場合は事件の発生前までに大多数が脱出した。事件後に北京に取り残されたという話は聞かなかった。

ただ、知り合いの報道関係者で、小学校の高学年の子供がいた家庭で、夫人も子供たちも北京にずっと残っていたケースはあった。わが家はその中間だったかもしれない。

六月四日の事件直後に死傷者が大勢出て、遺体などがまだ路上に残っているという話を聞きつけ、私は自転車に乗って長安街を天安門広場の方向へ行ってみた。もちろん広場近くまでは行けなかったが、途中で学生か労働者ふうの男性の頭の陥没している死体が路上にころがっており、数人の中国人が集まって眺めていた。私はその光景を見て怖くなり、すぐ家へ戻って来てしまった。

しばらくして市内から北京首都国際空港までの道が、軍隊に閉鎖されるなどと噂が出て、空港へ行くのも危険な感じになった。六月七日午前に建国門外外交公寓の建物に軍の一斉射撃があり、夫のジムと相談し、子供三人と私は北京を離れることに決めた。報道に携わる主人はもちろん持ち場を離れることはできなかった。

だが、六月八日、タクシーも空港までは行ってくれずに困っていた時、日本国大使館が三里屯にあるホテルから空港までバスを出しているという話を聞きつけ、そのホテルまで駆けつけた。

日本国大使館手配のバスで北京首都国際空港へ

私は日本国籍だったが、子供たち三人は米国国籍だったので、米国人の子供はダメだと言われるのではないかと心配したが、日本国大使館の館員らはそんなことは気にせず、すぐ乗せてくれたので助かった。日本国旗などを貼り付けたバスで北京国際空港まで行き、東京に向かった。空港内は脱出しようとする外国人であふれ返っていたが、偶然にも子供たちの先生（米国大使館付）の夫妻に会った。彼らも出国するところだったが、私が子供三人を連れている姿を見て、「まだ出国していなかったのですか」と少々驚いた様子だった。

東京に到着後、すぐ実家のある北海道・函館に向かい、そのまま一カ月ほど滞在した。緊急避難する際に中国へ戻る再入国ビザを取っていなかったので、六月二八日に私一人で札幌の中国領事館に出向き、私と子供三人分の再入国ビザを取得した。領事館にはほとんど人が見当たらず、館員がのんびりお茶を飲みながら話していて、私には必要なこと以外、一切話したり聞いたりしなかったことを覚えている。

七月になって夫の実家がある米中西部インディアナ州の州都インディアナポリスに移った。ジムは八月上旬頃インディアナポリスに来て合流した後、家族全員で八月二二日に北京に戻った。

北京の街は外見上、以前と同じように見えたが、誰もがみな会話にも注意しているようだった。私たちはその後一年ほど北京に滞在したのだが、以前より話すことや行動には気をつけるようになっていた。

［追記］米国には事前通告されたアパート銃撃計画

北京在住の米国人の避難・退去問題に関しては、北京駐在のジェームズ・リリー米国大使（故人）が回想録『チャイナハンズ』の中で「日本大使館やフランス大使館が行ったように全員退去命令を実施すべきだった」と反省の弁を述べている。北京の米国大使館は天安門事件翌日の六月五日に米国人学生に退去の呼びかけをスタートさせ、同六日にすべての在留米国人に同様の退去の呼びかけを始めていたが、七日までこの手続きの通知はしなかった、としている。

だが、一方でリリー大使は、米国人の生命を守る点では「点を稼いだ」とも自慢している。それは大使館員のラリー・ウォーツェル駐在武官（陸軍大佐）が日頃付き合いのあった人民解放軍の青年将校から六月六日に電話連絡を受け、「あす（七日）の午前一〇時から午後二時の間、部屋にいないようにしてください。とくにアパートの二階以上には決して上がらないように」と、建国門外外交公寓に対する一斉射撃を事前に通告されていたことを指している。諜報活動の専門家だったウォーツェル氏は、この電話の狙いについて、「（解放軍の）上官から（米国大使館に）電話を入れるように指示されたに相違ない」と判断してリリー大使に即刻報告した。

大使は日頃から氏の中国情報の質の高さを承知しており、建国門外外交公寓のアパート内から米国人外交官らを全員退去させるための秘策を練った。そして「差し迫った退去計画の打ち合わせをする」との名目の下に、同公寓近くにある米国大使館内にできるだけ多くの館員とその家族を集めることで、最悪の事態を回避したのだという。米国大使館が中国側から事前の〝攻撃通告〟を受けていた事実は驚きだが、さしもの中国軍も米国と正面衝突する事態は回避したかったのだろう。リリー証言の信憑性に対しては中島大使はじめ日本政府関係者は懐疑的だが、十分にあり得る話と思われる。

米国大使館はこの銃撃事件発生で、在留米国人の「自主的退去」を「義務的退去」へと切り替えた。六月七日深夜にベイカー国務長官が電話でリリー大使に対し、「絶対に欠くことができない者以外、すべての館員と家族全員を国外へ避難させるよう求めたブッシュ大統領の決定」を伝えてきた。そして六月八、九日の両日で三五〇人以上の米国市民が東京経由のチャーター便で帰国し、六月一〇日には星条旗を掲げた大使館の車両が八三人の米国人とその他の外国人を天津から北京首都国際空港まで移送し、帰国させたという。

ケイコ・エイブラムズ　一九五四年生、北海道出身。旧姓・岩崎慶子。九九年米ジョージメイソン大学院卒。七六年ジム・エイブラムズと結婚。八六～九〇年まで北京に滞在。帰国後はバージニア州フェアファックス郡公立高校で日本語教師を務めて退職。米同州マクリーン在住。

30 外交カードだった外国保険会社への営業認可

東京海上火災保険北京駐在員事務所首席駐在員　伊藤　博

営業はまだ認められず

私は当時、保険会社の北京駐在員として、家族（妻と娘二人）と郊外の「麗都公寓（リドー・マンション）」で暮らしていた。事務所は、北京飯店の一七階南西角部屋で、東長安街が眼下にあり、天安門広場を遠望できた。

北京に赴任したのは一九八八年だったが、当時は外国の保険会社は営業を認められておらず、駐在員事務所として、情報収集や中国人民保険公司などとの連絡業務を行うことのみが許されていた。

一九八一年に深圳（広東省）が外資系銀行に開放され、八五年には珠海（広東省）・汕頭（同省）・廈門（福建省）でも外銀の営業が認可された。一方、外国保険会社が営業認可を得ることができるのは、かなり先だと考えられていたが、それでも営業認可取得に向けた中国側への働きかけが、駐在員事務所における重要な活動だった。働きかける相手は、主に、監督官庁である中国人民銀行だった。相手方は、銀行業務についてはかなり精通している様子だったが、保険行政についてはそれほど経験がなく、日本を含めた外国の実務を知ろうと努力していた。その面で、われわれが情報提供をすることは可能であり、本店のサポートのもとで、時々、人民銀行を訪問し、情報交換に努めた。

おそらく当時、日系損保の中で、営業認可を受けるべき都市について、明確な目標を持っていたのは安田火災海上保険（現損害保険ジャパン）だけだったと思う。外資系損保の営業認可については、外銀の認可動向から判断して、全国免許はまったく考えられず、特定都市における営業が一～二社に認可されるだけだろうと想定されていた。その中で、安田火災は遼寧省大連市をターゲットに定め、諸活動を展開していた。日系顧客の進出動向や対日感情あるいは歴史的な経緯から判断して、大連を選択したものと思うが、一つの見識だった。東京海上を含めて、他の損保は、まだ明確に目標都市を定めるには至っていなかった。

もう一つの重要な仕事

駐在員事務所としてもう一つの重要な業務は、中国に進出した日系顧客に対して、保険手配のアドバイスを行い、その物件の再保険を保険公司から受けることだった。再保険とは、たとえば、火災保険を引き受けた会社（元受保険会社……中国人民保険公司）から、リスクの一定割合を譲り受けることを指す。再保険という仕組みによって、元受保険会社は、自社で保有するリスクの量をコントロールすることができる。一方、リスクの一定割合を引き受けた会社（受再保険会社……東京海上）は、再保険料を元受保険会社から収受しつつ、日系顧客のリスクマネジメントに関与することができる。

このように、日系顧客の投資案件ごとに、保険公司から再保険を引き受ける交渉を行っていた。ちょうど六・四天安門事件の頃、松下電器（現パナソニック）のブラウン管製造プロジェクトが完成間近であり、工場に足しげく通って、同社の駐在員と保険関連の打ち合わせをする日々が続いた。住友海上火災保険（現三井住友海上火災保険）も松下電器の主要取引損保であり、北京駐在員事務所の岸部博一所長がこれまた頻繁に工場を訪問していた。わずかの時間差ですれ違うこともあり、お互いに再保険の引受けやリスクマネジメントの提供をめぐって、鎬を削る間柄だった。

もっとも、日系損保が競争を展開する場面はそれほど多くはなく、どちらかと言えば、和気あいあいとした雰囲気が濃かった。日系生保を含めて、保険会社の駐在員は顧客とあるいは同業者間でゴルフを楽しんでいたし、家族ぐるみで食事をすることもあった。

六・四天安門事件前後で印象に残っているのは、事務所の真下にあった長安街の様子だ。デモが始まってすぐの頃は、デモ隊が持つ横断幕は大学名を示すものが多かったが、徐々に職場名を示すものが増えていった。社会人が、デモに参加してもお咎めがないと判断した証拠だ。また、デモ隊は二つの車線を常時空けておき、緊急車両が通行できるように秩序を保っていた。

北京飯店の事務所にも珍客が訪れた。それは、外国人の男女ペアであり、長安街の様子を写真に撮らせてほしいとたいへん丁寧にドア越しに言ってきた。会社のお客様ではない人を事務所に入れるわけにはいかないので、丁重にお引き取り願ったが、後で考えるとただの観光客とは思えないカップルだった。

強烈な印象を受けたのは、住まいのすぐ外の道路（当時は、北京首都国際空港に通ずる幹線道路）に軍用トラックが何十台もびっしり停車し、その荷台に小銃を抱えた兵士が多数乗っていた光景だ。これは、事件発生前の五月下旬のことだと思うが、兵士と小銃の数に圧倒された。

家族は一足先に帰国

次に印象深いのは、事件直後、家族を北京空港に送っていった時の様子だ。住まいの近くでは、バスやタクシーはまったく走っていなかったので、「麗都飯店（リドー・ホテル）」から出発する日本航空のクルーバスに乗せてもらい、空港に着いた。中国民航のチケットしか持っていなかったが、そこでも、日航の顔見知りの職員にお願いして、日本行きの搭乗券をもらった。多くの人々に助けられて、家族を帰国させることができた。

家族が帰国した後には、麗都公寓別棟の三菱商事取締役中国総代表の堀田康司さんのお宅に世話になり、奥様手製のクッキーをご馳走になったりした。事件後、わが家の電話が不通になったので、家内が堀田さんの自宅に電話し、私の安否を確認がてら、「新婚旅行のアルバムだけは、日本に持って帰るよう伝えてください」とお願いしたところ、堀田さんご自身が伝達のためサンダル履きで拙宅に来訪いただいた。恐縮しつつも、その悠揚迫らざる様子に感心した。

堀田さん自身は、事件後、道路脇の車両が煙を上げ、散発的に銃声が響くなか、北京市内を奔走し、部下の駐在員とその家族全員を安全な場所に避難させていた。その責任感と胆力に脱帽するとともに、組織のトップとしてはかくありたいと感じた。

事件後、約一カ月経過してから、北京に戻ったが、その後は日本からのお客様も途絶え、本店からの出張者もまばらとなった。この状況が変わり始めたのは一九九〇年頃だが、徐々に中国人民銀行周辺から、どうも上海を外資系保険会社に開放するらしいとの話が聞こえてきた。そのあたりから、東京海上も営業認可を得るべき都市を上海に定め、中国と日本でいろいろな活動を展開した。

米国の圧力で保険市場開放

ところで、私は六・四天安門事件によって、金融分野の対外開放が促進されたと考えている。とくに保険業では、一九八〇年代においては、対外開放の気配はまったくなかった。事件後に米国政府がしつこく米大手AIGの参入を求めた結果、市場開放が早まったと思う。もし事件がなければ、対外開放は五年以上遅れたと推測する。

事件後にあったことを時系列で整理すると次の通りである。

(1)鄧小平は一九八九年一一月に訪中したキッシンジャーに対して「双方がともに努力し、早い時期に数項目の比較的大きな経済協力プロジェクトを実施に移す」と述べた。

(2)九〇年から九一年にかけて、銭其琛外相とベイカー国務長官が交渉した結果、米国政府は九二年二月二一日に対中制裁三項目を撤回することを宣言した。

(3)九二年三月に朱鎔基副首相が保険市場の対外開放を決定した。当時は、市場開放のテスト段階であり、外交面での配慮が決定的な作用を及ぼした。

一九九二年に米ＡＩＧが上海で生命・損害保険の営業認可を得た。これは、一般的には、鄧小平の南巡講話（南方談話）の影響だと考えられるが、事件後の米中関係改善を模索する中で、中国が米国に示した譲歩の一つだという側面もある。上記のように、認可を決定したのは副首相の朱鎔基だった。九四年には東京海上が同じく上海で営業認可を得た。外資系保険会社としては二番目の認可だったが、ＡＩＧより二年遅れており、そこに中国の米国と日本に対する評価が表れていると思う。

また、ＡＩＧと東京海上の営業認可の後、外国保険会社に認可が与えられたケースをみると、以下のことが分かる。

(1)認可決定の連絡は、中国の要人が外国を訪問した際、あるいは外国の要人が中国を訪問した際に、あたかも土産を渡すかのように行われた。

(2)営業認可を受けた保険会社の本社は、カナダ・スイス・フランス・ドイツ・米国（ＡＩＧ以外）にあり、中国の外交上重要な国々の会社が選ばれている。イギリスの保険会社は、香港返還の後にやっと認可を得た。

これらのことから、一九九〇年代後半までは、外国保険会社への営業認可付与は中国の外交カードの一枚だったと考えられる。

この数年間、大学で中国語を教える機会がある。多くの学生は真面目に学んでいるが、時には眠そうにしている人もいる。そんな時に、六・四天安門事件の話をしつつ、事件直後に長安街で拾った空の薬莢の写真を回覧すると、にわかにクラス全体が覚醒する。やはり、今でもインパクトが強い出来事だったと思う。

いとう・ひろし　一九五五年生、東京都出身。七八年東京外国語大学中国語学科卒業、同年東京海上火災保険（現東京海上日動火災保険）入社。八八～九二年北京駐在員、二〇〇五～〇七年北京および上海駐在員、その間、中国室他勤務。二〇一三年東京大学大学院総合文化研究科博士課程修了、博士（学術）。同年より同研究科学術研究員。二〇二一年東洋文庫研究員。著書に『中国の金融経済を学ぶ』（共著、ミネルヴァ書房、二〇一九年）など。

31　天安門事件〝一九八八年版〟を知っていますか

在中国日本国大使館専門調査員　小竹一彰

前年にもあった学生デモ

一九八九年の天安門事件の前段になった学生運動には原型といえる前例があったことを、ここでは指摘したい。つまり天安門事件に繋がった学生運動は突発的な事態ではなかったということである。

それは、一九八八年六月初め（つまり天安門事件のほぼ一年前）に北京大学研究生が殺害された事件をキッカケに発生した学生運動である。実際の経過はおおよそ次の通りだった。

六月二日未明に北京大学院生らが校外の食堂で非正規労働者（ゴロツキと表現した報道もある）とケンカになり、同院生一人が重傷を負い同日午後に死亡した事件が発端だった。

大学周辺でさえ学生の安全が保障されていないと抗議する一〇〇〇人前後の学生たちは六月二日深夜から三日未明にかけて、天安門広場へのデモを挙行した。北京市内では一九八七年一月から無届けデモが禁止されていたにもかかわらずの行動だった。

その後も北京大学などの学内で壁新聞が次々に掲示され、六月八日白昼に天安門広場へのデモと座り込みを行おうと呼びかけた。学生運動の拡大を危惧した北京市当局が警戒と引き締めを強めたために、このデモと座り込みは不発に終わった。なお、六月八日以前に中南海西門前で座り込みが行われたというウワサもあった。こうした経過については、当時の日本の新聞でもかなり報道されていた。

実は筆者は以上のような学生の抗議運動をみずから確認できず、北京大学などを当時訪れた知人たちから事後的に教えられたに過ぎない。ただ、この抗議運動がいちおう鎮静化してから、遅ればせに少し調べてみた。さらに、一九八九年の天安門事件が一段落した後になると、この一年前の抗議運動が密接に関連していたと考えるようになった。

たとえば、学生の抗議運動が深夜に行われたこと（一九八九年も当初は深夜デモだった）、デモの目的地が天安門広場だったこと、行動形態がデモ行進だけでなく座り込み（中国語では静座）を伴っていたこと、中南海も目的地だった可能性があること、などはどちらにも共通した特徴である。そこになんらかの機会に表面化する学生たちの大きな潜在的エネルギーの蓄積を想定できる。

学生をとりまく一九八八年と一九八九年の環境も共通していたといえる。それには、当時の中国におけるインフレの進行、それに合わせたような深刻な腐敗、一〇年にわたる改革開放が転機にさしかかりつつある状況、そして中国の将来に対する危機感などがある。天安門事件は一九八九年でなく一九八八年に発生する可能性も存在していたのかもしれないのである。

市民の共感なく不発に

では、なぜ天安門事件のような事態が一九八八年に起きなかったのだろうか。

つまり、一九八八年六月初めの学生の抗議運動が拡がらなかった理由は何なのか。共産党中央などの指導部内の政治状況を別にして、学生たちの動きに焦点を当てて検討する。

八八年六月の学生の抗議運動が拡大しなかった最大の理由は、端的に院生などを含む広義の学生たちと非正規労働者との酔っぱらい同士のケンカとみなされたからだといえる。筆者が聞いた範囲では、酔った若者同士のケンカをまともに論じる必要はないという感想が多かった。また抗議運動に際して学生たちの掲げた直接的な要求が自らの安全や地位の保護だったことも、彼らに対する社会的共感を弱めたといえた。中国で大学の学生や院生はいわば特権的な存在であり、むしろ彼らのケンカ相手だった非正規労働者の方が改革開放やインフレの進展の直接の犠牲者だとみなされていたからである。改革開放やインフレの影響に苦しむさまざまな層の北京の人々には、自分たちと共通性があるのは学生よりも後者だったといえる。こうした社会的雰囲気のなかでは、学生たちの要求は彼らのエゴイズムの表れだという理解の方が強くなったのも当然だったように思われる。

一九八八年六月に起きた学生の抗議運動が拡大しなかった背景は、このように社会的共感を獲得できなかったことにあるといえる。それでもデモが実質的に禁止された一九八七年一月以降に無届けデモを実行できたことにより、学生たちは直接行動への自信を深めたであろう。それに基づいて大規模な直接行動を新たに起こすためには、社会的共感を拡げる大義名分が必要だということになる。一九八九年四月の胡耀邦の急死はそうした大義名分の獲得に繋がる契機になったわけである。

こたけ・かずあき　一九四八年生、新潟県出身。東京都立大学大学院修了。一九八七年四月〜九四年三月、日本国際問題研究所研究員、主任研究員。その間、一九八八年四月〜九〇年三月、在中国日本国大使館専門調査員。一九九四年四月〜二〇一九年三月、久留米大学法学部教授、特任教授。

32　広場の変遷三〇年

博報堂北京事務所首席代表　渡辺浩平

いまや「男神」の聖地

いま天安門広場で国旗掲揚を見るため夜半から待つ人がいる。早朝、人民解放軍の兵士が現れ、国歌・義勇軍行進曲が奏でられ、国旗掲揚が始まる。広場の人々は、その光景をスマートフォンで撮影する。中国の動画投稿サイト「快手（Kuaishou）」には若き兵士の映像が掲載され、あたかもアイドルへの賛辞のような書き込みがなされている。快手とは中国版インスタグラムといったもの。そのサイトでは、イケメン兵士を「男神《ナンシェン》」と称するほどだ。「神」はアイドルの呼称である。

動画サイトで、銃を持った兵士を眼にし、一九八九年の初夏のことを思い出した。私は一九八八年の秋から広告会社の駐在員として北京におり、四月一五日の胡耀邦の死から始まった民主化運動の進展を体験した。ただそれは傍観の域を出るものではない。四月一五日から六月四日に至る経緯は他の方の論考に譲る。思い出したのは事件後のことだ。

六月四日の数日後、人民解放軍による建国門外の外交公寓（アパート）や建設中のオフィスビルへの銃撃があり、それを機に帰国せざるを得なくなった。事務所を置いていた京倫飯店（ホテル）は建国門外にあった。北京に戻ったのは六月二九日のことだった。その数日後に天安門広場の横を通った。七月一日から広場は許可制で入ることができるようになっていたが、周囲には歩哨が立っていた。事務所のお金を引き出すため、広場の西にある中国銀行へ向かった。

長安街を曲がったところで兵士に誰何され、外資企業の駐在員であることを証明する「代表証」を提示した。兵士が肩にかけた銃の口先が、私の鼻先で揺れていた。身分証を一瞥し、「行け！」と命じられた。事件後、幾度か解放軍の隊列には出会っていたが、至近で接するのは初めてことで、ひどく緊張したことを覚えている。

国旗掲揚式というアイデア

「天安門広場に散歩に行こう！」という呼びかけを知ったのは翌年一九九〇年三月のことだった。四月一日の日曜日と清明節の四月五日に、広場に散歩に出かけよう、という。中国の清明節は死者を弔う日だ。言うまでもなく天安門事件への抗議活動である。呼びかけのビラを知り合いからもらった。ビラはファックスであちらこちらに送られていた。そこには、「東欧が激変し、ソ連共産党は一党独裁を放棄した。（中国）共産党専制の転換も不可避だ」と書かれていた。そして、両日に、三々五々散歩に行こう、それは合法的権利だとし、最後に「天安門広場に散歩に行こう！」と綴られていた。むろん、ビラのいう民主運動の目撃者だ。友人たち、天安門広場は中国民主運動の聖地であり、偉大な歴史的事件の聖地とは、一九一九年パリ講和会議への抗議から起こった五四運動を嚆矢とするさまざまな政治運動をさす。

当局は警戒を強化、職場や学校では「広場に行くな」という指示が出されていた。清明節には広場が封鎖され、少年先鋒隊のイベントが行われた。知り合いの娘さんもその活動に参加せねばならず、知人はえらく心配していたが、学校の行事とあっては休ませるわけにはいかないと嘆いていた。その年の九月二二日から一〇月七日まで、北京ではアジア競技大会の開催が予定され、弾圧を受けた側は、抵抗運動を準備していたようだが、当局はそれを抑え込んだ。

ＳＮＳに頼る政権

では翌年一九九一年の清明節はどうだったか。実は私は一九九一年三月に、北京での二年半の駐在員生活を終えて本社に戻ってしまったので、四月五日の広場の様子は分からない。しかし大方の想像はつく。なぜなら、帰任の頃、天安門広場内の人民英雄記念碑の前で建築工事が行われていたからだ。国旗を掲揚するためのポールの台座の建設が始まっていたのだ。建設現場を人々が遠巻きにし、冷ややかに見ていたという記憶がある。

国旗掲揚式の初日は一九九一年五月一日のメーデーだった。翌五月二日の『人民日報』の第一面には、その様子を伝える記事が載っている。掲載された写真では、国旗のまわりに多くの人が集まっている。キャプションには、「荘厳な掲揚式典は多くの人々を引き付けた」と書かれている。おそらく前年の清明節同様に、職場や、学校での動員で集められた人たちなのだろう。記事では、午前六時一五分「国旗掲揚！」という掛け声のもと、厳粛に式典がとり行われたという。それが現在に至る国旗掲揚式のスタートとなった。

そのような記憶ゆえに、私とってこの式の目的は、「散歩をさせないため」というものだった。それが三〇年近くの月日が経ち、よもや、女子がイケメン兵士をスマートフォンで追う場になろうとは思ってもいなかった。広場は、民主化運動の聖地から、「男神」の聖地に変わったのである。

言うまでもなくこのような現象が起こるのは、中国のネット空間が閉じられたものだからだ。「中国版」ではないソーシャルメディア（ＳＮＳ）たる「フェイスブック」「ツイッター」「ユーチューブ」に中国の人々が接続できるようになれば、天安門広場における異なる映像に出会うこととなる。むろん、中国の若者で、海外ネットの検閲システムのグレート・ファイアーウォール（金盾）を乗り越えて、禁止されているサイトに接続したことのない人を見つけることは難しいだろう。多くの人々は、一九八九年の初夏に、天安門広場で何が起こったのか知っている。しかし、中国の人々も、国内版のSNS上のとりとめもない情報に引き寄せられてしまうのである。
「政権は銃砲から生まれる」とは国共合作崩壊後に毛沢東が語った言葉だ。共産党は建国後、その銃砲によって政権を維持し得た。私が見た動画の、天安門広場を行進する解放軍兵士が持つ銃剣は陽光で輝いていた。その銃剣はまさに自分たちに突きつけられたもの、と感ずる人も少なくないだろう。しかし、国旗掲揚式の兵士の行進を、多くの人がスマートフォンで追い、それをSNSで共有する。そのような光景を眼にすると、銃砲に加えてSNSが、政権を維持する新たな道具となっている、そんな気さえしてくるのである。

わたなべ・こうへい　一九五八年生、東京都出身。立命館大学卒、東京都立大学大学院修士課程修了。一九八六年から九七年まで博報堂勤務、この間、北京と上海に駐在。愛知大学現代中国学部専任講師を経て、現在、北海道大学メディア・コミュニケーション研究院教授。著書に『吉田満　戦艦大和学徒兵の五十六年』（白水社、二〇一八年）、『変わる中国　変わるメディア』（講談社現代新書、二〇〇八年）。

33 北京協和病院で見た負傷の母子

中国語通訳　濱本なほ子

オレンジ色に染まった天安門の空

胡耀邦・元総書記が一九八九年四月に死去し、北京で民主化のデモが始まった。直前に主人は東京に一時帰国し、胆石の摘出手術を終えたばかりで、腹帯を巻いて腹部を押さえ腰を曲げながらデモ隊について取材に歩き回っていた。

天安門広場で学生たちの座り込みが続いていた五月一七日の午前、私は友人と二人で天安門楼上から、広場一面に広がる大勢の学生たちの姿を眺めた。すると、その日の午後から天安門への入場が禁止され、登れなくなってしまった。中国の友人によれば、連日のように繰り返されたデモには、学生だけでなく、政府機関からも参加した人が随分いたようで、事態の重大さを私なりに感じていた。

そうこうしていると六月三日になった。東京の新聞社本社からも応援取材のための記者が来て、自宅のコックと、支局の記者たちの食事作りに追われる日々だったが、この日は主人が帰宅しなかった。

夜になって建国門外外交公寓の三階の自宅ベランダから南西の天安門広場の方向を見ると、空はオレンジ色に染まり、その中を銃弾や砲弾がヒュルヒュル、ドカーン・ドカーンと飛び交っていた。五歳だった双子の子供たちも怖がって耳をふさぎ、なかなか寝付けなかった。現在社会人になった二人の娘たちは、「今でもあの音が耳に残っている」と話している。

その夜、米国在住の中国系の友人から「ニュースで天安門広場のことが報道されているが……」と心配して国際電話がかかってきた。受話器を窓外に向けて銃声を聞かせると、友人は驚きの声を上げていた。米国から中国への国際電話の数が一挙に三倍に膨れ上がったと報道されて間もなくの頃だった。米国在住の中国人らは祖国の行方に不安を募らせていたのであろう。

いつまで経っても主人（濱本良二）は帰宅してこなかった。窓の外の異常な明るさでベランダと部屋を行ったり来たりしたものの、日付が変わった午前一時半頃、車が戻ってきたのを見届け、主人も帰宅したと思って床に就いた。だが、主人はこの夜はいつまで経っても帰って来なかった。

廊下まであふれた負傷者

翌日朝、起きると主人は寝室で寝ていた。徹夜の取材だったようだ。長距離の裏道を歩いて、夜明け前に戻ったという。翌朝に私は、臨時に取材応援で北京に来ていた女性記者と、病院の様子を見に行くことになった。日頃から子供たちを診察に連れて行き、事情の分かる北京市東単の協和病院に行くことにした。

支局車に二人で乗ったものの、戦車など軍用車両が展開している長安街を走行することはためらわれ、裏道から協和病院に向かった。

東単の通りや王府井には、昨夜の硝煙の影響であたり一面がくすんでおり、その中に隊列を組み、銃を捧げ持った兵士たちが、通常は見かけない黒色と濃いミルクコーヒー色の合羽のようなものを着て静かに警備に就いていた。

協和病院の前には、親族を捜す数十人の人々が門の柵にしがみつき、「家族を捜したいので敷地内に入れてくれ」と叫んでいた。病院の門は固く閉ざされていた。「私達は外国人で、風邪を引いているので受診に来た」と話し、何とか入場を許された。入場後は中国人用の一般病棟を目指した。

病室は満員状態だったためか廊下にまでケガ人があふれ返っていた。彼らはみな床に横たわり、痛みで唸っていた。途中、医師や看護師、職員ら誰一人として出会うことはなく、奥へと進むことができた。医師たちはてんてこ舞いで診察していたのだろう。

たまたま一人部屋の病室を覗くと、ケガをして意識がもうろうとしている息子に付き添う中国人の母親がいた。なぜ協和病院に息子がいることが分かったのかと聞くと、「知り合いからここに運び込まれたと教えられた」と答えた。それにしてもよく病院内に入れたものだと感心した。

「私は息子を捜し当てることができ幸運だった。天安門広場で座り込んでいる人たちのいたテントが戦車で踏みつけられ、巻き込まれたらしいと聞いているから、テントにくるまれたままで犠牲になった人もいるのではないかしら……」と、衝撃的なことを言われ驚愕した鮮烈な思い出がある。この証言は広く中国人社会の中で信じられていた話だが、真偽のほどは定かではない。

その後、主人の東京本社から家族は帰国させよという連絡が来て、六月六日、裏通りを通って京倫飯店のＪＡＬ事務所に行き成田行きのチケットを購入し、帰国の準備を始めた。

そうこうしていると近所の北京友誼商店に自転車で食料品の買い出しに行った中国人コックが帰宅し、台所で「ハーハー」と息込みながら、青い顔をしてスパスパと激しく煙草を吸っていた。どうしたのかと尋ねると、友誼商店は閉鎖していて中には入れず、東側のフェンス越しに卵などを買ったという。その時に長安街（建国門外大街）を東方向に進む戦車など軍用車両の縦列が発砲しながら通り過ぎて行った。彼は驚いて、ただちに道路に平伏して難を逃れ、ほうほうの体でわが家に逃げ帰って来たのだった。

兵士に取り囲まれた外交公寓

私と子供たちは前日購入済みの航空券と荷物を持ち、後のことはコックらに任せて、自宅を出て空港に向かった。六月七日午前のことだった。北京首都国際空港に到着後、他にもたくさんの日本人が空港にやってきた。聞くと、大使館から国旗をつけた迎えのバスがやってきて、とるものもとりあえずパスポートだけを持って私たちが住む建国門外外交公寓を出てきたという。

実は、彼らが出る前に、このマンションから長安街を進む軍用車両に何者かが発砲したという。それで建国門外外交公寓は解放軍兵士に囲まれてしまったのだ。前後して解放軍による同外交公寓ビルに対する一斉射撃もあったという。

みな着の身着のままで乗れる人数いっぱいの人が乗り込み、軍兵士が銃を水平に向けて囲んでいる中を、バスの中で平伏し小さくなって通り抜け、やっとのことで空港まで辿り着いたのであった。わが家は間一髪でそういうことが起きる前に荷物を持って出発していてラッキーだった。六月七日午後に成田空港に到着すると、北京から帰国してきた気の毒な家族として写真を撮られ、『朝日新聞』の社会面に大きく掲載されてしまった。

その後、デモに参加した知人は処罰として地方に左遷させられた。また、事件による犠牲者の死体がたくさん収容されている施設に見学に行き、軍の蛮行に憤っていた知人もいた。あれを機に、外国に移り住んだ人がたくさんいて、中にはどのルートで行ったのかは不明だが、突然米国に姿を現した政府重鎮もいた。過去三〇年間で中国は飛躍的な経済発展を遂げたけれど、天安門事件によって民主化への道は大きく後退してしまったと残念に思っている。

はまもと・なほこ　一九五四年生、東京都出身。旧姓・松村。七六年武蔵大学人文学部日本文化学科卒。七七～七九年北京語言学院現代中国語学科卒。七九～八〇年同学院一年研修生修了。八〇年秋からフリーの中国語通訳で現在に至る。

34 悪寒走った天安門広場

斧泰彦・朝日新聞北京支局長の妻　斧ナツヱ

懸命に軍説得する市民に感動

ご存じのように胡耀邦元党総書記の急死をきっかけに北京で起こった民主化要求運動は、人民解放軍戒厳部隊の武力鎮圧によって悲惨な結末をみました。この流血の六月四日を迎えるまでの北京は、戒厳令が出てからも落ち着いた日が続いていました。学生たち、それを支援する市民たちの行動は整然としたものでしたし、なによりも人々が生き生きしていました。私としてはなぜあれが「動乱」と呼ばれなければならないのか今でも納得できないままです。

私たちの住む斉家園外交公寓（アパート）は、天安門前を通る長安街の東に続く建国門外大街に面しています。学生たちが天安門広場でハンストに入って四日目頃から窓下の通りが支援デモでにぎやかになってきました。所属を示すさまざまな旗を翻したトラック、バス、自転車、徒歩の列が続々と天安門広場へ向かって行きます。それぞれのグループが持つ横幕やプラカードは、「愛国無罪」「学生支援」「兄貴がやって来たぞ！」とか、政府の対応の遅さを責める「指導者は早く出て来て対話せよ」などさまざまです。支援行動はありとあらゆる階層の人々に及んで、行列は深夜も続き、その波を縫ってハンストで倒れた学生を運ぶ救急車が昼夜の別なくサイレンを鳴らして往来するので、おちおち寝てもいられません。学生支援は政府側の脅しすかしも功を奏さず盛んになる一方で、とうとう五月二〇日、李鵬総理の戒厳令布告、軍に出動要請が出されました。当然反発は強まり、この日を境に人々の叫びも「李鵬引っ込め」の大合唱となりました。

中国民衆のしたたかさ

翌日、街のあちこちに張り紙が出ました。「学生を救うのは皆さんの協力です。どうか今晩家から出て来てください」――いったい何が始まるのかと夜、外に出て見ると、近くの立体交差橋の所には二両連結の大型バス二台で軍の進入を防ぐバリケードが作られ、あたりは人でいっぱい。橋の下の南北に通じる道も市民であふれ、傍らの歩道にも子供や老人を交えた人々が立ったり座り込んだり。いつもわが家の近くに店を出しているアイスキャンデー売りのおばさんも、ちゃっかりとこちらへ移動していました。人波を分けて、荷台に若者がいっぱい乗り込んだトラックが次々と天安門へと走り抜けて行きます。

これまで政府の指示に忠実に従っていた人たちに何が起こったのでしょう。中国に暮らして二年、見てきた人々といえば金もうけ第一、自分の利益になること以外は無関心という印象だったのに、これら学生を支援する市民たちはまるで違っていました。暴力的手段は取らず、迫って来た軍に向かって市街区に入らないよう学生たちと一緒になって懸命に説得する姿は感動的で、何かのきっかけで深奥に火がついた時の中国民衆のすごさをかいま見た思いがしました。しかし、軍が強硬策に出た場合、この人たちはどうなるのでしょう。それが心配でした。

制圧の道具、兵士も哀れ

六月四日未明、とうとう軍の鎮圧が始まりました。窓下を一台、また一台と市中心へ向かって行く戦車を見ながら知らず知らず「何ということを！」とつぶやき続けていました。

この日、街のあちこちでどれだけ多くの命が失われたか詳しい数字は知るすべもありません。私が理解できないのは、なぜこんな多数の兵と戦車を投入し、市民に向けて実弾を発射しなければならなかったのか、せめて催涙弾や放水などの手段を採れなかったのかということです。意地悪く考えれば、政府指導者は故意に武力鎮圧を行わせて市民を挑発し、怒った市民の反抗を口実に「反革命集団の暴動」という罪状を民主化要求運動にかぶせようとしたのではとさえ疑われます。とすればその道具に使われた兵士もまた哀れというべきかもしれません。

顔こわばる少年兵士

この日のニュースでは、戒厳部隊は反革命集団のファシストたちの暴行にも自制した態度を取り、やむを得ぬ事態に至って反撃したと繰り返していました。

私は頭が単純なせいか、こういう表現を聞くとこんがらかってきます。武装した者が戦車まで繰り出して武器を持たない人々を攻撃して「ファシスト」というのは、刀を振りかざして人を斬り倒しておいて、被害者に「この、人殺し！」というようなもので、とても変なことではないでしょうか。

軍が入城してからというもの交通機関は止まり、あちこちで銃声が起こるやら、車が焼かれる黒煙が立ち昇るやら殺伐とした雰囲気が全市を覆いました。軍用トラックで移動する兵士たちの顔は緊張でこわばっています。見ればほとんどが少年といってもいいような若者たちです。同胞に向けて引き金を引き、同胞によって仲間が殺傷される地獄図を見て平静でいられるはずはありません。危険な生き物という感じがしました。「何をしでかすか分からない」と思っていたら、外交官アパート銃撃事件が起きました。

恐怖よりも非常識に憤り

六月七日朝九時頃、武装兵を満載した数十両の軍用トラックが西から行進して来ました。二番目の隊列が窓下に差しかかって間もなく、列の後方建国門外外交公寓（アパート）あたりで激しい小銃の乱射音が聞こえ、やがて私たちの住むアパートにも銃弾が飛んで来始めました。隣室で隊列を見ていた堀江（義人）記者（上海支局長）たちが何か叫んだのでのぞいて見ると、堀江氏は窓際の主人のベッドわきに四つんばいになっています。私は人間が楽天的にできてるらしく、自分に弾丸が当たるかもしれないとは考えてもみませんでした。家が六階にあるから下から撃たれてもたぶん天井か壁の上部に命中するくらいだろうとたかをくっていたせいもあるでしょう。恐怖を感じるよりも、戦闘員でもない外国人の住宅へ銃を射かける非常識な行為にあきれました。これが〝自制の利いた人民の軍隊〟などとは冗談も休み休みいってもらいたいものです。

田村記者宅の窓に一発

幸い私たちが住む建物の被害は弾痕ができたぐらいでしたが、建国門外外交公寓では窓ガラスに多くの穴があき、田村（宏嗣）記者（北京支局員）宅も窓に一発命中、同じ通りにある高層ビル、ホテルも相当被弾しました。

翌日のニュースによると何者かが建国門外外交公寓あたりから銃を発射、兵士一人死亡、三人が負傷したので応戦したとのことでしたが、どうも怪しい話です。応戦というなら、言うところの〝現場〟から一キロ近く隔たったホテルまでの間、発砲を続けたのはなぜなのでしょうか。

この事件で加速されたのか在住外国人大脱出はこの日ピークを迎え、二日ほどの間に外国人用アパートはどこもガランとして、夜、明かりの見える窓は数えるほどになってしまいました。日本人家族で残ったのは共同通信一人、朝日新聞の二人のわずか三人だけ。

食料品「不知道」にのん気者も閉口

話が前後しますが、軍と市民の対峙が長引くにつれて、のん気な私も万一に備えて食料品の買いだめを始めましたが、これがかなり厄介なことなのです。日本ならスーパーマーケットですべてそろう物も、ここでは一カ所で済むと思うと大間違い。昨日あった物が今日は「没有（ない）」で、ストックが切れれば次の入荷は「不知道（分からない）」です。そこであちこち回って探すか妥協してある物で間に合わせるので、時間はかかるし、計画は次々変更また変更、タマネギを買うつもりで行ってタケノコの缶詰を買って帰るとか、ロングライフミルクが無くて赤ちゃん用粉ミルクに化けたりします。そうこうするうちにドンパチが始まって、はっと気が付いたらお米を買うのを忘れたままでした。当然献立は奇妙キテレツ——粟のおかゆにトマトはまだ上等の方で、カップメンにバナナなど、まるでおやつみたいな食事になったりしました。でも昨年暮れに編集局長さんから贈られた年末年始用食品がかなり残してあったのは心強い限りで、ぜいたくを言わなければ優に二週間は籠城できそうでした。一番の心配は断水と停電で、二度ほど朝起きて水が出なかった時は「いよいよアウトか?!」とドキッとしましたが、いずれも数時間後に回復しました。

お赤飯だけは手つかず

非常事態の時は案外気楽になれるものです。どうせ商店は開いていないし、お手伝いさんも出勤できないのを幸い（?）、掃除洗濯に階段の上り下りで運動不足解消でまずは調子良く過ごしているうち、六月一二日頃から生活も少しずつ平常のペースに戻ってきました。例の年末年始用食品もあらかたおなかの中に消えましたが、お赤飯には手を付けずじまいでした。犠牲となった市民のことを思うととても「お赤飯」という気分にはなれなかったからです。

「血の日曜日」から一カ月、殉難の兵士は褒めそやされ、幾つもの花輪が手向けられていますが、兵士に殺された学生や市民に対しては政府当局から一言のお悔やみもありません。窓下の舗装路の表面には戦車のキャタピラが削って行った跡が何本も白く残っています。あの鎮圧の前夜、この通りを深い川の流れのように黙々と天安門へと自転車を飛ばして行った多くの若者たちはどうしているでしょう。無事だったでしょうか。

（朝日新聞社内報『朝日人』＝一九八九年八月号に掲載）

おの・なつえ　一九三四年生、北海道札幌市出身。北海道大学卒。夫の斧泰彦氏の北京駐在勤務（一九八七年七月～九〇年三月）に同行・滞在。二〇〇一年八月歿、享年六七。泰彦氏は一七年六月歿、享年八五。

第Ⅳ部　危機に直面して

35 〝奇跡のハンドリング〟と呼ばれて

全日本空輸北京支店営業マネージャー　尾坂雅康

想像を絶した光景

いまでも私はあの決断に悔いはない。天安門事件での大混乱の中で、〝超法規的〟に臨時航空券を発行し、邦人だけでなく外国人を日本に脱出させた三〇年前の出来事である。後に世間から〝奇跡のハンドリング〟とお褒めの言葉を頂いたことは、全日空マンだった私の密かな誇りである。

当時の全日空（ＡＮＡ）は中国では営業可能な航空会社と認められていなかった。日中航空協定の規定で日本側の航空会社は、日本航空（ＪＡＬ）一社だけだったからだ。つまりＡＮＡは航空券を独自に発行する権限がなかったのだ。ＡＮＡ北京支店は、顧客に対して航空券の予約確認書を手渡し、顧客は市内東四にある中国民用航空総局のカウンターあるいは北京首都国際空港の中国民航カウンターに出向いて、先の確認書を見せて料金を支払い、航空券が購入できた。独自に航空券を発行・販売できたＪＡＬ北京支店とは雲泥の差があった。むろんいまはそのような区別はなく、ＡＮＡも航空券を発行・販売できるのは言うまでもない。

当時、私はＡＮＡ北京支店の営業担当マネージャーだった。一九六〇年代後半に鳥取市の市議会議長を務めた父・雅人が古井喜美代議士（鳥取県選出。日中友好議員連盟会長）の有力支援者だった関係で、入社して間もなく文化大革命中の中国を訪問するチャンスがあった。以来、中国に興味を抱き続け、日中経済協力に尽力した岡崎嘉平太氏（同社社長）の薫陶を受ける機会があったのは幸運だった。

天安門広場での記念撮影する筆者
（1989年５月24日撮影）

事件以降、三〇年間、大切に保存してきた当時の私の日記をもとに思い起こしてみる。

六月三日午後、いつものように天安門広場に出かけた。ジョギングが趣味の私は連日のように昼休みになると、ランニング姿でＡＮＡ北京支店が入居していた北京飯店からすぐ近くの天安門広場に陣取る学生たちの情勢視察を兼ねて周回していた。広場の中心にある人民英雄記念碑の司令所にいるリーダー格の柴玲女史やウアルカイシ氏、知識人の劉暁波氏は、面識こそなかったが、私が以前に短期留学した北京師範大学の後輩だった。

同日夜、建国門外外交公寓（アパート）に知人の日本人外交官宅を訪ねて会食していた最中に、外がにわかに騒がしくなった。何事かと見ると一〇〇両近い軍用車が建国門陸橋を目指してやって来た。市民が軍用トラックを阻止していたのだ。北の方からは労働者を乗せたトラック五台も来た。こちらは全員が黄色いヘルメットを被っている。市民が通行を阻止して取り囲み、乱闘が始まった。トラック組は政府側の「工人（労働者）糾察隊」だった。ヘルメット、棍棒などが市民によって取り上げられ、同糾察隊は解散させられた。上空には軍ヘリコプターが乱舞して騒然となり、長安街の西の方から歓声が聞こえた。いまから思えば広場の武力弾圧の夜の始まりだった。

その夜は約一五キロ離れた自宅「光明公寓」（亮馬橋路）に戻り、翌四日、夜明け前の広場の大騒乱は知らなかったが、朝方に車で北京飯店に向かった際に目撃した光景は壮絶なものだった。タクシー、バスなどすべての交通機関は停止し、街の交差点はバリケードで塞がれ、投石の跡が生々しく残っていた。2環路には破壊されたコンクリートの分離帯があちこちに散らばり、軍用車がまだ炎に包まれていた。昨夜眺めた建国門陸橋では一〇台以上の軍用トラックがパンクさせられていた。見ると一台の車両の下からヒトの腕が出ていた。市民の死体で、そばには小さな花が添えられていた。さらに市中心部に近づくと射撃音が激しくなり、北京飯店行きは無理だと諦め引き返した。

危険を承知で業務を再開

六月五日朝、危険を承知で再び北京飯店に向かい、今度は何とか到着した。ただちに支店業務を開始したが、終日、来客はなかった。だが、電話は鳴りっぱなしだ。夕刻、業務を終了し、予約業務を自宅でもできるように必要な書類や資料を持ち帰った。商工クラブ婦人部会長が、私の自宅でＡＮＡの予約案内を受けることを連絡網で通報してくれていたのはありがたかった。

夕方から翌六日未明にかけて、自宅で予約案内の業務を行った。それを聞きつけた客が自転車や徒歩で相次いでやって来た。妊娠七カ月の家内も一歳半の長男を抱えて接客に追われた。

玄関に電話と机を置き、食事をする暇もなかった。座席の管理機能を北京支店で集中管理するため、本社に連絡を取ろうとしたが電話は通じない。ダイヤル直通（コレクトコール）が可能だった五〇〇メートル離れた国際公衆電話ボックスに何度も走る。日頃鍛えた健脚が役立った。東京と電話の最中も銃声は止まらなかった。

近所に住む平満支店長がウィスキーをぶら下げて来た。わが家の冷蔵庫を開けて氷はないか、つまみはないかと妻を煩わせた。だが酔っぱらい支店長の登場で緊張していた雰囲気が和らいだのはありがたかった。

別の先輩たちも姿を見せた。「自宅で夜遅くまで予約を受け付けたり、家族を動員して業務をしたりする必要はない。会社もそこまで要求していない。ＪＡＬもやっていない」と指摘された。家内を気遣ってくれたのだが、平支店長が「尾坂さんのやっていることが分からないのか。非常時じゃないか。今を非常時と言わずして何時が非常時か」と一喝してくれた。日頃温厚な支店長の恐ろしく気迫のある言葉だった。

六月六日、再び北京飯店に向かった。ホテルの周囲は戦車や装甲車、軍用トラックが走り回り、路上は兵士で溢れていた。事務所の電話は鳴りっぱなしだった。総務の佐藤寿一さんに応援を依頼し、二人で電話応対した。予約はともかく、航空券を発券できないのがＡＮＡだった。一刻も早く北京首都国際空港に行くことを勧めるしかなかった。

予約依頼は六月六～八日の三日間に集中した。空港では平支店長以下の北京駐在員に加え、臨時便で日本から支援の各部門スタッフが一体となってハンドリング（対応）した。外務省から日本への退去勧告が出ており、六日は定期便に加え臨時便も運航されることが決まった。

ＡＮＡ９０６便（成田）　　　　２７７人搭乗
ＡＮＡ臨時１９９２便（羽田）　３１７人搭乗（私のメモより）

六月七日、軍内部での衝突が近いとの噂で、日本人の脱出に拍車がかかった。北京飯店近くでは銃声も収まってきたが、今度は建国門外外交公寓で激しい銃声が轟いた。

ＡＮＡが支店移転を計画していたモダンな国際貿易センタービルに銃弾が撃ち込まれ蜂の巣状態になった。ＪＡＬ北京支店がある京倫飯店も激しく銃撃され、帰国の航空券を購入するため行列していた邦人が逃げ惑った。現場で被害を受けた客が興奮した口調でANA支店に電話してきた。早急に空港へ行くよう助言した。

空港は脱出する客で大混乱

朝から休む間もなく電話を受けていたが、空港は脱出の人で大変な様子だ。当然、電話も緊迫したやり取りになった。某大手商社の総代表は、自社の社員と家族を優先してANAに搭乗させてくれと要求してきた。平時であれば優先するのだが、いまは非常時、すでに空港で待っている客も多く、一方的な要求に応じることはできなかった。

この総代表とは日頃から懇意な間柄だっただけに残念な応対だったと後悔した。駐在員と家族を預かる責任者としては当然の発言であり、その思いに応えられなかったことは後々まで私の心の傷となった。この話を伝え聞いた北京ANAホテルの赤星弥一さんが心配して電話をくれる。「気にするな、君の判断で進めればよい」と励ましてくれたのが救いだった。

あれこれ対応策を迫られたなかで、平支店長は北京飯店の支店を一時閉鎖し、業務をすべて北京首都国際空港事務所に移動するよう命じた。私は支店を守りたいと抵抗したが、「君は営業の責任者ではないか。直接空港で指揮を執れ」と説得された。今後、業務は空港事務所で行うとの留守電を録音した。

午後三時半、戦車や装甲車に囲まれた北京飯店を脱出した。戒厳軍の哨兵の銃の筒先がこちらに向けられるたびに緊張した。とくに狙撃用の長銃に狙われた時は体中から冷や汗が出た。ANA駐在員の家族の緊急帰国も決まり、住居に迎えの車が向かった。突然の帰国命令にみな取るものもとりあえずという感じで空港に次々と集まった。

空港でのハンドリングで苦労したのが発券問題だった。中国民航から航空券を預かっていたが、瞬く間になくなった。窓口の中国民航係員も姿を消した。

そんな時、あるスタッフが粋なアイデアを出した。航空券がないなら作ったら、との言葉をヒントにワープロで〝疑似航空券〟を発券してはどうかと提案したのである。私は即座にOKを出し、市内支店から持ち込んだワープロで印刷を開始した。最初は一人分ずつ発券していたが、企業でまとめて申し込むケースが多かったので、一括団体航空券も発券した。

支払いは現地通貨・人民元（兌換券）での片道普通運賃をお願いしたが、持ち合わせない客には日本円に換算し切りのよい八万円とした。エイヤーの算出だが今は非常時、日本に帰ることが最優先である。「ルール違反ではないか、誰が責任をとるのか」との厳しい指摘も出たのだが、私は「責任ならいくらでも取ります」と答えてハンドリングを続行させた。

次の問題は現金を持ち合わせない人への対応だった。銀行がクローズされてしまった状況では仕方のないことだった。

なによりも帰国を最優先する立場から、名刺や紙にパスポート番号と運賃請求先などを記入してもらい、帰国後に速やかにANAのカウンターにて支払う約束で、運賃未払いのまま搭乗してもらった。「非常時のハンドリング」だと自らに言い聞かせた。状況を平支店長に事後報告すると、「乗客に一刻も早く無事に帰国してもらうことを最優先した君の判断を尊重する」との言葉をもらった。一安心した瞬間だった。

外国人客を受け入れ、大使館から叱責

一方、空港カウンター前には外国人客も次々と並んだ。JALが邦人だけ救援するとの臨時便の趣旨に従い、搭乗を断ったためだった。ANAにも邦人を優先すべきとの声はあったが、行列の順番を守っ

て並んだ客であり、普通運賃を支払い、当社に救いを求める客を差別してはならないと私たちは考えた。

ANA社員の家族たちもこの日の臨時便で帰国した。後で聞かされたが社員の家族はみな航空機の窓にしがみつき、地上で帽子や手を振って見送る駐在員の姿に「お父さんがいる、お父さんがいる」と号泣したとのこと。満席の臨時1994便は深夜、北京首都国際空港を飛び立ち、日本に向かった。

6月7日　ANA904便（成田）　134人
ANA臨時1992便（羽田）　528人
ANA臨時1994便（羽田）　324人（計986人が搭乗、私のメモより）

この日の航空券を発券し終わった時に、日本大使館の手配したバスで日本人留学生の一群が到着した。政府の退去命令を受けて、ようやく辿り着いたのだった。しかし、ANA臨時便はすでに満席だった。しかもANA便には外国人が多数搭乗した。日本政府が要請した臨時便に外国人を搭乗させ、邦人留学生を乗せないのはどういうわけかと大使館から厳しい叱責を受けた。

この件をはじめワープロでの擬似航空券の発券、運賃未払い者の搭乗など、かなりのことを仕出かしてしまった。規則に忠実だったJALとはあまりに対象的だった。人間としての良心に従っただけだったが、組織人としては終わりだなと観念した。

六月八日も日本への脱出が続いた。空港内で一泊（貴賓室・VIPルームを手配）する羽目になった日本人留学生を含む邦人も外国人も続々と北京を去って行った。

ANA906便（成田）　62人

ANA臨時便1992便（羽田）　296人
ANA臨時便1994便（羽田）　17人
この便は大連に立ち寄り大連在住の日本人も救出した。（私のメモより）

計三七五人がANA便で北京を脱出し、この三日間で一九五五人の方が中国を離れた。運航された臨時便はANA五便、JAL六便。合計一一便、約五〇〇〇人が定期便、臨時便で帰国した。

今回のハンドリングでANA便にはワープロ打ちの臨時航空券で搭乗した客が九九〇人、運賃後払いが二〇八人だった。すべてのハンドリングを終えた深夜、空港に近いホテルに泊まった。旧知のキャビン・アテンダント（CA）からの差し入れの握り飯を部屋で頬張った。添えられた手紙には多くの知人が案じていると書かれていた。思わず涙が出そうになった。

部屋に持ち込んだ売上金は一〇〇〇万円近くあった。これをみなで保管したのだが、枕元の現金が気になり眠れない夜を過ごした。大金を毎日、北京空港と臨時宿泊ホテルに持ち運ぶことはたいへん危険だった。本来ならば中国民航に依頼して中国民航券で発券すべきだった疑似航空券は、現状では航空協定やGSA契約（販売総代理店契約）上の問題になる恐れがあった。

六月九日、支店や応援スタッフと一緒に航空券の発券枚数と集金した現金の計算をしたが、何回やっても数字が合わない。この数日間、ほとんど眠れない状態で過ごしていた頭では無理だった。時間の無駄だと諦めかかった時、突然、友人の中国政府高官から電話が入った。安否を尋ねたこの高官は、「北京はもう安全です。安心してください。北京から出る必要はありません」と教えてくれた。心配された治安のさらなる悪化は、回避されたことを意味するものだった。ちなみにこの高官の一人息子は六月四日に天安門事件で死亡していたことを後で知った。

妻子のいない自宅で思わず涙

六月一〇日、契約問題や金銭の支払いがあるため、平支店長の了解を得て、東京からの応援スタッフとともに市内の北京飯店に戻った。状況を確認し、さらに中国民航へ行って、ワープロで疑似航空券を発券したことを報告し、手元にある多額の現金の処理をすることだった。

北京飯店はすでに戒厳軍に接収されており、入口で哨戒の兵士に要件を告げると、司令所に連れて行かれた。指揮官らしい将校からパスポートを求められ提出すると、しばらくの待機を命じられた。ほどなくパスポートとともに戒厳軍の軍通行証明が渡された。「これを持っていれば、検問は問題なく通過できる」というものだった。戒厳軍は外国企業の事務所が営業を再開することに好感を持ったようだった。

市内東四の中国民航営業部を訪れた。事情を説明すると営業部の責任者は驚愕した。ANAとしては今回、中国民航が営業を停止したために本来の業務が行われず、変則的な業務になったことに遺憾の意を述べ、私は「責任は中国民航側にある」と主張した。彼らは了解した上で速やかに契約の原状回復を行いたいとし、現金の収受と、発券した旅客リストの提出を要求してきた。現金はともかく、旅客名簿までとはと驚いたが、ただちに了解して翌日に持参することを約束した。

ここは中国である。要するに帳尻が合えばいいのだ。名簿を作ろうと再び北京飯店に戻った。ハンドリング中に細かい氏名のチェックを行わず、ワープロで作った疑似航空券は団体券もあったので、正確な名簿などはなかった。せいぜい大人と子供、幼児に社員の数くらいしか分からなかった。仕方なくANAの社員名簿から順番に搭乗者リスト名として記入し、それらしく子供や幼児のメリハリをつけて瞬く間に完成させてしまった。われながらよい出来だった。

作業終了後、北京空港に戻り、平支店長に市内の状況および中国民航との交渉経過を報告して了解してもらった。平支店長はただちに本社に北京市内が平穏に戻った旨を報告した。

翌日、約束に従って中国民航に現金を届けた。現金は自動読取機で瞬く間に集計され、眠たい目で何度数えても合わなかった金額と大体同じになった。怪しい名簿だったのだが、中国民航の営業スタッフは総出で発券してくれ、こちらもほどなく完成した。これで契約の原状回復は終了し、営業責任者としての肩の荷は下りた。

この日、久々に自宅に戻った。妻子が慌ただしく出て行った様子を示すように、おもちゃの車が玄関に転がっていた光景を見た時は思わず熱いものがこみ上げた。別れを告げる暇もなかった六月七日のことが思い出された。

六月一三日にＡＮＡワシントン支店長から連絡が入った。ＡＮＡ臨時便でアメリカに帰国した乗客から感謝の声が続々と届いているとのことだった。非常にヒューマンな対応だった、とお褒めのコメントをもらった。ワシントンの日本大使館にもＡＮＡのハンドリングに対する感謝の手紙が届いていた。その後、ＡＮＡ北京支店にも国際郵便で礼状が届いた。いろいろと曲折があったが人道には反していなかったと癒される気分になった。

この日、中国の新華社通信から、「事件のあった天安門広場に近い北京飯店でＡＮＡが営業を再開した」とのニュースが全世界に流れた。

おさか・まさやす　一九五〇年生、鳥取県出身。立教大学文学部史学科卒。野村浩一ゼミで中国政治思想を学ぶ。一九七四年全日本空輸（ＡＮＡ）入社。営業、広報、販売促進の後、一九八七年北京支店に赴任し、一九九三年まで営業、総務マネージャー。二〇一五年退職。世界遺産アカデミーの講師、江戸文化歴史講座などの市民講座を担当。趣味はトライアスロン、現役選手引退後は審判として各種大会を支援。

36　松下幸之助と鄧小平の約束

北京・松下カラーブラウン管有限公司営業部長　青木俊一郎

北京に残留

世界を揺るがした天安門の武力弾圧前日の一九八九年六月三日午後二時、私は北京市朝陽区大山子にある北京＝松下カラーブラウン管有限公司の工場の一室にいた。カラーテレビ用のブラウン管の製品第一号が合格品と社内で認定され、総経理、副総経理や中国人従業員とともに「万歳」を三唱し、涙ながらに喜びに酔いしれていたのである。

合弁会社の営業部長として二年前に着任して以降、国際競争力を有する第一級の製品を国内外に供給し、理想的な合弁会社経営に参加するという誇りを胸に秘めてきた私にとって、忘れ得ぬ人生の一コマになった。それは松下幸之助創業者が中国の最高実力者・鄧小平氏との間で直々に約束した対中協力事業の最初の具体的成果第一号だったからである。

当時、私たちは事件の混乱で一時帰国するなどといった選択肢はまったく念頭になかった。市内中心部からは遠く離れているために影響はほとんど何もなかったし、工場の敷地内は外部から隔絶しているので安全だった。それでも私は蜷川総経理とともに日本大使館に駆けつけ、担当の久保田穣公使に事情を説明し、北京での残留を申し出たのである。むろん、われわれの要望はすんなり受け入れられた。

鄧小平の来日

私は工場の生産ラインに次々と現れる真新しいブラウン管を眺めながら、過去に思いを馳せていた。改革開放の構想を抱いて実力者の鄧小平氏が初来日したのは一九七八年一〇月だった。日中平和友好条約の批准書交換のためで、昭和天皇との会見をはじめとして一連の公式行事を終え、最後のスケジュールとして大阪の松下電器（現パナソニック）のテレビ工場を視察した。

松下氏を先頭に会社幹部が総出で出迎え、工場を見た後、和やかな会談になった。鄧氏は一番「松下さんは経営の神様といわれておられる。ぜひ中国の現代化を手伝ってくれませんか」と切り出した。

これに対して松下氏は、「今は欧米が世界をリードしていますが、二一世紀はアジアの時代になると思います。その時は日本と中国が先頭に立って世界の政治経済を引っ張っていくべきだと思います。松下電器は中国のお手伝いするために何でもやりまっせ！」と関西弁を交えて即答したのだった。この二人の会話が、中国の改革開放の日中合弁プロジェクトの第一号が生まれた瞬間だった。

鄧氏が喜んだことは言うまでもない。同行していた中日友好協会の廖承志会長にその場で松下氏の訪中を準備するよう指示した。翌七八年六月、中日友好協会の招聘で訪中した松下氏（当時八四歳）は国賓級の接遇を受け、到着早々に故宮博物院の野外劇場で京劇の「孫悟空」を観劇して楽しんだ。

翌々日、鄧氏と会見した松下氏は早速、観劇の礼に付け加えて、「すべて経営というものは変化への対応です」と語ると、鄧氏は「戦後日本の繁栄は、松下さん、稲山（嘉寛＝新日鉄会長）さん、土光（敏夫＝経団連名誉会長）さんのような多くの孫悟空・企業家が率先してやってこられたものですね。これからの中国も多くの孫悟空が必要です。この中国の孫悟空作りを手伝ってください」と軽妙洒脱な語り口で支援を求めた。

鄧氏は「中国の電子工業企業は一〇〇社、地方の電子企業は三〇〇社あります。これらの企業の改革を松下さんに任せますからこの現代化を手伝ってください。この構想を自分に代わって谷牧副総理が担当しますので是非よく相談してください」と支援要請の中味を紹介したのだった。

これに応じて松下氏は滞在期間を延長し、工場視察や名所見物をこなして、谷牧氏と二日間にわたって中日電子工業合弁会社の設立構想を話し合った。同構想は当時、発表されたばかりの外資合弁法に基づき、日中両国が折半投資して、大型の電子工業合弁会社を一挙に一〇社ほど設立するというスケールの大きなものだった。

合弁事業の誕生

再度鄧氏と会った松下氏は、合弁会社設立の構想を伝えるとともに、日本政府および電子関係大手企業に協力を要請することを約束した。国家指導者が海外からの来賓に会うのは一回だけという外交常識を超えた扱いからは中国側がいかに松下電器を必要としていたかが分かる。

松下氏は帰国後、通産省、外務省のほか首相官邸に自ら足を運び、大平正芳《おおひらまさよし》首相に直々に説明を行った。政府の反応は好意的だったのだが、企業側は、アメリカとの貿易摩擦を抱えていたうえ、中国はインフラ（基盤）が整備されていないことや、関連の法整備が不十分であるとの理由を挙げて、日本電子工業連合会としては「前向きに検討したい」という結論にしかならなかった。

翌八〇年一〇月、松下氏は再び中国に赴き、鄧小平氏と通算四度目の会談を行い、当初の構想がすぐには実現できなかったことを詫びた。今後は松下電器が単独で理想の合弁会社を作りますと宣言し、山下俊彦社長（当時）が本社プロジェクトとして取り組むことになった。

山下社長は北京、上海、広州、深圳を訪れ、数十件に及ぶ技術援助会社の進展状況を視察したうえで、絶妙な結論を出した。

松下カラーブラウン管有限公司跡
2010年に閉鎖された同社の玄関跡地には記念碑が建てられた。球を両手で挟んだオブジェには日中友好への思いが込められている。背景に見えるのは中国人技術者用に建設された当時のマンション。

工場の設立場所は北京市。生産品目は当時ほとんど輸入に頼っていたカラーテレビ用ブラウン管と決めた。北京市政府関連部門を中心に、国家計画委員会、電子工業省、対外経済貿易省と交渉し、大型投資（二〇〇億円）の合弁企業設立に関しては、当時中国最大級の投資金額であり、「この事業は絶対に失敗できない」との堅い決意のもとで、経営全般を細部にわたるまで三年間かけて交渉を行い、最終合意にこぎつけた。八七年五月に北京・人民大会堂で、李鵬副首相（当時）の臨席の下で合弁契約書に署名し、同年九月には「北京＝松下カラーブラウン管有限公司（ＢＭＣＣ）」が発足した。

一四・五万平方メートルの工場建設に二二カ月かかり、中国人従業員二五〇人を日本で事前に実習させたうえで完成した状態の全体写真を四代目の谷井昭雄社長が八九年二月、病気療養中だった松下氏に見せ、「これが鄧小平さんと約束した合弁会社です」と説明した。松下氏はもう言葉にはならなかったものの、にっこりと笑い、その二カ月後に逝去した。

八九年四月には設備の据え付けを終え、各部署で試運転を行った。電気、水、ガスの供給、外部に排水しない環境設備も整備した。ＢＭＣＣは天安門から一六キロほど離れており、北京首都国際空港と市街地との中間点に位置していたが、四月中旬以降になって天安門広場で民主化要求デモが発生・拡大していった。

中国のマスコミだけでなく、宿泊先のホテルでは米CNNを見ることができたので、いやな予感もしたが、われわれはカラーブラウン管を作るのが使命と考え、日本人と現地従業員が一体になって生産活動に従事した。幸いBMCCは活気に満ちており、生産開始に向けて各部門が懸命に努力する状況だった。ただ周辺の国営工場は従業員がデモに参加するなど操業不能となった。

ある日、中国側の人事部長が朝礼会議の場で、中国人従業員全員を相手に「デモに参加するのも愛国心の発露であるが、国際競争力を有するブラウン管を製造するのは、われわれの使命であり、愛国心を具現するものである」と、語りかけてくれたのにはいたく感激したことを覚えている。

六・四の日曜日

六月四日の日曜日はBMCCは休業だったが、われわれも身構えた運命の日だった。解放軍の戦車が長安街に入り天安門広場からデモ群衆の撤退が始まり、午前五時頃には天安門広場には警備兵以外ほとんど人がいなくなった。広場の周辺では軍と学生・市民が対峙して流血の騒ぎになっていることは、中国人従業員からも漏れ伝わっていた。

翌六月五日朝、BMCC工場にはほぼ九割の従業員が姿を見せ、通常通りに作業を開始することができた。軍隊とデモ学生との衝突があり、市内が混乱するのではないかと予測して、わが社の人事部が工場周辺の宿舎に従業員の大半を仮住まいさせており、この緊急措置が功を奏したのだった。

ただ、市内の自宅から六時間も歩き、昼近くになってやっと出勤できた従業員も現れた。むろんこの従業員は帰宅の際に社有車で送ったが、市内は事件直後のため道路封鎖などで遠回りし、やっと帰宅できたそうだ。翌日も社有車で迎えに行くなどの配慮をした。

その後、製造現場を巡回している時に、工場内の壁に「天安門広場で犠牲になった同志を悼む」とのビラが張り出されたこともあった。ＢＭＣＣでは現場に政治を持ち込まない社内ルールができており、労働組合の責任者がすぐ剝がしたため騒ぎにはならなかったが、中国人従業員の中にデモ犠牲者に同情する雰囲気があったのは当然だろう。

当時の中国では、日曜日だけ休日の週六日労働制だったので、量産計画は随時伸びていった。予想以上に従業員の生産意欲は向上し、初年度から黒字化に成功した。ＢＭＣＣの製品は、品質、価格とも輸入製品と同等レベルで、すでに松下が技術合作していたカラーテレビ製造会社に提供できたからだった。

事件から二九年半が過ぎた二〇一八年一二月一八日、中国政府は北京・人民大会堂で改革開放四〇周年記念式典を催した。習近平国家主席が挨拶するとともに、改革開放事業に貢献した中国人一〇〇人と外国人一〇人に改革先鋒・中国改革友誼褒章の授与が発表されたが、外国人の中に大平正芳・元首相と松下幸之助創業者の日本人二人が選ばれた。このニュースを知った私は、まるで自分の出来事かのような感激を覚え、松下電器の中国での貢献が報われたと感無量だった。

あおき・しゅんいちろう　一九四〇年生、兵庫県出身。一九六三年大阪外国語大学中国語科卒。同年松下電器産業（現パナソニック）に入社。台湾松下、インドネシア松下などを経て、八七年北京・松下カラーＣＲＴ有限公司営業部長、九四年松下電器（中国）総経理。二〇〇三年日中経済貿易センター理事長、一六年同相談役。著書に『朱鎔基総理の時代』（増補改訂版、アジア・ユーラシア総合研究所、二〇一七年）のほか翻訳書三冊。

37　邦人救出に参加して

住友商事北京駐在員事務所駐在員　福井　一

想定外のボランティア活動

「リーンリーン」。自宅の電話が鳴ったのは一九八九年六月四日の早朝四時過ぎ。受話器の声は当時の上司、住友商事専務取締役駐中国総代表の池田彦二さんだった。「おい！　君の社宅周辺はだいぶ騒がしいらしいな！　状況を報告しろ！」との声に飛び起きた。当方は自宅である天壇公寓の周囲の状況をまったく把握しておらず、「はあ？」と応じると、「この極楽トンボが‼」と一喝された。

さっそく慌てて自宅ベランダに出てみると北京市南部から天壇に抜ける幹線道路上に戦車、装甲車数十両が停まっており、大勢の市民と戦車隊の隊長や幹部が市内突入の是非をめぐって真剣に熱い交渉をしているところだった。

私は前日の六月三日午後に天安門付近で目撃した流血事件、すなわち大勢の学生、市民が血を流しながら戸板で運ばれていた混乱の情景を思い出した。「いよいよ始まってしまった」という暗い気持ちと緊張感が全身を走った。その後、六月四、五日は自宅待機となり、七日には大使館から発せられた避難勧告を受け大半の駐在員が帰国となった。私は「事務所維持」の目的の下、残された八人のうちの一人として北京に残ったが、その時にはまだ翌日の「邦人救出」に自分が参加することになるとはまったく想像もしていなかったのである。

六日の夜、臨時事務所で北京の情報収集、分析を行っていたところ、池田専務から「福井君、明日の朝八時に日本国大使館に行き邦人救出に当たれ」との命を受けた。若干の戸惑いを感じつつ、翌朝、定刻前に日本国大使館に到着。聞けば駐在員数の多い商社に対して、「邦人救出ボランティア」を募ったとの由。私の勤務先である住友商事からは私一人、伊藤忠商事から二人の計三人のボランティアが集合したのであった。

定刻八時、大使館前に停まっていた北京の大型バス三台の前で、「ボランティア活動」の内容についての説明を受けた。「皆さん、本日は午前、午後の二回大使館指定の邦人救出ポイントにて邦人救出に協力していただきます。まだ北京市内は不穏な情勢ではありますが、ご安心願います。ご覧の通りバスには大きな日章旗を車体四面に貼っており、万が一に備えて運転手も一台に二人ずつ配置してあります」との説明に、何やら首筋に冷たいものを感じつつ、午前の任務に出発した。

午前中は、邦人駐在者が集中したマンションにて約三〇人を救出し、北京首都国際空港に送り届けた。途中、大きなトラブルもなく、正午過ぎには大使館に帰着。活動報告を行った後にカップ麺で軽食を済ませた。

すると突然、「ドドドドドド……」と、初めて耳にする音、体で感じる振動に驚いた。「何事だ？」と思ったが、これは（後で知ったのだが）建国門外大街を通過した解放軍部隊が、至近距離にある大使館街、外交公寓に向けて撃った重機関銃の発砲音とその振動であった。

日本人留学生の救出

午後はこの発砲を受けて「大使館エリアは危険」との情報のもと、とうとう一人だけの「ボランティア」になり、午後一時過ぎには午後の任務の指示を受けるべく大使館前のバスへと急いだ。

「午後はこちらを回って日本人留学生救出に行ってください」。手渡されたメモに目を移すと中国政法大学、北京大学、清華大学、中央民族学院、北京語言学院（ともに当時の名称）など七大学の名前が記されている。これらはすべて北京市北西部に集中している大学群なのだが、このメモを運転手二人に見せた途端、「絶対不行！　不去！」（絶対だめ！　行かない！）と猛反発された。それもそのはず、この大学群は当時の学生運動＝体制側からいう「反革命暴乱」の「急先鋒」であり、六月四日の時点での犠牲者も多く、解放軍による大学周辺の包囲も厳重だったからである。

なだめすかすこと約一時間。ここで感謝するのは運転手二人の義侠心、すなわち「留学生の家族、親たちの心情」に彼らが最終的に理解を示し、「救出経路に大通りを使わないこと。解放軍との遭遇リスクをできるだけ回避すること」を条件に救出に向かうことに同意してくれたのだった。

午後二時過ぎ、バスが最初の目的地、中央民族学院へと向かった。途中、バスのフロントガラス越し、約二メートル先の土嚢の上に据え付けられた機関銃の銃口が至近距離でわが身に向けられ、「生きた心地」がしなかったりしながら、中央民族学院に到着。その後、各大学でも同じことが繰り返されたのだが、どの大学においても当日は学生の「追悼大会」が催され、亡くなった学生の黒リボン付きの遺影と白い花輪の前で学生たちが号泣していた。

そこでハタと気がついた。日本人留学生と中国人学生の見分けがまったくつかないのだ。当時、社会人は日本人と中国人の間では服装の違い、習慣が大きく異なり、簡単に見分けがついたのだが、学生はみなTシャツにズボン姿、しかも全員大泣きに泣いている。その状態では見分けがつかなかったのだ。

これはもう大声で呼びかけるしかない。「日本人留学生の皆さん！　大使館から救出に来ました！ここに集合してください！」。声を限りに叫ぶこと数回、一人、二人と振り返りこちらに集まってくる。「皆さんすぐ他の留学生にも声をかけてください！」「三〇分後にここを出発、身の回りのものだけ持ってすぐにバスに乗ってください。各大学で留学生を乗せて夜の日航救援機に乗ってもらいます！」。

みな行動は迅速だった。途中、ある大学で「恋人の中国人男子大学生と一緒にいたい」という日本人女子留学生をなんとか説得して乗車させた。唯一残念なことには、「中国人学生の無念を晴らすまで帰国はしない」と、猛烈に帰国を拒んだ三人の邦人学生を残したことだ。最終的に七八人の留学生を北京空港の救援機まで送り届けたのであった。

あれから三〇年、あの時のみなさんはどうしているのだろうか。みなさんの心の中の「六四」は、その後の人生にどんな影響を残したのだろう。

ふくい・はじめ　一九五八年生、埼玉県出身。八〇年三月一橋大学商学部卒。同年四月住友商事入社。八一年八月から同社北京事務所に勤務。二度目の北京勤務（八五〜九〇年）時代に天安門事件に遭遇。その後、香港、広東省、江蘇省に駐在、中国に通算五度、二〇年の駐在経験を持つ。二〇一八年二月同社を定年退職。

38　事件が促した巨額の対中民間協調融資

東京銀行中国委員会副委員長　大久保勲

深圳、香港にて

北京・天安門事件が発生した当時、私は東京銀行（現三菱ＵＦＪ銀行）の本部（東京・日本橋）で、中国委員会副委員長のポストに就いていた。事件の衝撃が冷めやらない一九八九年六月六日、東京銀行深圳支店開設三周年の記念行事のため、松本英一・副頭取とともに香港経由で広東省深圳に向かった。

深圳市内にとくに変わった様子は見られず、予定通り市内のホテルで祝賀宴は行われたのだが、誰もが押し黙ったままだった。隣席の中国人が小さな声で、「北京はえらいことをやってくれた。こんなことでは外国の信用を失ってしまう」と私にささやいた。その日の夜には、今度は香港総支配人の交代パーティが香港で行われた。華やかな宴席では、天安門事件について真偽が確かではないいろいろな香港情報が飛び交った。今では懐かしい思い出である。

事件直後に当時の井上實・東銀頭取は一人で、東京・新丸ビルにあった中国銀行東京支店を訪れ、李樹田支店長に対し、「困ったことがあれば、何でも言ってほしい」と伝えた。世界が中国に冷たい視線を投げかけていたなかで、感激した李支店長はただちにこのことを北京の王徳衍行長（頭取）に報告したという。

Ｇ７仏アルシュ・サミットで中国に対する非難声明が採択された直後の八九年七月二七日、私は岡崎嘉平太先生（元全日空社長、元日中覚書貿易事務所代表）を訪ねた。その時、先生は日中戦争の話を持ち出され、日本は欧米とは立場が異なるので経済制裁などをする資格はない、ときっぱり語られたのが印象的だった。

こうした状況のなかで私は八月一一日付の『読売新聞』の「論点」欄に、「長期的展望に立ち中国に積極協力を」と題した一文を執筆した。この要旨は『人民日報』国内版と同海外版、海外論調の翻訳紙『参考消息』に転載され、対外貿易省の局長や天津市副市長から直接手紙をもらうなど日中両国で反響を呼んだ。在京中国大使館にいた唐家璇公使（後の国務委員兼外相）は「あんなことを書いて身の危険を感じませんか」と心配してわざわざ電話をくれたほどだった。実際には身の危険も感じなかったし、国内で批判されることもなかった。

日中初の民間協調融資

天安門事件で思わぬ〝効用〟があったのが、事件の一〇年前に合意していた総額二〇億米ドル（当時のレートで四七八〇億円）に上る世界最大規模の日中初の民間協調融資だった。改革開放政策が始まった翌年の一九七九年八月一六日に調印された日本の民間銀行団から中国銀行に対する融資だった。

その前段となったのが七八年一二月二三日に挙行された上海宝山製鉄所の着工式だった。日本から銀行、商社、メーカーの社長、副社長ら総勢一〇〇人以上が参加した。最高実力者の鄧小平自らが新日本製鉄（現日本製鉄）の稲山嘉寛会長（当時）に協力を依頼した日中最大の協力プラント事業だったからである。

銀行界からは、中村・日本輸出入銀行（現国際協力銀行）副総裁、池浦喜三郎・日本興業銀行（現みずほ銀行）頭取、柏木雄介・東京銀行頭取、高雄・三菱（現三菱ＵＦＪ銀行）、荒木・富士（現みずほ銀行）、亀岡・住友（現三井住友銀行）、木場・三和（現三菱ＵＦＪ銀行）の各行副頭取が参加した。北京から中国銀行の王有成・副総経理（副頭取）、牛宜斎・業務部経理（国際部長に相当）、張輝・信貸部経理（融資部長に相当）らが上海に駆け付けた。私も柏木頭取に随伴した。訪中前に、私は国際電話で中国銀行と事務レベルで融資の話をしようと打ち合わせてあった。七八年一〇月、私は日本銀行界訪華団に団長秘書兼通訳として参加し、中国側に借り入れの意図があることを承知していたので、銀行で内々に打ち合わせもして訪中した。

一二月二三日午後二時半より四時まで、王有成・副総経理は、日本の銀行界首脳全員と錦江飯店で会見した。王副総経理は、中国は「四つの近代化」をできるだけ早く実現するために外国の資金を導入したい、と切り出した。しかし、この会見は多分に儀礼的なものだった。

会見終了後、私は牛宜斎・経理と話し合いを開始し、夜の宴会の後も、上海雑技を観ながら非公式な話し合いを続けた。事務レベルでは、同日のすべての行事が終了後に、柏木頭取と王有成・副総経理の会談を予定していた。

夜一一時頃、私は頭取に「中国銀行は東銀から提案してほしい、と言っています」と伝えると、頭取は絶対に嫌だと言う。そこで中国銀行の考え方だけでも聞いてもらえませんか、とお願いしたところ、「それは構わない」とのことなので、錦江飯店南楼の頭取の部屋に来てもらうことにした。

未明までもつれ込んだ会談

会談は、午後一一時一〇分から翌日の午前一時二〇分まで続く異例の展開だった。頭取は、最初から最後まで東銀がシンジケート・ローンを組成したい、とは一言も言わなかった。

日付が変わった午前一時過ぎ、とうとう王副総経理の方から東銀にシンジケート・ローンを組成してほしい、との依頼があった。そこで頭取が「金額はいくらか」と質問したところ、「多ければ多いほどよいが、二〇億米ドル」との回答が返ってきた。

その他いくつかの点について質問した上で、「要望は承って持ち帰る」と答えて会談は終わった。大蔵省出身の頭取は「主計官の粘りだった」と言って喜んだ。こうして中国銀行への二〇億ドルの融資の話が始まったのである。

この話し合いが実現した背景には、外為専門銀行同士としての東銀と中国銀行との緊密な業務関係があったのは言うまでもない。コルレス取極《とりきめ》（外為取引を行うため外国銀行と結ぶ取決め）、円元決済協定、米ドル取引、北京事務所の開設などすべて邦銀では東銀が最初に実行した。北京の日中覚書貿易事務所への職員派遣は一九六五年から一九七四年まで、文化大革命中も続けられて四代にわたった。私自身は最後の四代目として七一年一月〜七四年一月まで北京に駐在した。

最終的に東銀を中心とした日本民間銀行団と中国銀行との間で調印された協調融資は、七八年二月に締結された日中長期貿易取決めを金融面から支援するもので、延べ六〇億ドルの短期貿易金融と二〇億ドルの長期民間金融から成っていた。とくに二〇億ドルの長期民間借款は、日本の金融史上、未曾有の巨額であり、純粋民間ベースの対中融資としては諸外国にも例を見ない超大型ローンだった。

六〇億ドルの短期貿易金融には、主要邦銀三一行が参加し、二〇億ドルの長期民間金融には二二行が参加した。有力邦銀のほとんど全行を網羅する画期的な規模だった。この融資については、その年の九月五日、来日した谷牧副総理から柏木頭取に直々の謝意表明があった。

長期二〇億ドルについては、結局、期限到来の八五年まで使われることはなかった。なぜならその後、西欧の銀行がさらに有利な低利で対中融資を行ったからだ。期限到来の前から、当時の高垣佑・東銀頭取が中心となって、期限切れ以降に備えた二〇億ドルのローン交渉が行われ、邦銀六七行が参加する融資が組まれた。だが中国側は、さらに低利で資金調達することができる融資を得たために、これも使われることがなかった。

ところが八九年六月に天安門事件が発生し、日本も含めた西側諸国は中国に厳しい経済制裁を科した。対中制裁は徐々に解除されたのだが、種々の状況の変化のため、中国側が調達する金利は二〇億ドル融資に比べて、かなり高くなってしまった。

事件と高金利という新たな条件が生じたなかで、この融資は引き出し期限の九〇年春までに八億ドルが使われ、期限を一年延長し、九一年に残りの一二億ドルも全額使われた。国際的孤立から抜け出せず資金調達が厳しい時期に、中国は必要とした総合的資金運用のなかで二〇億ドル融資を使ったのだった。

長期二〇億ドルの融資以外についても若干触れておきたい。八〇年代初めに、宝山製鉄所などのプラントキャンセル問題が発生し、支援に乗り出した日本が官民で三〇〇〇億円のパッケージローンを行うことを決めた。あの時、民間借款七〇〇億円を東銀が団長、日本興業銀行（現みずほ銀行）が副団長となって組成し、邦銀と生保が計四四社参加した。起債についても東京市場での私募債、公募債の起債は、世界に先駆けたものとなった。

天安門事件後の九一年に、経済に強い朱鎔基氏が国務院副総理となり、さらに九三年からは中国人民銀行総裁も兼務し、朱氏の指導のもとで中国の金融体制改革が大きく進むことになった。

おおくぼ・いさお　一九三六年生、東京都出身。六一年東京外国語大学中国語科卒。同年東京銀行（現三菱UFJ銀行）入行。七一～七四年日本日中覚書貿易事務所駐北京事務所勤務。東銀北京事務所長、中国部長、東京三菱銀行駐華総代表等を歴任。〇一年福山大学教授、経済学部長を経て、名誉教授。一〇～一四年福山大学孔子学院長。著書に『人民元切上げと中国経済』（蒼蒼社、二〇〇四年）、『二〇一〇年の中国経済――予測シナリオとリスクヘッジ』（蒼蒼社、二〇〇五年）など。

39　北京脱出記

マツダ北京事務所長　宮寺征人

六・四麗都公寓の周辺

一九八九年六月四日早朝。寝床から跳ね起き、市街地に向いた窓を開ける。とくに変わった気配は感じられない。ラジオのスイッチを入れる。NHKラジオ・ジャパンが天安門での出来事を報じている。もう一度窓から気配を窺う。やはり変わった気配はない。外に出てアパートの敷地の一角に急ぐ。その角の十字路で、昨晩民衆に行く手を阻まれた軍用車がどうなったかを確かめるためだ。兵士を満載した一三両の軍用車は、まだ行く手を阻まれ停車していた。兵士は一晩中あのままで用便はどうしたのか、と妙な同情とも野次馬的興味とも言える思いをよぎらせながら家に戻る。

NHK衛星テレビをつける。騒然とした天安門周辺の出来事が映し出された。突然、画面が黒白の波型に変わり音声もジャーというだけになった。電波妨害、報道管制。CNNにチャンネルを合わせる。CNNはまだ天安門の出来事を放映していた。かなりたって、CNNも画面が途切れ音声もジャーに変わった。中国の放送にチャンネルを合わせた。どのチャンネルも日曜の通常プログラムを放映している。今起こっている天安門での出来事は、北京の、しかも天安門周辺の中国の人たちだけが知っているのみ。その他の中国の人たちは、このことを知らず、いや知らされずに、いつもの日曜の長閑な朝を過ごしているのだ。

見事な報道管制。今もそれが健在なのは最近の報道状況が示している。

電波が妨害されたお陰で考える余裕が生まれた。ライフラインは確保できるのか。早速自分の住む「麗都公寓（リドー・マンション）」の敷地の一角にあるスーパーマーケットに走る。客はいない。食料その他必要と思えるものを買い込む。在留日本人の緊急連絡網からは未だ何の連絡もない。情勢把握は自分でやるしかない。市街のどこがどうなっているのかを把握し、わが社の駐在員と家族を脱出させることを決めた。

敷地の一角にある旅行社に走る。しまった！　行列だ。最後に並び、順番を待つ。一時間半。東京、大阪、福岡、どこも早くとも三日後の席しかない。香港その他、日本以外の空港行きも一両日の便はないという。自分の分も含めオープンチケットを購入する。昼に近かった。

例の兵士たちはどうなったか。交差点に行ってみた。十字路は何事もなかったようにいつもの状態に戻っていた。兵士を満載した一三両の軍用トラックも、トラックの行く手を遮った大型ダンプトラック二台も、軍用トラックを囲んだ民衆も、見事に消えていた。摩擦や小競り合いはなく、至極平穏に軍用車は移動したのだ。昨晩以来のダンプトラックと民衆による軍用車の行く手の阻止はなんだったのだろうか、と思いつつアパートに急ぐ。途中スーパーマーケットを見ると驚いた。店内は空っぽになっていた。今朝、非常用の品を買いにきた時にはまだ客はおらず、店内は商品が山と積まれていたのに。

ある航空会社の知り合いに電話をする。経緯を説明し、明日の東京行きフライトのリザーブをお願いする。無理な願いを快く引き受けてくれた。部下と家族の分を頼んだのだが、私の分も確保してくれた。「（北京に）いても当分仕事にならないから、一緒に戻った方が賢明だよ」との忠告。ありがたいことだった。日曜日なので本社の担当者の自宅に電話をかけるが不在だった。

部下と家族を帰国させる旨、留守電に吹き込む。部下に電話し、帰国準備を済ませてわがマンションに来るよう指示する。あっちこっちに電話を入れ状況変化を把握した後、残っても当分仕事になりそうにもないな、と思えたので、自分も一緒に帰国することを決断した。

大使館と外務省に不信感

日がとっぷり暮れてから、部下と家族が荷物を下げてやってきた。同じ敷地内の「麗都飯店（リドー・ホテル）」に待機タクシーは一台もなく、部下は周囲を探し回った末にようやく駐車しているタクシーを見つけたものの運転手はおらず、どこにいるのか捜すのに一苦労したという。訊き回り尋ね回ってやっと運転手を捕まえたが、一難去ってまた一難。タクシーを走らせてくれない。粘りに粘ってやっと引き受けてもらった時には、ずいぶん時間がたっていた。

明日の空港までの足は、明朝に麗都飯店に頼もうと思っていた。しかし、今の話を聞きすぐに手を打とうと動き出したところ、わが部下に遮られた。先のタクシーの運転手に明朝五時に来てくれるように頼みましたとのこと。ウーン、できる男だ！　明日のフライトは午後だが早朝五時出発。いつ空港や道路が封鎖されるか分からない。早いうちに行動しておくにこしたことはない。

翌六月五日の朝五時だった。一抹の不安を抱いていた昨夜のタクシーが約束通り来てくれた！　私の妻と子供たち、それに部下夫婦とですし詰めになって乗り、空港に走る。他に車は走っていない。空港に着くまで周りを見ていたが、とくに変わった風もなかった。だが、部下と妻は道路両側の木立の中に兵士がいるのを目撃した。何事もなく空港に着く。まだ早いため、空港に動きがない。待つうちにカタカタとフライトスケジュールの表示板が動き出す。東京経由サンフランシスコ行きのユナイテッド航空の午前のフライトが目に付く。われわれのフライトは午後で、まだスケジュール表には載っていない。しばらくすると、姿を消していた部下が戻ってきた。「ユナイテッドに東京までのシートがある」。やはりできる男だ！　即、手続きに走る。みんなのシートが確保できた。空港封鎖も念頭に入れなければならない事態なので、一刻も早く離れるに越したことはない。

出国手続きを済ませ、搭乗を待つ。搭乗が始まる。客のほとんどは、アメリカ人の団体客だ。騒乱など関係ないのか、陽気な人たちだ。一刻も早い離陸を祈る。機体が動き始め、滑走路に入る。エンジンを全開にし、走り出す。グングン速度を上げていく。機体が滑走路を離れた。やれやれ。離陸し、体と陸地との繋がりがなくなると、なんとなく不安に駆られるのが常だが、この度ばかりはホッとした。無事、成田空港に着く。在北京の邦人に退去命令が出て、迎えの特別機が北京に向かった、とのニュースをホテルで聞いた。

後で聞いた話だが、みな空港までの足の確保に苦労した。商社の駐在員が奮闘し、大勢の邦人を空港に導いたとのこと。大使館員は頼りにならなかった。結局、帰国するまでの間、日本大使館からは退去勧告だけで、具体的な役に立つ情報や支援は何一つなかった。外務官僚に命がけで自国民を守るという気概や使命感を望むのは空しいこと、と多くの人が感じているのではないか。政府外務省には、なにやら棄民体質のようなものがあると感じたのは私一人ではあるまい。

みやでら・まさひと　一九四一年生、東京都出身。東京外国語大学中国語科卒業。マツダ株式会社北京事務所長。海外営業本部主管などを務めた。二〇二〇年五月歿、享年七九。

40　水上勉が描いた北京の「蟻」たち

『ＡＥＲＡ』編集部記者　加藤千洋

情勢緊迫下の出発

首都北京に建国後初の戒厳令が敷かれ、邦人旅行者に外務省の帰国勧告が出た五月半ば以降、故宮や王府井などで明らかにそれと分かる日本人の観光客を目撃することは皆無となった。そんななか、あえて六月一日からの北京訪問を決行したのが日中文化交流協会（井上靖会長＝当時）派遣の日本文化界代表団だった。

当時、私は創刊間もない朝日新聞社のニュース週刊誌『ＡＥＲＡ』からたった一人で北京に特派されていた。日々、天安門広場を中心に学生らの動きやデモをウオッチするのに手一杯で、代表団訪中の情報はまったく耳にしていなかった。

後に改めて取材したところでは、一行七人は作家の水上勉（団長）、文芸評論家の尾崎秀樹、陶芸家の鈴木治、俳優の河原崎長一郎、京都の美術印刷の老舗「便利堂」の中村堯子社長、それに協会の白土吾夫専務理事（副団長）と佐藤純子秘書の各氏。文化人の相互交流の一環で中国人民対外友好協会の招きだった。今回は見送った方がとの声も出たが、「困難な時こそ真の友人が生まれる」との協会方針に沿って出発した。

この決断のおかげで、北京激動の一端を記録する貴重なスケッチ画が、水上勉の手によって残されることになるのである。

宿舎は天安門広場から東一キロ足らずの北京飯店で、当時は各国メディア関係者の広場取材の前線基地になっていた。

水上団長にあてがわれたのは東西を走る長安街と、これに交じわる王府井大街の双方に面する七階の角部屋で、広場は見えなかった。同じ階にはＮＨＫの「建国四〇周年の中国」特集番組に出るため、国際ジャーナリストのハリソン・ソールズベリーがニューヨークから来て泊まっていた。

すでに北京中心部の交通はマヒ状態だったが、水上らは旧知の文学者、厳文井の自宅を訪ねたり、文学、美術、演劇関係者との面会を重ねたりした。その後は浙江省を訪れ、六月一五日に上海から帰国する予定だった。

「暴乱鎮圧」が始まった

だが六月三日夜に到り、首都の情勢は急変する。

夕食後、天安門広場のすぐ南の前門の茶館で演芸を楽しみ、午後九時すぎに店を出ると、目の前に戒厳軍兵士の一団がいるではないか。迎えの車で至近距離の北京飯店に急ぐが、何度も迂回を強いられて一時間近く要した。

ホッとする間もなく各自の部屋には窓ガラス越しに銃声や喚き声が届き始め、不安げな面持ちで団員が交互に団長室をのぞく。接待側の対外友好協会からも情報はない。全員がまんじりともせずに一夜を過ごすことになった。

絵心のある水上の行動はやや違っていた。旅には常にオペラグラスを携行し、それでカーテンの隙間から外をうかがう。目にした状況をスケッチとともに紙にメモしていたのである。

こうして全部で一五点の天安門事件の記録画が残された。水上亡き後は長女の水上蕗子さんが保管している。それを私は事件後二九年にして初めて見た。水上の目撃できた空間は限定的だったが、三日深夜から四日明け方までの戒厳軍による「反革命暴乱鎮圧」を、作家が独自の視点で捉えていた。サイズはB3前後で、彩色され、余白に黒い文字で所感が記されている。とてもカーテンの隙間からの速写とは思えない。それもそのはずだ。帰国後にスケッチの原画を基に改めて竹の繊維で漉いた竹紙に描き直したものと、蕗子さんが教えてくれた。

六月四日の陽が昇って以降、虚実ないまぜの情報を耳にした一行にも動揺が生じ、地方旅行は中止して即刻帰国すべしとなった。中国側との折衝や日本大使館、航空会社との連絡調整などは日中文化交流協会の随行者が担ったが、団長の水上もかなりの心労があったようだ。

かろうじて座席を確保した日本政府の救援一番機で帰国。羽田到着は七日未明。取材陣や出迎えの人たちにもみくちゃにされ、疲労困憊した体を自宅のベッドに横たえたのは七日の明け方近く。間もなく心筋梗塞の発作が水上を襲い、救急搬送された。

緊急手術で一命をとり留めた水上は、一〇日後に医師の許可が出るや、病室に道具を取り寄せ、一筆一筆に思いを込めて描いたという。

水上がホテル七階の高さ（さしずめドローンの視点か）から見下ろした長安街、王府井の光景で、水上が描いたのは戦車や装甲車、炎上するバリケードだけではない。無数の黒い点で描いた人の群れである。それはまるで「蟻」のようだったと後に書いている。

「四時すぎ、小さな銃音つづき、長安街は騒然たり。交叉点のバリケード用三台の中古バスのうち炎上中の一台のタイヤ四輪がとつぜん爆発し、四個の爆弾炸裂音の如し……広場の方角より装甲車地ひびきをたて来たる。市民、学生、蹴ちらされる如く小路または建物、樹木のかげに潜む。飯店七階より双眼鏡で見下ろしているため、シャツ姿の若者、女性等、手をつないで走るはまことに蟻なり」
（水上勉『心筋梗塞の前後』文藝春秋）

「蟻」の一匹だった私

さて、これらの記録画と私の関係を書いておかねばならない――。

当夜、私は広場残留を諦め、北京飯店あたりまで後退し、空気を切り裂くような銃音に首をすくめ、右に左にと逃げまどっていた。水上が捉えた「蟻」の一匹は、ひょっとしたら私ではないかと想像するのだ。

一つの絵は、中央に流血する負傷者を乗せた三輪自転車を描く。救援者たちが病院に運ぼうとしているところだ。同じシーンを私も見た。後について北京協和病院まで行った。白衣を血で染めた医師や看護師がいた。

王府井大街を右折して病院西門に至る道も人でいっぱいだった。パジャマ姿の男がいた。負傷した友を肩で担いできて疲れ果てて道端に倒れ込んだ若者に、年配の女性が、ほれと砂糖水を入れた碗を差し出す。

時折、群衆がこぶしを突き上げて叫ぶ――。

「人民の軍隊がなぜ人民に銃を向けるのか」

「李鵬打倒‼　やつを引きずり降ろせ」

あの夜の主役は華々しい民主化運動の学生リーダーたちではなく、小さき蟻のようだが、それぞれに立ち上がった市民たちだったのではないか。いま、そう思えるのだ。ただ彼らにかぶせられた汚名は「暴徒」だったが。

私個人としては、三〇年たっても無念さが消えないことがある。当時の『ＡＥＲＡ』の最終締め切りは毎週土曜日の夜。六月三日は締切日だった。翌週、キオスクに並んだ号に「北京緊迫」「戒厳軍発砲」「犠牲者多数」といった情報は一行もなかったのである。

かとう・ちひろ　一九四七年生、東京都出身。東京外国語大学卒。七二年朝日新聞社入社。社会部記者、外報部記者、『ＡＥＲＡ』編集部記者、外報部長、論説委員、編集委員。この間、北京、ワシントン、バンコクに駐在。一〇〜一八年同志社大学大学院教授、一八年より平安女学院大学客員教授。著書に『胡同の記憶――北京夢華録』（岩波現代文庫、二〇一二年）、訳書に『鄧小平　政治的伝記』（岩波現代文庫、二〇〇九年）。

41 北京市民の不満を昇華――話劇「茶館」

中央戯劇学院留学生　小竹眞理

事件の波は演劇大学にも

私は天安門事件を挟んで二年半、北京にある中央戯劇学院に留学した。国立の演劇専門大学であり、日本にはないユニークな大学だった。全国から俳優志望の中国人受験者が殺到するため、倍率が非常に高い難関大学としても知られている。私は劇文学コース（演劇文学学科）の学部聴講生（普通進修生）として入学したのだった。

中央戯劇学院は、建国間もない一九五〇年四月に延安魯迅芸術院と華北連合大学文芸学院が合併して生まれた。五三年には演技・演出・劇文学・舞台美術の四系統（学部）が設置され、さらに八つの専攻コース（演技・演出・戯曲創作・演劇理論・舞台装置・照明・背景画・メーキャップ）も登場した。

卒業生には、日本でも知られる名作映画『芙蓉鎮』（一九八八年）の姜文（ジャン・ウェン）、『さらば、わが愛／覇王別姫』（一九九三年）の鞏俐（コン・リー）をはじめ、多くの演劇・映画人を輩出している。留学期間中、私は鞏俐が外国人留学生棟食堂で食事をしているのを見かけたことがある。

当時、日本人留学生は中国語を学ぼうとした人が多かったなかで、私のような学部の聴講生は一人か二人だけだった。私は劇団テアトル・エコー（東京・渋谷）の養成所を卒業し、フリーの俳優をしていた経験があったのと、大学時代に中国演劇を勉強していたので、トップクラスの中央戯劇学院で本格的に学んでみたかったのである。

天安門事件の時、本科留学生の欧州人四人が学生デモに参加したり、大学の授業が休講になったりしていた。舞台美術系の中国人男子学生が、ハンガーストライキに参加したこともあった。私も知っているこの学生は、事件後に垢抜けた姿でキャンパスに現れたのだが、最後にはフランス人留学生と結婚し、フランスに亡命してしまった。中国人学生も留学生もいろいろだった。

私は一年目の時に演劇全般〈伝統演劇〈京劇〉と現代演劇〈話劇〉〉を学び、二年目に話劇研究を専攻した。話劇とは日本の「新劇」に相当するものである。授業の一環として週三回の観劇と演劇祭等における観劇が必修で、チケットは大学側が手配してくれた。

受けたのはリアルに日常描く作品

留学中に、北京では三大演劇芸術フェスティバルが開催された。「第一回中国演劇フェスティバル」〈八八年一一月二八日～一二月二六日〉、「第二回中国芸術フェスティバル」〈八九年九月〉、「第一一回アジア大会記念芸術フェスティバル」〈九〇年九月〉である。地元のメディアで取り上げられるなど話題になったが、天安門事件の前と後とでは微妙な変化が見られた。

三〇年前の私の観劇ノートに基づいて、事件が演劇界に与えた影響と観客の変化が表れていると思われるいくつかの話劇を取り上げてみた。

話劇『黒い石』は八八年一一月三〇日に北京の首都劇場で観劇した。大慶市話劇団による二幕五場の構成で、脚本は楊利民、演出は鄒学東だった。この演目は舞台装置が奇抜だった。幕は開いたままの状態で、舞台上に鎮座した石油掘削隊の宿舎で物語がスタートし、当時としては斬新なイメージを与えた。

石油掘削の管理者と労働者のやりとりを描いた筋書きで、掘削隊に湖南省から新参者が一人入り、それから労働者同士でいざこざが起こる。労働者と女医の不倫問題も起こる。また、宿舎に指導者がやってきたので、欧米女性のセミヌード・ポスターを労働者たちが慌てて剝がしたり、散髪したり、トイレで用を足したりする場面も登場し、生活感や人間味に満ち溢れていた。小道具の鴨は本物が登場して客席から驚きのため息が漏れた。

演技レベルは普通だったが、とにかくとても楽しめる作品だった。実際に起きていそうな日常をリアルに描く姿勢が印象的で、改革開放による自由化の雰囲気が演劇にも反映していた。

これと対照的だったのが、八九年九月、首都劇場で観劇した『紅岩』だった。中国鉄道文芸工作団話劇団の上演で、同名の革命長編小説を話劇に書き換えていた。武力弾圧に終わった天安門事件から三カ月後という時期が関係していたのだろう。六〇年代初めに上演され、当局から高い評価を与えられていた演目だった。

建国前の国民党政府が共産党を迫害した筋書きで、監獄で共産党員が殺されていくなか、男が気狂ったふりをして生き延び、生存していた赤ん坊を抱くシーンがクライマックスだった。困難を乗り越えた共産党が将来も繁栄するだろうと予言しているようで、観客の反応はおしなべて良く、私の前列の女性などは共産党員の活躍に涙し、盛んに拍手をしていた様子は忘れ難い。

しかし、私自身はまったくリアリティを感じず、さほど面白くもなかった。少なくとも『黒い石』を観た時のような感動はなかった。六〇年代に謳歌された芝居を、この時勢に再上演するのは、明らかに天安門事件による冬の時代への逆戻りだった。役者の演技レベルは低く、明らかに共産党礼賛臭が強い党御用達作品を持ち出してきたようだった。

市民の抵抗は「茶館」への拍手に

老舎の作品として日本でも有名な『茶館』は、九〇年一〇月二日にやはり同じ首都劇場で観劇した。

北京芸術人民劇院による芝居で、三幕構成だった。演出は焦菊隠、夏淳によるものだった。『茶館』は五八年に初演され、成功をおさめていた。

六三年に第二回目の公演があったが、文化大革命中（六六〜七六年）はまったく上演できなかった。文革の終焉後、七九年三月の建国三〇周年に再び上演され、創作栄誉賞第一位を獲得した。八〇年九〜一一月には、西ドイツ、フランス、スイスに招聘されて上演し、八三年には日本にもやって来て、東京・池袋サンシャイン劇場での公演は大成功をおさめた。

『茶館』はオリジナルメンバーの高齢化が心配され、八八年二月の春節公演が最後になるのではないかと噂された。事件直後の八九年の芸術フェスティバルで上演予定だったが、第三幕に蔣介石独裁に反対する学生運動の場面があり、天安門事件の直後に上演するのはふさわしくない、と見なされて公演が延期されていた。

それだけに翌九〇年一〇月の公演は、北京中の人が楽しみにしていたようで、チケットは完売状態となり、観客席の後ろには立ち見客ができるほどだった。

圧巻だったのは、第三幕蔣介石独裁に反対する学生たちの「憲兵どもに殴られた！　こんなことってあるでしょうか？　政府の役人は腐敗しきっている！　蔣介石は内戦をやることしか考えていない、民衆は生きていけません！」という台詞に、観客からの「いいぞ！」という掛け声と拍手が飛び出し、異様に盛り上がった光景だった。

『茶館』の劇全体の流れのなかでは突出した観客の反応であり、バランスは明らかに崩れたのだが、民主化弾圧の天安門事件に対する北京市民の精一杯の抵抗だった。表立ってなにも言えないからこその舞台への反応だったと思う。北京の市井の人々の熱い思いは今もなお私の印象に残っている。

こたけ・まり　一九五二年生、東京都出身。旧姓・山本。成蹊大学法学部卒業。一九八八年九月〜九〇年一〇月まで北京中央戯劇学院に留学。中国話劇研究が専門。現在は主婦。

42　天安門で得た私の危機対処法

三井物産中国総代表　遠藤　滋

私は一九八九年、天安門事件が起きた時三井物産中国総代表として北京に駐在していた。現地の長として社員やその家族、関係会社や出張者の安全を守ることと、北京商工会議所と日本人学校運営理事会の会長として、大使館と協力し邦人の安全確保や緊急帰国にも全力を尽くした。

事件は国家権力が民衆のデモを武力で鎮圧したというものだった。情勢判断が難しく、対処の方法にも苦慮した。事件が収まった後、人権問題と称して欧米の圧力がかかり、一時帰国した社員が北京に戻るタイミングについて日本政府からブレーキがかかった。実際には、米国など日本を牽制しながら、借款も含めて経済活動を始めていたし、欧米企業は早々とビジネスを再開していた。

事件へと発展したプロセス

四月中旬、胡耀邦・元総書記の突然の死に端を発した学生デモは、自然発生的なもので、当初は整然と行われていた。胡氏の名誉回復と抽象的な形での民主化要求だけだった。胡氏は経済改革の推進者であり、学生知識人の理解者であり、特権を悪用することがなかった。騒ぎを大きくした背景には、改革開放による経済成長が早すぎたために起きたインフレがあり、幹部の不正腐敗に対する国民の不満があった。

デモは次第にエスカレートし、五月中旬には連日一〇〇万人規模の学生や若者が天安門広場を埋め尽くした。数日間街から警官の姿も消えた。街の光景を見て連想したのは、歴史で読んだ市民革命だった。奇しくも一九八九年はフランス革命二〇〇周年であり、反日反帝国主義学生運動で有名な「五四運動」七〇周年だった。

政治には一線を画しておけ

デモが激しくなるにつれて、現地社員にもデモに参加する者が出てきた。「デモに参加してもよいが、個人の資格で参加すること。勤務時間中に参加したければ、休暇をとって行け」と厳命した。後々デモ参加を許した会社は、責任者が罰せられた。ビジネスに関わるものは政治には一線を画しておくべきだ。

最悪の事態を考え対策を準備

楽観的見方が増えるなか、私は最悪の事態を想定し、早くから緊急事態対策を策定した。総務、業務、経理の三部長とは、毎日何度となく情報を持ち寄って分析し、対応策を決めて実行していった。緊急事態計画の要点は――

(1)帰国順番の決定＝まず妊産婦や幼稚園児のいる家族、次いで小学校児童を持つ家族という具合に決め、最後に残るのは総代表の私と総務、業務、経理担当の総経理計四人とした。

(2)航空券の購入＝当時便数も多い日本航空から家族を含め全員にオープンチケットを購入。日頃社員の出張も全て日航を利用することにしていた。救援機も日航が主となるだろうとの判断だったし、事実そうだった。

(3)水と非常食を備蓄＝各人のアパートでは、水と乾パンなど非常食を備蓄するように命じた。これが大使館に知れるところとなり、「北京情勢は安定している。一部に、非常時態勢をとらせている会社もあるが、慎重に行動するように」という趣旨のファックスが大使館から流された。しかし結果は最悪の事態に備えたことが正解だった。

(4)邦人職員住居の集中＝あらかじめ単身赴任者は「北京飯店」、家族持ちは外国人用住居の「北京友誼賓館」に集中して住んでもらっていた。中国はまだ不安定で、集中した方が緊急事態に対応しやすいと考えたからだ。

日本人学校休校を決断

五月中旬に「学生デモは動乱だとした政府規定を撤回せよ」と多数の学生がハンストを開始し、デモは最高潮に達し、街中から警官や公安の姿が消えた。さながら市民革命成功といった雰囲気であった。

五月一八日、テレビで李鵬首相と学生運動指導者との談判があり、学生の態度が横柄だったのと、異様に気まずい別れ方をしたのが気になり、何かあると直感した。同二〇日の土曜日、私は日本人学校運営理事会会長として毎朝、校長と大使館の領事と電話会議を行っていたが、その日は休校と決めた。数時間後の午前一〇時に戒厳令が布告された。

具体的計画の実行

五月二〇日の戒厳令発令後、緊急事態対策を具体的に実行する段階になった。

(1)中国への不要不急の出張禁止＝得意先や本店の出張者は、戒厳令の日に帰国してもらった。

(2)車、運転手、ガソリンの確保＝ガソリンスタンドは閉まってしまった。コネを利用し石油工業部から直接ドラム缶一個を入手した。

(3)現金の保有＝非常時には現金が必要。銀行は閉鎖された。

(4)緊急連絡方法の確認＝電話連絡網は機能しなかった。電話オペレーターは職場を離れてしまっていた。確かな手段として、場所を定め、貼り紙を出した。一九九一年の第一次湾岸戦争の際、日本の短波ラジオがメッセージを流してくれたことが天安門事件の教訓となった。

(5)総代表と副総代表の住居での連絡確保＝北京国際空港に近い「麗都公寓（リドー・マンション）」の最上階の二軒続きを購入、居間の壁をぶち抜いて部厚いドアで仕切った。ドアを開ければ、居間と居間が繋がり、広々と使えた。大きなパーティや避難場所を想定したが、社員と家族の避難帰国の際の中継場所として利用できた。

(6)戒厳令時の社員の心得として下記を指示＝①街の様子は変わらないが、油断禁物、②夜間自宅待機、③ゴルフは禁止、④居留証等身分を証明できるものを常時携行、⑤盗聴があるので言動には注意。

事件発生の翌六月五日には以下の対策を発動した。

(1)大型バス二台を「北京友誼賓館」に向かわせ、家族全員をピックアップ。一台は妊婦や幼児を持つ家族を乗せて空港へ直行、一台は残りの家族と社員を乗せ、「麗都飯店（リドー・ホテル）」へ移動させた。

(2)得意先の出張者や合弁会社の出向者との連絡に努め、多くの人を空港まで送った。現地職員の安否確認は電話のない者が多く苦労したが、全員の無事を確認した。

(3)北京事務所は天安門に近いビルにあったので、「麗都飯店」に仮事務所を設立。

自分の目で見たこと以外、喋ってはならない

翌六月六日の状況判断から、集まった家族全員には帰国してもらうことにし、以下のことを話した。

(1)北京の情勢は厳しい展開となっているので一時帰国してもらう。帰国後の住居や学校の入学については本店がいろいろ手配してくれている。

(2)羽田空港では多数の報道陣から、いろいろ取材を受けるだろうが、自分が自分の目で『見た』こと以外、人から聞いた話などは喋ってはならない

最後はトップの判断と命令

仮事務所では毎日、全員集合して情報交換と状況分析を行い、その日の行動計画を立て実行した。緊急事態では、分からないことや、リスクのあることが多い。最後はトップが判断し、トップの命令に従ってもらうしかない。結果はトップが責任をとらねばならない。

- 分担をさらに細かく決めた。帰国の手配、交通手段の確保、情報の分析、マスコミ対策、食料調達、現金の調達と管理、各支店、商工クラブや大使館などとの連絡など。
- 本部と営業各室はそれぞれ一人に減らすこととし、残る日本人三三人の帰国の順番と行先を決めた。

日本国大使館との連携

国レベルの事件では大使館との連携が大事だ。まず邦人の移動の安全確保のため、戒厳部隊宛ての中国語の要請文を発行してもらい、車に「日本国大使館」と書いた貼り紙や日の丸の旗を貼りつける許可を得た。これは各国も真似た。

大使館で商工クラブ幹部と毎日打ち合わせを行った。六月六日には、救援機の要請と空港までの輸送にスクールバスを活用することを決めた。北京在住の日本人は約五五〇〇人だった。米仏などは自国民救助のため海軍の艦艇を派遣するとの情報もあった。

存じ上げない方からも種々助けを求められ、できるだけのお世話はした。困ったのは、知人の中国人

から外貨交換と日本への航空券取得について助けを求められた時だ。脱出の手助けは後日問題になるおそれがあり、丁重にお断りした。

事務所への一斉射撃

軍の厳戒態勢がますます強化され、食料や日用品の売店やレストランも次々に閉鎖される事態となったため、六月七日に一八人を帰国させて一五人体制とした。航空券入手のため、一班は日本航空のオフィスに向かい、一班は私がリーダーとなり重要書類を運び出すため、現地社員を含め計一七人で車に分乗し会社事務所に向かった。トラックに乗った兵士が歌を歌いながら通り過ぎて行った。凱旋気分のようにみえたが、殺気立ったものも感じた。兵隊は一度人を殺すと、殺すのが面白くなるという。

私が入室した所長室は、長安街という天安門に通じる大通りに面していて、軍のトラックが多数の兵士を乗せて、こちらに向かって来るのが見えた。危険だし、大通りの裏側の部屋に移った。ものの一〇秒も経ったろうか、一斉射撃の音が聞こえた。わが事務所ビルが撃たれている。とっさに「皆伏せろ！机の下に」と怒鳴った。

射撃は何分間か続いた。静寂が再び辺りを包んだ。犠牲者が出れば自分の責任だ。頭をかすめたことは「辞職」の二文字であった。この日、三四階建てのビルに居たのは、三井物産の一七人と住友商事とシーメンス社がそれぞれ数人ずつだけだった。

兵隊のビル内点検

午前一一時過ぎ守衛室に電話すると、今から軍がビル内部の点検を始めるという。兵隊たちも怖いので、動くものは撃つ。兵隊の点検にどう対応するか。各部屋にバラバラにいては危ない。

兵隊がエレベーターから降りてすぐ目につく廊下の一カ所に全員蹲《うずくま》り、私だけが椅子に座って目立つようにした。「皆絶対に喋るな。応対は自分が日本語で行い、S君が訳す」と言い渡した。

エレベーターの音がする。次はわれわれの階かと緊張した。二〇～三〇分経ったろうか。エレベーターの動きが止まった。大使館の赤倉亮領事部長と電話連絡が取れ、一安心した。腹も減ったのでみんなで食品営業室に置いてあった缶詰のサンプルなどを食べた。午後二時半頃、下の守衛から「今逃げろ」との連絡があった。ビルの北側にある荷物用エレベーターを利用して階下に降り、平静を装ってビル裏の駐車場へと出た。まだ数人の兵隊がいて、一人と目が合った。あの時の殺気立った目つきは今でも忘れられない。

北京脱出

このような北京の状況では仕事はないし、生活も容易でないので、緊急事態計画の最終段階である四人体制に減らすことにした。

六月九日朝、大使館から電話があり全員帰国せよという。前日、日航の支店長も「明日が最後のフライトになる」と言っていた。

早速、空港への脱出方法と、あとを任せる現地社員体制について話し合った。空港への移動は、たった一台の車だと整然とは見られず、怪しまれて銃撃を受けるかもしれないと考え、三菱商事の残留部隊と一緒に何台かで車列を組み、日の丸を掲げ、「日本国大使館」という貼り紙を貼って空港へ向かった。

北京国際空港は最後の日とあって避難客も少なく、搭乗券を手にして一安心したが、飛び立つまでは不安だった。機体が滑走を終えゆっくり上空に浮いて、やっと深い安堵を覚えた。

えんどう・しげる　一九三四年生、神奈川県横浜市出身。一九五八年慶應義塾大学経済学部卒業。三井物産入社。六〇年米国修業生（イリノイ大学大学院農業経済学）留学。ニューヨーク支店、本社（食料）、台北支店勤務などを経て、八六〜八九年まで駐中国総代表。その後、香港三井物産社長、本社専務取締役を歴任。

43　事件第二の舞台だった香港

ＴＢＳ北京特派員　武田一顕

北京の民主化運動に期待

私は一九八八年から八九年まで香港で留学生活を送り、約二〇〇〇キロ離れた北京の天安門広場で流血の大惨事が起きた時は、香港中文大学の学生として中国語（北京語）を学び、一部本科の授業を受けていた。

香港はアヘン戦争の終結に際して一八四二年に結ばれた南京条約で英国に割譲され植民地になった。その後、海上交通の要衝として発展し、むかし日本人がヨーロッパに渡る際には、ほぼ例外なく香港に寄港した。飛行機がない時代の話で、明治初期の岩倉使節団も欧州視察の帰路、香港に立ち寄っている。

中国を起源として世界中で親しまれているテーブルゲーム「麻雀」は、どうやら香港経由で日本に伝わってきたらしい。というのも、大陸では一般に「麻将」と表記されるが、日本では香港と同じ「雀」を使っているからである。私はそんな香港で、東西文化に触れながら、のんびりとした学生生活を送っていた。

香港は、一九八四年に締結された中英共同声明によって、九七年七月一日に中国に返還されることが決まり、国外への移民ラッシュが起きた。しかし、社会主義・中国が約束した資本主義の制度を認める「一国二制度」、香港人に高度の自治を認める「港人治港」を信じ、香港にとどまって自らの発展を図る財界人もおり、高級ホテル「ハイアットリージェンシー香港」の著名なシェフである周中氏らが香港残留を表明した。返還への市民の不安は、諦観を含みつつ、わずかながら期待に変わっていた。

私が留学生として香港啓徳空港に降り立った八八年の九月、「中国のサハロフ」と呼ばれていた反体制天体物理学者・方励之氏（中国科学技術大学元副学長）が香港を訪れ、「中国には二党制が必要だ」などと述べて、中国本土に戻って行った。天安門事件発生の九カ月前のことで、反体制の学者に〝海外渡航〟を許す度量が中国共産党にはあったということである。香港人が、中国の民主化に淡い期待を持ったとしても不思議ではない。

泣き崩れた女性教師

香港では、北京で民主化を求める学生たちが天安門広場に集まりだすと、その模様は連日、大きく報道された。私が学ぶ中文大学内でも天安門広場の状況は毎日の話題となり、教師たちも香港人のクラスメートも、「中国の民主化が実現するかもしれない」と期待に胸を膨らませた。香港市民たちは、「一国二制度」を認めるといわれても、英国流の自由と資本主義に慣れ親しんできており、統制の厳しい中国共産党の体制に違和感を抱き続けていた。そんな自分たちの思いを、中国大陸の学生たちが北京の天安門広場に集まって訴えてくれたのである。応援しないわけがない。香港では多額の義援金が集まり、二〇〇〇万香港ドル（日本円で三億五〇〇〇万円）が天安門広場に届けられた。

五月二〇日、北京で戒厳令が発令されると、翌二一日には一〇〇万人が、二八日には一五〇万人が香港島に集まりデモを行った。当時の香港の人口は五七〇万人（二〇一八年現在＝七五〇万人）だったから、四人に一人がデモに参加したことになる。SNS（ソーシャル・ネットワーキング・サービス）などない時代に、よくもこんな大勢が集まったものだと思う。私もこのデモに参加したが、当時のコースは今とは反対で、湾仔《ワンチャイ》の新華社香港支社からスタートして、北角《ノースポイント》を経由し、最終目的地が銅鑼湾《コーズウェイベイ》のヴィクトリア公園だった。集まった市民が広東語で口々に、「民主を勝ち取ろう！」「北京の学生を支持する！」などと声を上げながら、行進していたことを覚えている。

しかし、彼らの願いは、六月四日払暁、北京での銃声によって吹き飛ばされた。翌五日の週明け月曜日の朝、住んでいた大学内の寮から教室に行くと、暗い廊下の先に、私のクラスで中国語を教える朱老師（先生）が立っていた。彼女は中国語（北京語）の授業では、鐸老師と並んで厳しいことで有名だった。その朱老師はとても暗い表情で立っていた。そして、私が「早上好！（おはようございます）」と挨拶すると、突然、泣き崩れたのだ。「武田、中国完蛋了！（武田君、中国はもう終わりだ）」。涙をこぼす朱老師にいつもの厳しさはまったく見られなかった。新聞や雑誌には、「六四大屠殺（大虐殺）」の文字が躍り、香港は悲しみに打ちひしがれた。

六月四日以降も香港は、天安門事件の第二の舞台であり続けた。学生デモに関与したとされ、中国共産党に目をつけられた学生や民主活動家たちは、秘かに香港にわたり、そこから欧米の国々へ亡命していった。これを「黄雀作戦」という。「麻雀」といい、「黄雀」といい香港人は、「雀」が好きなようだ。なお、「雀」は、日本語で言う「スズメ」の意味の時もあるが、多くの場合は「小鳥」を指す。だから「黄雀作戦」も「イエローバード作戦」と呼ばれた。

借りた時間、借りた場所

それから四半世紀が過ぎた二〇一四年九月、香港で民主化を求める「雨傘運動」が起きた。私は取材のためにＴＢＳラジオの記者として香港に渡った。集まった若者たちは、目抜き通りのハーコート通り（夏愨道）の車道の上に並べたテントで寝起きしており、あたり一帯の交通が完全にマヒしていた。九月二八日には、警官隊が市民に対して催涙弾を発砲し、緊張が一段と高まった。

私も湾仔《ワンチャイ》のホテルから毎日徒歩でデモの様子を見に行ったが、ある日、その通りをホテルとは逆の西に向かって歩いていくと五〇代の夫婦が腰の高さほどの中央分離帯に腰かけていたので、何をしているのかと声をかけた。女性は「今、向こうで息子が、テントに寝泊まりしている。政府が暴力で鎮圧に来るかもしれないし、解放軍が来るかもしれないので、本当は息子を連れて帰りたい。でもできない。私たちも八九年に同じようにデモに参加したから……。だからここでこうして見守っている」と答えた。

そして、その五年後の二〇一九年の六月、刑事犯を中国本土に引き渡せるようにする「逃亡犯条例」改正案の撤回を求めて香港で再び大規模デモが起き、条例改正は撤回されたが、デモは本稿執筆現在も続いている。

八九年のデモでは、香港市民が北京の学生たちと一体化しようとする動きだったが、現在のデモは、「香港は香港、中国大陸は香港に口を出すな」と言っているように聞こえる。香港の若者にとっては今や中国大陸の動きなど関係ないのである。

アヘン戦争の前まで、漁民が細々と暮らして香港は、イギリスの植民地化で世界の金融センターとなるまでに発展したが、所詮は植民地だった。「借りた時間、借りた場所」と呼ばれる所以だ。香港は九七年の返還後、中国本土との体制の違いに翻弄され続けている。日本外務省の高官は「中国の習近平国家主席は、香港のデモなど重視していないのだろう」と言った。だとしたら、香港市民はこれからもずっと北京に抗い続けることになるだろう。

たけだ・かずあき　一九六六年生、東京都出身。早稲田大学第一文学部中国文学専修卒。香港中文大学留学。九四～九八年TBS北京特派員。帰国後、TBSラジオ政治担当記者。現在、TBSテレビメディアビジネス局勤務。香港鳳凰TVに中国語で番組出演。中国の反日デモ、香港の反中デモ、日本の反原発デモなどを取材。著書に『ドキュメント政権交代』（河出書房新社、二〇〇九年）。

44 忘れられぬ黒い喪章の香港青年

JCBインターナショナル取締役北京事務所長　櫻井澄夫

その時の香港は

私は一九八九年六月四日に勤務地の香港にいた。南京での仕事を終え、数日前に北京から香港に戻ったばかりだった。北京の天安門広場で学生・市民の座り込み抗議デモが続いていた五月二七日、香港では中国の民主化運動を支援するコンサートが開かれた。テレサ・テン（鄧麗君）らトップ歌手四〇人余が一二時間にわたり香港島ハッピーバレー競馬場の特設ステージで次々とマイクを握った。内外から参加した延べ一〇〇万人の大聴衆が熱狂し、一二〇〇万香港ドル（当時のレートで二億一六〇〇万円）の義援金が集まるなど大きなニュースになった。

テレサ・テンはあの時、一般にはなじみの薄かった「私の家は山の向こう（我的家在山的那一邊）」を歌った。この曲は抗日戦争期に作られ、国民党の張学良から東北守備の放棄を命じられた東北軍の思いが込められていた。一九六〇年代に台湾に逃れた兵士たちが詩を変え、望郷の念に駆られた歌にした。〈民主の火を燃やそうよ、私たちの育ったところを忘れてはいけない……〉。テレサの歌には当然、北京の学生たちを支援する思いが込められていた。

「軍事独裁反対」のプレートを首から吊るした彼女は、「民主萬歳」と記した鉢巻を締め、ノーメイクを隠すためかサングラス姿で登壇した。ファンたちは普段とは異なる姿の彼女から発せられた歌声に中国当局への抗議を共有したのだった。

もう一つハプニングがあった。日本でも知られる剣豪小説家の金庸が、民主化を弾圧する戒厳令の布告に抗議して、香港基本法起草委員会のメンバーを辞任したのである。金庸の反骨精神に人々は驚いたが、ファン層を広げることになった。彼は二〇一八年一〇月に九四歳で病没した。葬儀には根強い愛読者が多数参列したことが地元メディアに報じられた。

天安門事件については、今もさまざまな報道や書籍が現れ、真実の究明や評価が行われている。事件への関心は途絶えることがないが、私の心に最も深い印象を残しているのは、香港の街角でふと見かけた小型の台車を使って物品の配達をしていた名もない青年の姿である。九龍地区尖沙嘴のネーザンロードから西に入ったビル街の街路でのことで、事件が終わって一カ月も経っていなかった。

裸に喪章の青年

青年は二〇代くらいで、引き締まった体をしていた。黒か紺の短めのショートパンツに上半身裸というスタイルは、夏の香港では珍しいものではなかったが、違っていたのは、裸の上腕に黒い腕章をしていたことだ。もちろんそれは喪章だった。

その姿を今でも時折思い出すのは、一見平凡そうな若い香港人に、突如巻き起こった未曾有の事件に対する切迫した、やむにやまれぬ自己主張が感じられたからだ。中国本土に対する、香港ならではの特殊な環境や背景があることの象徴でもあろう。私は改めてそれを認識し、折に触れて今でも反復的にその意味を考える。

最近はとくに天安門事件当時の香港の日常（＝普通の配達員）と非日常（＝事件時の喪章姿）との差に、その三〇年後に発生した香港での抗議行動との連関・連鎖をみる。そして香港を含めた中国、中国人、華人に簡単に治癒できない「病根」と「ウイルス」による感染を感じるのだ。

事件翌年の九〇年三月から一〇年間、私は北京に駐在し、中国全土やモンゴル、北朝鮮での業務展開に携わって経験と見聞を広めた。新疆カシュガルへの出張では、ウイグル族の大規模反抗の事件に接し、地元の中国銀行のマネージャーから、漢族の職員には小銃が配られていた事実を聞かされたり、チベット自治区ラサでは、同地を離れた翌日にやはり暴動事件が起きたため、東京の本社では「あいつが行くと必ず事件が起きる」と噂されたりした。

支持されていた民主化運動

日本のクレジットカード最大手JCBの北京首席代表としての私の交渉相手は、北京では主として中国銀行の本店と北京支店だった。北京駐在時には市内朝陽区に住んでいたし、香港からの出張時も市の中心街のホテルに投宿していたので、天安門広場はしょっちゅう通過する馴染みのある場所だった。

民主化運動が始まった後に、中国各地で共産党員の多い国営銀行マンたちと話をして感じたのは、管理職クラスの多くが天安門広場に集まった青年たちを強く支持していたことだ。それをいささか意外に感じたのは、私の理解不足のせいであったかもしれない。事件後は国内各地に出張しても、事件に関する話題が出ることはほとんどなくなった。

当時、香港では街角で天安門事件に関するチラシや印刷物が配られたり販売されたりしていた。おびただしい量であり、これらの収集と活用が「私の今の仕事だ」と思い立った。ここに今いないと入手できないもの——それはすぐにダンボール箱一杯になった。とくに依頼されたわけではなかったが、知り合いになっていた東京外国語大学の中嶋嶺雄《なかじまみねお》先生（後に同大学学長、国際教養大学理事長・学長＝故人）に送った。

先生からは「今後の研究に役立てさせていただきます」との丁重な礼状を頂戴した。先生の著書『香港──移りゆく都市国家』で、地名の研究をしていた私が新界の地名の由来に関する先生の誤解を指摘した際には、納得いただき同著改訂版で該当部分が修正された思い出もある。ダンボール箱でチラシ類を突然送りつけるなど「香港には変わった奴がいる」と思われたかもしれない。

どうなる香港、どうする香港人

私の住んでいた九龍・界限街のアパートの家主で貿易商の香港人、李《リー》さんは、カナダへの移民手続きを行い、子供たちをカナダに留学させた。ＨＳＢＣ（香港上海銀行）のマネージャー・クラスでも、何人もが外国への移民、転職を図る人が出てきた。カナダのバンクーバーが、香港人が多くなったので「ホンクーバー」（Hongcouver）と呼ばれるようになったのもこの頃だろう。

こうして事件後一～二年でかなりの数の香港人が海外に脱出、転職を図ったが、その後一〇年以内に多くは香港に戻ってきた。その理由は、香港社会が予想より安定していたこと、外国ではあまり良い仕事につけなかったこと、外国での居住権を確保し、二重生活が可能になったこと、子供たちの教育や外国生活が安定したこと、生まれ故郷・香港に戻りたいという望郷の念などがあったためだろう。

家主の李さんは、香港での商売をやめず、カナダとの二重生活を確保して、保険をかけている。別の知り合いの香港人の郭さんは、一時、オーストラリアで働いていたが、今は香港にいる。香港人男性と結婚した日本人女性のＫさんは、香港で逞しく働きながら、二人の子供を日本の大学に入れた。彼女は香港の未来については悲観的である。

事件の後、天安門事件に関与したという容疑で当局から追われた人たちは、国外逃避を図った。香港がらみでは、逃亡を助けた「黄雀行動」（Operation Yellow Bird）が知られているが、逃亡を助けるための寄付金を募り、逃亡ルートが作られた。

その脱出には民主団体の協力のほか、香港マフィアの協力もあったと言われ、事情通の香港人によると、密輸は以前には広東省の潮州あたりの小型魚船が多く、次第に高速船が使用されていった。最近の報道によれば、香港人の中には「今度」は台湾やシンガポールへの移住希望者が増加しているそうだ。

黒い喪章をつけていた青年はもう老年に差し掛かっただろうが、いまは、どこで何をしているのだろうか。香港はどこに向かおうとしているのだろうか。最近の警察官に撃たれた香港青年の姿と、三〇年前にテレサ・テンたちの民主化コンサートに集まった若者たちの姿とが二重写しになってくる。香港に住んだ期間は短かったが、私は今でも日本の鰻の蒲焼が好きな李さん夫婦や、Kさんと付き合いがある。

さくらい・すみお　一九四八年生、東京都出身。七〇年慶應義塾大学卒。JCB入社（東京）。八四年から、アメリカ、香港、北京などで勤務。JCBインターナショナル北京事務所首席代表、JCB本社企画部長などを経て、金融や文化方面での執筆活動に入る。著書に『中国・食と地名の雑学考』（田畑書店、二〇〇五年）、『北京を知るための52章』（共編、明石書店、二〇一七年）など。

45　『北京かわら版』に載った事件の記録

JCBインターナショナル取締役北京事務所長　櫻井澄夫

白いスーツの男

天安門事件の翌年一九九〇年の夏頃だったと思う。北京の長富宮飯店（ホテル）のロビーで、知り合いのNECの駐在員に、小柄で細身だが白っぽいしゃれたスーツを着た男を紹介された。その人が根箭《ねや》芳紀《よしき》だった。

私はこの出会いからすぐに根箭さんに惹き込まれた。不思議な魅力を備えた粋屋《めかしや》だった。その後、何をやるにも根箭プロジェクトの「要員」「作業員」「司会者」から、否応なしに「食事のご相伴」「臨時運転手」「カラオケでの歌のお相手」「執筆」「欠員補充」の御用まで声がかかった。

多数の人を紹介してもらい、こちらも紹介した。カラオケ・バーの小姐《シァオジエ》（若い女性スタッフ）が日本人と結婚するのが流行った時期があったが、根箭さんは「あの娘らはボクによって日本人の良さを知ったんや。少しは感謝してもらわにゃ」というのがご託宣だった。

『北京かわら版』の発行

根箭さんは一九八〇年代から一〇年余り、「北京の何でも屋さん」を自称して、業務の傍ら北京に住み、『北京かわら版』という日本語の定期刊行物を毎月無料で発行した。なにしろ顔が広かったから、根箭さんに何かとお世話になった日本人は多かったはずだ。そんな親密な関係もあって、彼が上梓した書籍や印刷物のすべてに私は関与し、『北京かわら版』にも数十本の原稿を書いた。一〇年間、べったりと北京に駐在していたので、毎日のように根箭さんと会っていた。日本で会ったのは京都で、根箭夫婦と私たち夫婦（妻は中国人＝故人）の四人で会合した一回だけだ。今もたまに京都大学のそばにある根箭さんの墓にお参りに行くのだが、おしゃれだった彼に合わせて、赤いバラを手向けている。

根箭さんに関しては、九九年七月に『根箭芳紀追悼録——根箭さん読んでや』（私家版）を企画・出版した。『北京かわら版』（コマースクリエート出版）は、創刊号から最終一一五号まですべてを複製合冊本として、夫人の根箭直子さんが二〇〇三年に上梓した。なお、両書は国会図書館本館にも収蔵され、追悼録には年譜も載っている。

『北京かわら版』の前身は『かわら版・北京駐在情報』である。八七年に発行を開始し、最初は日本語版と英語版（二一号まで）だったが、その後、『北京かわら版』と紙名を変更した。根箭さんの死後も発行を続け、二〇〇一年六月の一一五号で休刊した。筆者（櫻井）は一時期、同紙の副編集長を、根箭さんが病気で倒れてからは編集長（代行）を務めた。同紙は北京発行の日本人向け定期発行のミニコミ誌（紙）として、戦後最初と呼べるものだった。このユニークな刊行物は、根箭さん個人が多額の私財を投じて発行した。自身が編集長だったので、ほぼ一〇〇％、彼の息がかかった内容になっている。根箭さんは「北京雑感」というタイトルで、さまざまな問題について論じた。

中国における外国人対象の二重価格制への批判、北京のマンション購入時のトラブル（投稿）など他の媒体には書かれていない記事があり、当時の現地事情を知りたい人には参考になったはずだ。

さて根箭さんは事件の際に何をしていたのか。大阪府豊中市に在住の直子夫人に聞いた。それによると、根箭さんは当時、北京では一人暮らし。五月二〇日に仕事で日本に戻り、六月四日に天安門事件が発生したことや、事務所の移転の話があったため、六月五日に予定通り夫婦で北京に帰った。その夜は、不安な気持ちを抱えながら、夫婦で空港への道の途中にある「麗都飯店（リドー・ホテル）」で食事をしたそうだが、同ホテルで日本に引き揚げる多くの日本人から「なんで今頃日本から帰ってくるの」と言われたという。その後、日本大使館から邦人に帰国勧告が出たので、今度は六月九日、北京から夫婦で大阪に戻ったが、六月二六日にご主人だけが再び北京に戻っていったそうだ。なぜ今、北京に戻るのかと尋ねる直子さんに向かって、根箭さんは「あたりまえやないか」と言い放ったという。

事件の小さな記録

直子夫人によると、根箭さんは事務所のあった北京飯店からいつも成り行きを「観察」しており、「天安門広場には、田舎からの子供みたいな若い兵士が多い。上から命令されたら簡単に撃ちそうだ」などと語っていたという。それでは『北京かわら版』は天安門事件について何を書いていたのだろう。実は、事件については直接触れていない。事情を知らない人には、誠に不自然なことに見えるかもしれない。

この定期刊行物の発行を開始する時、「中国で外国人が営利を目的に定期刊行物を出版するのは許されない」との中国側の制約があり、「会員制クラブの機関紙」ならいいということになった。これは友人の星野仁氏の話で、当然ながら、お目付の当局を無視できなかったのではないか。しかし、『北京かわら版』を隅々まで眺めてみると、根箭さんは目立たない形で事件を記録していた。それがよく分かる。

一八、一九号（八九年一〇、一一月）には北京日本人学校の髙橋豊先生の「北京の子供たち」との一文が掲載されており、事件発生によって三カ月間休校になったことが詳しく書かれている。また、一六号（八九年八月）にはKDDI北京事務所の、「非常事態に役立った〈ジャパンダイレクト〉」という題の広告記事が載っており、事件発生当時の中国と日本の通信事情がよく分かる。そこにはこう書かれている。

「（ホテルの部屋からの国際電話）「ＩＤＤ」が、かけられなくなった民族飯店、北京飯店、光明公寓等で大いに皆さまのお役に立ちました。ジャパンダイレクトは〈六四事件〉以後の混乱した状況下でも中断することなくご利用いただけました。今後も増設していきます」

ＫＤＤＩはいくつかのホテルのロビーに、ジャパンダイレクト用の専用ブースを設置していた。今ではジャパンダイレクト（注＝ＫＤＤＩの日本向けコレクトコール）って何だと言われそうだが、事件直後に日本の両親・親類から北京に留学中だったお子さんへの国際電話が、なかなか繋がらず、このサービスに相当の需要があったらしい。『北京かわら版』は留学生にも無料で送付していた。

いまこうして『北京かわら版』を読み返してみると、短い記事や行間から天安門事件と中国社会の真実、あの時期の北京在住日本人の姿が鮮やかに蘇ってくる。貴重な資料といえる。根箭さんは一九四一年新京特別市（現長春）生まれ。同志社大学卒。六七年日本国際貿易促進協会（日中貿易センター）関西本部に採用され、八六年から北京駐在を開始。八八年にコマースクリエート㈱を設立。『中国法令』誌、北京日本人会が出版した『北京生活情報』（改訂版は東方書店刊）などの企画・出版を担当した。九八年二月に大阪府豊中市にて病没。享年五六。合掌。

解題　天安門事件と三〇年の経過が意味するもの

濱本良一

チャイナ・リスクの嚆矢

世界を震撼させた一九八九年の天安門事件は、毛沢東時代の貧困社会に決別し、一〇年余りにわたって継続した改革開放路線の痛烈な頓挫だった。現実主義者の鄧小平が始めたこの大胆な政策は、社会主義・中国の構造的転換を迫るものでもあった。貧しかった中国人が初めて豊かな生活を実感し、同時に腐敗官僚による特権乱用が生んだ「貧富の格差」が露わとなり、それを訴える「言論の自由」の欠如に多くの中国人が不満を募らせた結果だった。

一方で学生・市民の抗議行動を多くの在留外国人が目撃し、西側メディアが天安門広場の悲劇を世界に向けてリアルタイムで伝えた。過去の「大躍進」（一九五八～六〇年）や「文化大革命」（一九六六～七六年）の情報封鎖時代の国内混乱とは次元が異なる地球規模の衝撃を与え、国際社会が〝チャイナ・リスク〟を実感する嚆矢となるものだった。

天安門事件は共産党支配の意外な脆さを露呈させると同時に、軍・警察による治安システムを包含する体制の強靱性も余すところなく示した。結果としてその後三〇年間、共産党支配は揺らぐことがないどころか、中国は世界第二位の経済・軍事パワーを備えた強国に変貌した。そうした意味では、天安門事件は共産党と中国社会の将来を考える上で、重要なヒントをいまも提供しており、同事件に焦点を当てた本書は、読者に何がしかの示唆を与えてくれるはずである。

四四人の執筆者が記す生々しい追憶の情景を理解するためにも、五〇日間継続した事件のタイムラインを改めて説明しておく必要があろう。

抗議デモはなぜ一気に広かったのか

事件の発端は、改革派指導者だった胡耀邦・元総書記が八九年四月一五日、心筋梗塞によって突然死したことだった。一六日に天安門広場の人民英雄記念碑前に胡を悼む花輪が手向けられ、一七日朝には北京大学の学生約三〇〇〇人が二〇キロほど離れた天安門広場まで、追悼デモを敢行したのを契機に、他大学の学生たちも次々に追悼デモを仕掛けた。一九日深夜から二〇日未明にかけては、広場北側に位置する「中南海（党要人の居住区兼執務室）」の周辺に約二万人が集まり、追悼の花輪を内部に持ち込ませるよう要求するなどして警備中の武装警官隊と衝突する光景も発生した。

四月二二日に人民大会堂で胡耀邦の追悼・告別式が開催されたが、胡の名誉回復までは行われなかった。胡は、鄧小平の脱文革路線の中で失脚した党幹部の名誉回復を進め、一方では党内長老たちの政界引退を促した。さらに八六年秋から冬にかけて合肥、武漢、西安、南京、広州、深圳、上海、北京などで相次いで発生した党内民主化を求める学生デモや、改革派知識人の言論に理解を示すなどして党内保守派長老から強い反発を招いていた。その結果、八七年一月、党政治局拡大会議で、胡はブルジョワ自由化路線に寛容で、政治原則の問題で重大な誤りがあったとして総書記を解任された。政治局常務委員（五人）の地位はかろうじて保持したが、胡の序列は最後尾に格下げされ、影響力は完全に喪失していたというのが死去直前の状態だった。

学生たちのデモ行動は、その後瞬く間に上海、南京、武漢、西安など全国に波及した。当時の学生たちは、⑴胡耀邦の名誉回復、⑵報道・言論の自由、⑶デモ実施の自由、⑷政府幹部の家族の資産公表、

(5)「反ブルジョワ階級自由化」「反精神汚染」運動の否定――などの要求を掲げていた。

ただ、背景には一〇年余りに及ぶ「社会主義的市場経済」の導入で生まれた貧富の格差とともに、党・政府官僚たちが、輸出入の許可権限、外貨割り当て・融資の権限、国の低価格物資の入手などさまざまな特権を得て、一族・友人に任せた企業と組んで濡れ手で粟の暴利を貪った「官倒（官僚ブローカー）」の存在が顕在化し、社会には強い不満が蔓延していた。本書で杉野光男や桑田良望が回想している通りだろう。

その不満は一種の妬みの感情も伴って、中国に萌芽的に現れていた〝中産階級〟や知識人たちの民主化要求への高まりに後押しされ、社会の大きなうねりとなっていた。くわえて政府の経済政策のまずさからインフレが生じ、生活必需品である食料品などの消費者物価指数が八八年は対前年比で一八・五％も跳ね上がるなど庶民の生活を直撃していた。「政治改革、経済改革ともに計画が停止あるいは縮小される状況」（趙紫陽）に追い込まれていた。こうした国民の不満は、何かのきっかけさえあれば、たちどころに燃え広がる状況だった。学生運動はそうした社会不満のガスに火をつける役割を果たした。だから学生デモに一般市民や労働者、小学生までもが次々と加わり、巨大な流れとなって全国に拡大したのだった。駐中国大使・中島敏次郎が指摘したように中国外務省など政府職員までもがデモに参加した。果ては「動乱」社説（後述）を掲載した党機関紙『人民日報』や、国営新華社通信、中国中央テレビ（CCTV）の記者・編集者たちまでが「言論の自由」を求めて街頭に繰り出した事実を見ても、抗議行動には社会の幅広い支持があったことが分かる。

胡耀邦追悼デモに関連する逸話として、野崎伸一とディビッド・ホーリーが指摘しているが、学生たちは当初、五月四日の「五四運動七〇周年記念日」に大規模なデモ行進を計画していた。それが胡の急死で急遽繰り上げられたのだった。だから一連のデモは怒濤のように一気に始まった。もし事前の計画がなければ、デモの開始時期はもう少し遅れたかもしれないし、同時に胡氏があのタイミングで死亡していなくとも、デモは五月四日には始まっていただろう。いずれにせよ、ささやかな歴史の偶然がもたらした結果だった。

外遊した趙紫陽の誤算

追悼デモの開始以降、四月二五日まで連日のように天安門広場周辺では大規模なデモが繰り広げられ、地方の大学生たちが北京に集まり始めた。北京の各大学では授業ボイコットや集会などが繰り広げられ、学生たちは言論の自由や政府役人の腐敗といった不正に対して論議した。こうした盛り上がりがあったにもかかわらず趙紫陽は四月二三日から八日間にわたり北朝鮮を訪問し、北京を不在にした。趙は出発前までに学生デモに対し、(1)デモを中止するよう学生を説得すべき、(2)相互理解のために学生らとの対話を行うべき、(3)流血の事態は絶対に避けるべき——との基本方針を示し、党内で了承されていた。しかし、趙外遊中にも抗議デモの輪は広がる一方で、党中枢では李鵬ら保守強硬派に主導権を握る機会を与えたのだった。

四月二六日に党機関紙『人民日報』の一面に「旗幟鮮明に動乱に反対しなければならない」と題した社説が掲載された。それは序盤一〇日間のデモを総括し、学生たちの行動を「動乱」と切り捨てる党中央の判断を示すもので、学生や市民が強く反発、デモはさらなる盛り上がりを見せた。火に油を注ぐ役割を演じたこの社説は、五〇日間に及んだ同事件の最初の転換点だった。

社説が掲載された顚末は、後日の趙紫陽証言によれば次のようだった。趙が平壌に向かった翌日の四月二四日、李鵬が不在の総書記に代わって政治局常務委員会を招集し、李錫銘・北京市党委書記と陳希同・北京市長の二人が学生らのデモ行動は「組織的かつ入念に計画された政治闘争だ」とする報告を発表した。李鵬日記でも分かるのだが、李鵬と楊尚昆は翌二五日、最高実力者として君臨していた鄧小平に概要を報告し、鄧は即座にデモは「動乱」との見方に賛同した。李鵬は鄧の同意を錦の御旗として、政治局常務委員の胡啓立を中心に党宣伝部や国務院を通じて『人民日報』に社説を掲載するよう指示した。李鵬にすれば、学生デモに同情的な趙が外遊した機会を見計らい、党内保守派の意見を集約する形で反撃に出たのだった。

社説はすでに二五日夜のテレビ・ラジオで放送され、全国の各教育部門や学校での学習会のほか、各省党委員会は緊急会議を開いて、鄧ら党中央指導部に忠誠を誓う流れができた。党は「一つの声」でなければならないという原則が、政敵・李鵬によって巧に利用された。北朝鮮を訪問中の趙のもとにも社説の内容は伝えられ、趙は同意したとされた。外遊先で鄧の意向に逆らい、行動に出ることは現実問題として不可能だっただろう。

「動乱」社説の出現で翌四月二七日の抗議デモは北京市内四十数校の大学生ら十数万人が参加し、沿道の見物人を含めると一〇〇万人規模に膨れ上がった。北京市内の目抜き通りには連日のようにデモ参加者が溢れる事態になった。「五四運動七〇周年」の五月四日、趙紫陽は記念講演を行ったほか、北京で開催されたアジア開発銀行（ＡＤＢ）の年次総会の代表らと会見し、演説した。講演の草稿を読んだ楊尚昆らが「ブルジョワ自由化反対」の文字を加えるよう求めたにもかかわらず、趙は受け容れなかった。ＡＤＢ演説は「政治局常務委員の誰とも事前に相談せず、基調は四月二六日付『人民日報』社説とまったく異なり、党中央の方針とは違った」と李鵬、陳希同らから後に強く批判された。

火に油を注いだゴルバチョフ訪中

この時期のもう一つのハイライトが五月一五～一八日のゴルバチョフ・ソ連共産党書記長の訪中だっ

た。一九六〇年以来の対立関係に終止符を打った歴史的な中ソ和解であり、改革派指導者ゴルバチョフに目をつけた学生約二〇〇〇人が五月一三日から広場の人民英雄記念碑で「無期限ハンスト」に突入した。学生の「絶食宣言」は週末と重なったこともあり二万人以上の市民が集まった。

海外メディアがゴルバチョフ訪中に合わせて大量に北京入りしており、学生たちにとっては絶好の自己宣伝の場となり、政府に一段と圧力を与えられると考えた末の作戦だった。「食」にこだわる中国文化があるだけに、学生のハンスト入りと倒れた学生たちが救急車で運ばれる光景は、市民からいっそうの同情を集めた。商社マンとして中国経験が豊かな中藤隆之の観察にも読み取れる。

公安当局は五月一五日のゴルバチョフ訪中に合わせて、学生たちに広場からの撤回を命じるものの効果はなかった。一四日は閻明復《えんめいふく》・党統一戦線工作部長が中心となり、ウアルカイシら学生代表との対話集会に応じ、夜になって戴晴、厳家其、温元凱、于浩成ら知識人一二人も連名で学生に広場からの退去を求めたが効果はなかった。学生支援の輪が一時は八〇万人余りに膨れ上がった。

五月一六日午前、ハンスト学生らが三〇〇〇人を超える中で、広場に隣接する人民大会堂・東大庁で、鄧小平がゴルバチョフと歴史的な中ソ首脳会談を行った。趙紫陽もゴルバチョフと個別に会談したのだが、その際に趙は「(鄧小平が政治局常務委員を引退した八七年秋の)第一三回党大会以降も、われわれは最も重要な問題を処理する時、鄧小平同志に報告し、教えを請うている」と発言した。この発言で学生・市民の間には反鄧小平感情が高まった。後に趙自身は一介のヒラ党員がなぜソ連共産党書記長とトップ会談するのかを説明した、としているが、「動乱」社説の修正に頑として応じようとしなかった鄧をあてこすった側面は否めないだろう。事件後、この党内の秘密決議の暴露は趙の罪状の一つになった。

趙は一六日深夜に政治局常務委員会会議を招集し、政治局常務委員五人全員の連名で、学生たちのハンスト中止を求める声明を決定し、一七日未明に発表した。しかし、李鵬や楊尚昆からの強い反対で、四月二六日付「動乱」社説の修正は合意できなかった。

鄧小平に断罪された趙紫陽の〝五・四講演〟

「動乱」の判断をめぐる決着は一七日午後、鄧小平邸での政治局常務委員全員と楊尚昆が集まった場で行われた。話し合いは紛糾したが、学生デモが終息しない原因について、鄧は最終的に五・四アジア開発銀行総会での趙講演にあると断罪、「いまここで後退する姿勢を示せば、事態は急速に悪化し、統制は完全に失われる」として、北京市内に軍を展開し、戒厳令を発動する方針を指示した。

戒厳令の発動はこの場で〝鶴の一声〟で決定されたのだが、鄧はゴルバチョフ訪中の直前に密かに武漢（湖北省）に飛び、同一四日夜に軍幹部と戒厳令発動に向けた準備を進めていた。荒井利明が指摘する北京の弁護士・張思之は、武漢訪問中に知り合いの地元の高官から鄧の行動をリアルタイムで教えられていた。鄧は五月中旬の早い段階で、武力鎮圧による問題解決を決心していた様子が窺える。

改革派が国外に持ち出した党文献を集めたとされる『天安門文書』（二〇〇一年）と、『趙紫陽極秘回想録』（二〇一〇年）の双方が伝える出来事に、五月一三日の鄧小平邸で開かれた鄧と趙紫陽、楊尚昆との三者会談がある。その日は学生たちが、ゴルバチョフ訪中に合わせてハンガーストライキに突入しており、新たな局面を迎えた日だった。二人の会話には学生運動「学潮」に対する見解・対応のすれ違いがあった。鄧と趙が面と向き合った話し合いは、一連の騒動以来初めてであり、鄧は「民主と法制で現実の問題を解決すべき」と主張する趙に見切りをつけ、武力弾圧という選択肢をもって武漢に飛び、軍幹部と協議するという流れがより明確になる。

五月一七日朝、鄧小平邸宅で政治局常務委員（五人）に長老が参加した緊急会議が開催され、首都の混乱した情勢は学生デモに対する融和姿勢が主因だと、趙紫陽が多くの参加者から厳しく叱責された。

鄧小平は戒厳令を導入する決定を下し、それを拒む趙に対し「この決定が間違っていたとわかった時は、われわれ全員が責任をとるのだ」と強く同意を迫った。完全に孤立した趙は、休憩中に退席して自宅に戻り、側近の鮑彤に辞表の文案を考えるよう指示する。

同日夜、中南海で改めて政治局常務委員会会議が開かれ、総理・李鵬と副総理・姚依林が戒厳令発動を前提にして議論するよう主張したが、趙紫陽と書記局書記・胡啓立は発動反対を譲らず、膠着状態となる。趙は「戒厳令発動の担当者会議で議長になるつもりはない」と改めて発言した。

趙の辞表に関しては、党中央に提出されたものの、党内の分裂が露呈することを恐れた国家主席・楊尚昆が説得に乗り出し、趙は翌日に辞表を撤回するなど党内は混迷の度を極めた。

結局、最終決着は翌一八日朝、鄧小平を含む長老八人による会議に持ち込まれ、戒厳令の発動が決まった。趙紫陽は欠席し、他の常務委員四人は出席したが、主導権は長老にあった。総書記の下で党政治局常務委員会による決定メカニズムは機能せず、党長老という法的権限をなんら持たない集団が、国家の最高権力を牛耳った瞬間だった。

そして五月一九日早朝、趙が広場でハンスト抗議する学生たちを見舞い、ハンドマイクを通して「来るのが遅かった」などと涙声で語りかけた。さらに夜に入って北京市党・政府・軍幹部大会が緊急招集され、総書記・趙の不在のまま戒厳令の発動が決議された。戒厳令が発動された翌五月二〇日午前一〇時以降、最終局面へと突入していったのである。

広場に至る各所であった虐殺

戒厳令下で軍の一進一退の膠着状態が、半月余り継続した。党総書記が自宅軟禁状態となったまま、党中枢は分断され、葉飛、張愛萍《ちょうあいへい》、楊得志《ようとくし》、陳再道ら軍長老・上将七人が連名で戒厳令指揮部宛てに学生たちとの対話を促す公開書簡を提出するなど軍内も一枚岩ではない状況が露わになった。

北京市周辺の四方から放射線状に天安門広場へ向かう主要道路には、軍部隊の進軍を阻むバリケードが築かれ、学生・市民の人垣が兵士を乗せた軍用トラックや装甲車の走行を阻止し、食べ物や水すら提供する光景が相次いだことは予想外の展開だった。渡辺真純が指摘するように奇妙な戒厳令下の状況になったのである。

広場を占拠していた二〇万人余の学生たちは、軍入城の知らせに身を固くし、「天安門広場保衛臨時指揮部」が結成され、ウアルカイシに代わって新たなリーダーに柴玲と王丹が就いた（ちなみに柴玲と、学生運動の思想的指導者で、事件後に米国大使館に避難して米中外交問題になった方励之については、高橋茂男の記述がある）。有志による「市民糾察総隊」も結成されて、学生たちを守った。五月二三日には天安門城壁に掲げられた毛沢東の巨大な肖像画に若者三人がペンキをひっかけ、毛の威信を汚そうとする事件も発生した。

香港やマカオのほか米国、日本など海外で中国人留学生らを中心に学生支援の大規模デモや募金活動が活発化した。香港ではテレサ・テン（鄧麗君）らトップ歌手四〇人余りが一二時間に及ぶ学生支援のコンサートを開催し、一二〇〇万香港ドルの義援金を集めたことは櫻井澄夫が回想している。

全人代常務委員長（国会議長）の万里が五月二五日未明、カナダ・アメリカ訪問から急遽帰国した。趙紫陽や学生たちに戒厳令の撤回の道を模索してくれるのではと淡い期待を抱かせた改革派の長老だったが、万は北京を避けて上海空港に降り立った。同二七日に新華社電を通じて書面談話を発表した万は、「戒厳令の実施は合憲であり、動乱を断固阻止し、秩序を迅速に回復する上で完全に必要なことだ」と党内保守派の決定を擁護して、趙を含む改革派を落胆させた。この間の経緯は台湾出身の全人代常務委員・黄順興の人生を取り上げた松尾康憲がまとめている。

最終的に一八万人の人民解放軍兵士と武装警察官が動員され、天安門広場を最後まで占拠した学生たち約五〇〇人が強制排除された。最後のクライマックスは信太謙三、安田淳、野崎伸一らが活写している。広場に至る進軍の過程で、兵士は無防備の学生・市民に対して無差別発砲を繰り返し、多数の死傷者が出た。市民が兵士を「ファシスト!」と罵った様子は濱本良一が目撃した。最終的に民主化運動はあえなく終末を迎えたことは周知の通りである。天安門広場内では流血の惨事はなかったことが、すでに欧米ジャーナリストや研究者の検証作業で明らかになっているが、今回、邦人記者として最後まで広場に残っていた永持裕紀が一部終始を書いた。虐殺の主舞台は広場ではなく、広場に至る複数の市内中心街だった事実が改めて記されている。

死者は一〇〇〇〜一五〇〇人か

広場に至る市街地と広場周辺を合わせて事件の犠牲者は何人だったのか。八九年九月一七日に訪中した伊東正義・元外相に李鵬が伝えた「三一九人」は軍人も含んだ数字である。だが、これを信じる向きは少ない。デイビッド・ホーリーは、事件直後に米国はじめ西欧諸国の駐在武官団が協力して密かに調査を行い、死者数を「一〇〇〇〜一五〇〇人」とはじき出している事実を得た。算出方法は詳述されていないが、事件当夜の市内の病院などの死者数をもとにした可能性が大きい。医師の森武生も日中友好病院だけで二〇人以上の銃創による死者が出たと聞かされたと証言し、事件被害者の家族の集まりである「天安門の母」が把握した死者の数だけでも九六人（ほかに負傷者四九人）に上っている。

本書以外になるが、元新華社国内部主任の張萬舒は、中国紅十字会の譚雲鶴・党組書記が自ら病院を訪れて調査した結果として、死者七二七人（軍人一四人、地方学生と市民七一三人）を挙げている。

一方、武力制圧に先立って六月二日や同三日にかけて、丸腰の兵士群が北京市内のあちこちに〝斥候〟のごとく現れ、住民による投石などの攻撃を受けても反撃せずに姿を消すという不思議な行動に出た。笠原直樹、南隆、安田淳、渡辺真純らが目撃した通りである。四日に迫っていた武力弾圧への大義名分となる「反革命暴乱」への〝既成事実〟作りを狙った当局の謀略とする解釈の根拠になる出来事だった。坂田完治は事後に出版された党・政府・軍の官製文書類を徹底分析して、軍の行動のさまざまな矛盾点を洗い出し、中国共産党の「嘘」を暴き出している。

中国共産党は一九四九年一月末の〝北京解放〟の際には、国共内戦の宿敵＝国民党の攻撃を受けることなく、交渉の末に無血入城した。しかも住民に歓迎された。四〇年後の入城は真逆のものだった。天安門事件は首都で展開された初の軍事行動だった。戒厳部隊が郊外四方から広場まで放射線状に進軍した作戦は、天津の国民党軍を包囲壊滅した四九年一月一四、一五両日の二九時間に及んだ「天津戦役」を参考にしたのではないか、と市民の間ではまことしやかに語られたほどだった。

直後の六月七日午前に発生した戒厳部隊による建国門外外交公寓への一斉射撃と邦人の緊急帰国の模様に関しては、三好賢治、斧ナツエ、福井一、遠藤滋、宮寺征人、濱本なほ子らが言及している。坂田は銃撃に先立って死亡した軍兵士が「共和国衛士」として顕彰された事実も明らかにしている。

日本国大使館が邦人退去用に大型バスを大量調達

今回の執筆者メンバーには入っていないが、独自に話を聞くことができた日本国大使館の元幹部によれば、邦人緊急帰国に際しての困難は、当時、北京日本商工クラブは存在していたものの、日本人クラブは存在しておらず、邦人の誰がどこに住んでいるかが不明で、連絡方法も分からなかったことだったという。とりわけ邦人の留学生や旅行者については親元が連絡してきて初めて分かるような状態だった。商社マンだった福井一のように、大使館から協力を求められて市内の各大学を回り、留学生を集めたというエピソードがあったことも初めて明らかにされた。当時、大使館に事前の滞在届け出のあった邦人は一〇〇〇人ほど。実際には北京在住の邦人は四〇〇〇〜五〇〇〇人の時代だった。

そんな中で決定打となったのは、領事部長だった赤倉亮・参事官（故人）の個人的なネットワークだった。赤倉は領事担当外交官として日頃培っていた中国人との繋がりを駆使し、六月七日の邦人退去勧告直後にバス運営会社から二〇台近くの大型バスを運転手付きで一挙に調達したのである。このバスで邦人を大量に北京首都国際空港へピストン輸送することが可能になった。米国人を夫に持つケイコ・エイブラムズが、三人の米国籍の子供と一緒に日本大使館のバスに同乗したのもこの手配のお陰だった。どの国もあの大混乱の中で大量の大型バスを準備することは難しかっただろう。

ただ、大使館とくに外務省出身外交官の事件の重要性に対する認識が当初から甘かったとの南の指摘や、緊急帰国に際して邦人に対する「政府・外務省の棄民体質」（宮寺）を嗅ぎ取った厳しい声もある。北京日本人学校の子供たちとの秘話は髙橋豊が詳述した。

非力だった趙紫陽

失脚した趙紫陽はその後、北京市内の自宅に一六年余りにわたって幽閉され、二〇〇五年一月に八五歳で死去した。自宅軟禁中にテープレコーダーに録音した自らの発言は、『趙紫陽極秘回想録』と『趙紫陽——中国共産党への〝遺言〟と〈軟禁〉一五年余』（宗鳳鳴著、二〇〇八年）に残されている。共産党の最高指導者は、長期の孤立生活の中で西側の議会制民主主義を理想と考えるまでに変化した。共産党に対する深い失望感がそうさせたのだろう。そんな趙が失脚前に通った北京・順義ゴルフ場の支配人だった泉喜久男が趙の思い出を記している。

ただ事件の渦中での趙の動きは、鄧小平を頂点にする李鵬—楊尚昆ら党主流派と軍幹部にヒ断の前では非力だった。総書記とはいえ鄧の前では〝側用人《そばようにん》〟だった。趙紫陽＝改革派は軍内工作を含めて戦略性・計画性に乏しく脆弱すぎた。中央軍事委員会第一副主席の肩書を持っていた趙が、軍内でもう少し支持・影響力を広げられていたならば、異なる展開があり得たのかもしれない。

後継で登場した江沢民政権とその後の胡錦濤政権と続いた二三年間で、中国は目覚ましい経済発展を遂げ、軍事力も高めて米国に次ぐ世界第二のパワーに躍り出て、「盛世（heyday）」と謳われるまでに変化した。天安門事件で改革開放を断念・修正するのではなく、それを深化・推進することに活路を見出した鄧小平の最後の挑戦は奏功したと言えよう。

「民主と自由」を追い求める中国人たち

二〇一二年秋にスタートした習近平政権は、建国一〇〇周年を迎える二〇四九年までに先端技術を先導役とするロードマップを描き、世界の覇者たる富強国家となるべく「中国の夢」の実現を掲げ、民族主義・愛国主義によって国民を鼓舞している。自らは国家主席の任期を撤廃する憲法改正を成し遂げ、事実上の終身指導者への道を切り開いた。そこに見えるのは、建国の父・毛沢東や改革開放の総設計師・鄧小平を乗り超えんとする姿である。このようなハードな権威主義国家に変貌しようとは、あの当時に見通すことは不可能だった。当時の中国は旧ソ連と同じように党崩壊の道を辿る運命にある、との見方が西側世界では支配的だったのである。

中国共産党は国民への武力弾圧という最悪の決着を、「あの時の指導者の果断な行動がなかったなら、今日の中国の繁栄はなかった」（中国外務省報道官）との論法で正当化し、あとは沈黙を貫いている。本当にそんな態度で大国としての責任が果たせるのだろうか。当時は熱く語られた「政治改革」は習近平時代に入って以降は〝死語同然〟になった。人々は経済的豊かさを追い求める自由を得た一方で、政治的な自由は奪われてしまった。

沿岸地域を中心に「中産階級」は生まれたものの、政治的自由を求めて行動を起こす気配はなく、党に異議申し立てする弁護士や活動家への圧力は一段と強まり、ウイグル族をはじめとする少数民族への弾圧やキリスト教徒への宗教弾圧も収まる様子は見られない。二〇二〇年の年明けから世界に拡散した武漢発の新型コロナウイルスによる肺炎禍は世界中に蔓延したけれども、こうした一党独裁の強権体質が生んだ情報隠蔽による初期封じ込め対応策を怠ったことが原因だろう。

習近平時代に入って以降、崩壊の兆しが見えない党支配を前に、歴史的に長期に及んだ皇帝政治文化、つまり強大な権力者と一部のエリート官僚による精鋭政治に慣れ親しんだ中国人は、西欧型「民主」とは異なる価値観を受容するといった解釈や、中国の権威主義体制は民主化への過渡期にはならず、永続するといった分析が広がりつつあるように見える。しかし、あの五〇日間の中国人の行動を見る限り、彼らも世界的な潮流の中で「民主と自由」を追い求めていたのである。中国社会の長期に及ぶ変遷周期は、一個人のライフスパンでは測り切れないのかもしれない。

中国人にも「天安門事件」を知る方途

「六四」とも称される天安門事件は、中国共産党史の中に消し去ることのできない汚点として残っている。党・政府は遺族らへの正式な謝罪や補償も行わず、責任問題に頬かむりして健忘症を装っている。ネット規制が厳しい中国社会において、天安門事件の発生すら知らない若者は圧倒的に増えている。ただ、事件について中国人が知る機会はある。米ハーバード大学名誉教授のエズラ・ヴォーゲルの労作『現代中国の父――鄧小平（上・下）』（二〇一三年）の「第20章　北京の春」と「第21章　天安門の悲劇」に詳細が記されているからだ。中国語版『鄧小平時代』（三聯書店、二〇一三年）は英語版の原書の約九

%が削除されたが、ヴォーゲルが頑として譲らなかった天安門事件の記述に関してはほぼ全文が中国語に訳出されているという。ちなみに同書の日本語訳者の杉本孝・京都大学客員教授には浅川秀二が言及している。中国語版の初版は中国で五〇万部が完売したというから、目にした中国人は結構いるはずなのである。

国営新華社通信は建国七〇周年を目前に控えた一九年九月二七日、「中国人民共和国大事記」と題した記事を配信した。その中の天安門事件に関する記述は以下の通りだった。

「春から夏にかけて北京とその他の一部都市で政治的風波が発生し、党と政府は人民に依拠して旗幟鮮明にして動乱に反対した。北京で発生した反革命暴乱を鎮圧し、社会主義国家の政権を守り抜き、人民の根本利益を守り、改革開放と社会主義現代化建設を引き続き前進させることを保証した。六月九日に鄧小平は首都戒厳部隊の軍以上の幹部に接見した際に、北京で発生した政治風波は国際的な大気候と中国自身の小気候が決定したものであり、（八八年九月の）党第一三期三中全会で制定した（経済の環境と秩序を整備・整頓し、全面的に改革を深める）基本路線、方針、政策および発展戦略は正確であり、断固として今後も進めて行くべきである」。

こうした解釈は今後、何年間にわたり耐え得るものとなるのだろうか。

◇

本著刊行後の二〇二〇年一二月二三日、日本外務省は天安門事件に関する外交文書を公表した。筆者はこれより先、外務省に天安門事件の資料開示を申請し、同年八月末に同文書を受け取っていたが、すでに本著原稿の締め切りは過ぎており、大幅な書き換えは無理だった。しかも、筆者に開示された文書は、約四カ月後にマスコミに開示された整理済み文書とは微妙に異なるものだったことも分かった。

開示された外交文書は、北京の日本国大使館の館員たちが集めた一次情報を東京の外務省で集約したものが多く、共産党内の動きを示す核心的情報は見当たらず、事件後の日本の対中外交の実態を解き明かす資料だった。とりわけ外務省中国課を中心とした対中外交は事件直後から対中制裁に及び腰で、あくまでも外国である中国で発生した出来事という立場を貫いた。学生・市民の民主化要求運動を武力弾圧した「人権侵害・民主弾圧」への抗議よりも、「大局的見地」を重視し、当時の西側諸国による対中共同制裁にいち早く反対の意向を打ち出していた。対中円借款の停止を最小限に止め、早期に再開したい意向に満ちたものだった。むろん、三〇年以上を経過し、日中のパワーが逆転した現在の視点で断じることはできないが、あまりにも中国の党・政府に配慮した姿だった。

これらの詳細は、筆者（濱本）が月刊『正論』二〇二一年三月号に「今も底流にある異様な対中忖度」と題して寄稿した。興味ある読者は一読いただければ幸いである。ここでは紙幅の関係で所載できなかったことをお詫びしたい。

［付記］　本書を作成するにあたって有志五人による六四回顧録編集委員会を作った。天安門事件発生当時の在留邦人の名簿探しから始まり、執筆者の連絡先を調べ、原稿の執筆を依頼する作業に加え、出稿の点検など委員全員の協力のもとで本書は初めて完成した。以下に名前を記す。
▽濱本良一（元読売新聞社）＝六四回顧録編集委員会代表　▽信太謙三（元時事通信社）　▽高橋茂男（元日本テレビ）　▽三好賢治（元伊藤忠商事）　▽櫻井澄夫（文筆家・元ＪＣＢインターナショナル）
最後に、ミネルヴァ書房編集部の田引勝二氏には四四人の原稿とりまとめを含めて全面的にお世話になった。改めて御礼と感謝を申し上げたい。

天安門事件に関連する主な著作

書　籍

香港・明報出版社編集、エス・エル・エス訳『ドキュメント天安門――全記録・民主化運動、血の結末』プロモーションズ・ジャンニ刊、一九八九年。中文版は『悲壮的民運――最和平開始・最血腥結束』（明報出版社有限公司出版・発行、一九八九年）

『天安門燃ゆ――激動の北京現地報告――読売新聞社中国特派員団』読売新聞社、一九八九年。

中嶋嶺雄『中国の悲劇』講談社、一九八九年。

刈間文俊・代田智明編『衝撃の中国　血の日曜日――燃え上がった民主化闘争』凱風社、一九八九年。

刈間文俊・代田智明編『立ちあがる中国知識人――方励之と民主化の声』凱風社、一九八九年。

矢吹晋編訳『チャイナ・クライシス重要文献　第1～3巻』蒼蒼社、一九八九年。

矢吹晋編著『天安門事件の真相（上・下）』蒼蒼社、一九九〇年。

村田忠禧編『チャイナ・クライシス「動乱」日誌』蒼蒼社、一九九〇年。

加々美光行編、村田雄二郎監訳『天安門の渦潮　資料と解説／中国民主化運動』岩波書店、一九九〇年。

『激動を追って――情報基地・時事通信』時事通信社、一九九〇年。

程翔、辻田堅次郎訳『天安門事件と鄧小平』花伝社、一九九〇年。

NHK取材班・山本肇記者『天安門・ベルリン・ブカレスト――かくして革命は国境を越えた』日本放送出版協会、

一九九〇年。

室木穣『北京市朝陽区建国門外――駐在員が見た中国一九八八年秋―一九九一年春』文藝春秋、一九九一年
大下英治『NHK王国ニュースキャスターの戦場』講談社、一九九二年。

中藤隆之、丸紅広報部編『中国は、いま。』ダイヤモンド社、一九九二年。

渡辺真純『中国でのビジネス――北京駐在員の夢と記録』サイマル出版会、一九九二年。

ゴードン・トーマス、吉本晋一郎訳『北京の長い夜――ドキュメント天安門事件』並木書房、一九九三年。

丁子霖・蔣培坤、山田耕介・新井ひふみ訳『天安門の犠牲者を訪ねて――息子たちはこうして虐殺された』文藝春秋、一九九四年。

坂田完治『鄧小平の世界――反証 天安門事件』九州大学出版会、一九九五年。

譚璐美『「天安門」十年の夢』新潮社、一九九九年。

張良編、アンドリュー・J・ネイサン、ペリー・リンク監修、山田耕介・高岡正展訳『天安門文書』文藝春秋、二〇〇一年。中文版＝張良編著『中國「六四」眞相（上・下）』明鏡出版社、二〇〇一年 英文版＝THE TIANANMEN PAPERS, compiled by Zhang Liang, Public Affairs, New York, 2001.

矢吹晋『鄧小平』講談社、二〇〇三年。

ジェームズ・R・リリー、西倉一喜訳『チャイナハンズ――元駐中米国大使の回想 一九一六～一九九一』草思社、二〇〇六年。

宗鳳鳴、高岡正展編訳『趙紫陽――中国共産党への遺書と「軟禁」一五年余』ビジネス社、二〇〇八年 中文版＝宗鳳鳴記述『趙紫陽――軟禁中的談話』香港・開放出版社、二〇〇七年。

趙紫陽、河野純治訳『趙紫陽極秘回想録――天安門事件「大弾圧」の舞台裏！』光文社、二〇一〇年 英文版＝PRISONER of the STATE THE SECRET JOURNAL OF CHINESE PREMIER ZHAO ZIYANG, Simon & Schuster, London, New York, Sydney, Toronto, 2009. 中文版＝『改革歴程――趙紫陽』新世紀出版社、二〇

〇九年。

遠藤滋『リーダーが知っておくべき危機管理の教科書』ＰＨＰ研究所、二〇一一年。

中島敏次郎『外交証言録――日米安保・沖縄返還・天安門事件』岩波書店、二〇一二年。

伊藤正『鄧小平秘録（上・下）』文春文庫、二〇一二年。

エズラ・Ｆ・ヴォーゲル、益尾知佐子・杉本孝訳『現代中国の父――鄧小平（上・下）』日本経済新聞出版社、二〇一三年。

安田峰俊『八九六四――「天安門事件」は再び起きるか』角川書店、二〇一八年。

石平、安田峰俊『天安門三十年――中国はどうなる？』育鵬社、二〇一九年。

中野美代子編、武田雅哉編『中国怪談集』河出文庫、二〇一九年。

廖亦武、土屋昌明・鳥本まさき・及川淳子訳『銃弾とアヘン――「六四天安門」生と死の記憶』白水社、二〇一九年。

石井知章編、及川淳子編『六四と一九八九――習近平帝国とどう向き合うのか』白水社、二〇一九年。

加藤青延『目撃天安門事件――歴史的民主化運動の真相』ＰＨＰエディターズ・グループ、二〇二〇年。

資　料

「１９８９年度会員名簿」北京日本商工クラブ、一九八九年。

髙橋豊「北京日本人学校　同窓会名簿」一九九〇年。

「北京日本人会会員名簿」一九九〇年度、一九九一年度。

「北京日本人会会員名簿・住居別氏名一覧」一九九一年度。

中文書籍

『1989，北京制止动乱平息反革命暴乱纪事』北京日报出版社、一九八九年。

轩彦编『京都血火——学潮・动乱・暴乱・平暴全过程紀实』農村读物出版社、一九八九年。

中央党校党的基本路线课题研究组编『北京风波真相和实质』大地出版社、一九八九年。

国家教委会思想政治工作司编『惊心动魄的56天——1989年4月15日至6月9日毎日纪实』大地出版社、一九八九年＝内部発行。

《北京風波紀實》編委會編『北京風波紀實 *The Truth About the Beijing Turmoil*』北京出版社、一九八九年。

陈生庚主编『历史的碑文——一九八九・武警部队制止动乱平息暴乱纪实』经济管理出版社、一九八九年。

总政文化部征文办公室编『戒严一日（上・下）』解放军文艺出版社、一九八九年。

北京军区政治部组织部『共和国卫士』解放军出版社、一九八九年。

总政治部・解放军报编辑部编『捍卫社会主义共和国』长征出版社、一九八九年。

郑念群『在戒严的日子里』解放军文艺出版社、一九八九年。

兆強・葛靖・思原編著『三名香港記者北京冒死採訪實録　血染的風采』海燕出版社印製、一九八九年。

中國民主運動資料中心（香港）編輯『八九中國民運報章頭版專輯』、『八九中國民運見證報告專輯』、『八九中國民運鎮壓迫害專輯』、『八九中國民運報章広告專輯』一九八九年＝非賣品。

『火與血之眞相——一九八九中國大陸民主運動紀實』臺灣・中共研究雜誌社、一九八九年。

辛砚主编『海外舆论谈北京风波』新华出版社、一九八九年。

牛进山『不倒的红旗——一九八九年一九九〇年中国政治纪实』四川人民出版社、一九九一年。

丁子霖『「六四」受難者名冊——附・尋訪受難者實録及有關文章』（香港）九十年代雜誌社、一九九四年。

廣州市文化傳播事務所編、呉少秋・陳方遠執行主編『二〇世紀中國全紀録』北嶽文藝出版社（廣州市）、一九九五年。

卡瑪（Carma Hinton）、高豊貴（Richard Gordon）『天安門』明鏡出版社、一九九七年。
陈文斌・林蘊晖・丛进・王年一・张天荣・卜伟华・胡盛芳『中国共产党执政五十年』中共党史出版社、一九九九年。
李鵬『李鵬六四日記真相――附録李鵬六四日記原文』澳亜出版、二〇〇四年。
中共中央文献研究室编『邓小平年谱一九七五―一九九七（上・下）』中央文献出版社、二〇〇四年。
張萬舒『歴史的大爆炸――「六四」事件全景實録』香港・天地圖書有限公司、二〇〇九年。
歸化章・浦前編著『一〇〇「六四」人物二〇年』香港・晨鐘書局、二〇〇九年。
姚監復・著述、呉國光・導言『陳希同親述――衆口鑠金難鑠眞――保外就醫的陳希同二〇一一―二〇一二年談話記録』新世紀出版社、二〇一二年。
張思之口述、孫国棟整理『行者思之』Oxford University Press（China）Limited、二〇一四年。
呉仁華『六四屠殺――内幕解密、六四事件中的戒厳部隊』臺灣・允晨文化實業股份有限公司、二〇一六年。
呉仁華編著『六四事件全程實録（上・下）』臺灣・允晨文化實業股份有限公司、二〇一九年。
戴晴『鄧小平在一九八九』新世紀出版社、二〇一九年。
『最後的秘密――中共十三届四中全會「六四」結論文檔』新世紀出版社、二〇一九年。

関係年表

一九八六	12・5、9安徽省合肥で地区人民代表（地方議員）の選挙をめぐり、共産党の過剰介入に反対する中国科技大学など四大学の学生約三〇〇〇～四〇〇〇人がデモ行進。一二月一九～二三日には上海でも学生デモが発生。
一九八七	1・16胡耀邦が党政治局拡大会議で総書記を解任される。趙紫陽首相を総書記代理に選出。 10・25第一三回党大会を一一月一日まで開催し、一一月二日の一中全会で総書記代理だった趙紫陽を総書記に選出。鄧小平は政治局常務委員を引退し、ヒラ党員となるも中央軍事委員会主席の座を保持。 11・12～24第六期全国人民代表大会（全人代＝国会）の常務委員会を開催、趙紫陽の首相辞任、李鵬の首相代理を決定。
一九八八	4・13第七期全国人民代表大会の第一回会議で李鵬を首相に選出。
一九八九	3月方励之、蘇紹智、陳軍ら知識人一〇〇人以上が政治犯釈放を求める公開書簡に署名。戴晴（光明日報）ら文化界四二人の公開書簡、許良英ら科学者四二人の公開書簡が発表される。 4・15胡耀邦が死去（四月八日の政治局会議で心臓発作で倒れる）。 4・16天安門広場の人民英雄記念碑に胡耀邦を追悼する花輪が掲げられる。 4・17胡耀邦の死を悼む北京の大学生約三〇〇〇人が天安門広場にデモ行進。 4・18夜から翌一九日未明にかけ学生らが中南海・新華門に押し掛け、李鵬首相との面会を要求。 4・19夜から翌二〇日未明にかけて学生らが再び新華門に押しかけ、武装警官らと衝突。 4・22胡耀邦の追悼大会・葬儀が北京の人民大会堂で開催。国家主席・楊尚昆が主宰し、総書記・趙紫陽が追悼の辞を述べ、鄧小平ら約四〇〇〇人が参列。胡耀邦の名誉回復までは行われず。

4・23午後、趙紫陽が陸路で北朝鮮に向かうため北京駅を出発。同三〇日朝に帰国。「北京市大学臨時学生連合会」が天安門広場で設立される。

4・24夜、趙不在の中で李鵬が政治局常務委員会会議を開催。

4・25午前、政治局会議開催。夜に一連の運動を「動乱」と定義する党機関紙『人民日報(二六日付)』の社説を放送。

4・26党機関紙『人民日報』が「動乱」社説を一面に掲載。

4・27上海市党委員会(党書記は江沢民)が地元紙『世界経済導報』の欽本立編集長の職務を停止し、同紙を発禁処分とする。

4・28学生の独自組織「北京市大学自治連合会」が成立。

4・29国務院スポークスマンの袁木と国家教育委員会副主任の何東昌らが学生代表四四人との直接対話を行い、その模様は同夜、中国中央テレビ(CCTV)で放映される。学生たちの大半は官製学生会のメンバーだった。

5・4趙紫陽が「五四運動(一九一九年)」七〇周年記念日で演説。趙は北京で開催のアジア開発銀行(ADB)年次総会でも講演。

5・8政治局常務委員会会議、動乱制止チームからの報告を聞く。

5・10政治局常務委員会会議。趙紫陽が八日の同会議で提起した政治改革の促進など「六項目の具体策」は議論されず、同意も得られず。

5・13天安門広場で一部学生がハンガーストライキを開始。戒厳令発令で中止するも、直後に再開。鄧小平の自宅に趙紫陽、楊尚昆が集まって協議、鄧が趙の見解を求める。

5・14党統一戦線工作部長の閻明復がウアルカイシら学生代表と対話集会を開催、広場からの撤退を勧告。夜に戴晴、厳家其、温元凱、于浩成ら知識人一二人が連名で学生に広場撤退を要請、いずれも失敗に終わる。密かに湖北省武漢入りした鄧小平が同地で軍幹部を集めて会議を開く。

5・15ゴルバチョフ・ソ連共産党書記長が北京着。五月一八日に上海へ移動、同地から帰国。

5・16鄧小平がゴルバチョフと歴史的会談。趙紫陽、李鵬も個別に会談。政治局常務委員会会議で趙紫陽が4・26「動乱」社説を修正するよう主張。李鵬が鄧の言葉は変更できないと拒否。夜、政治局常務委員会会議を開催、学生のハンストの中止を求める声明を作成、趙は同時に四月二六日付「動乱」社説の修正を提案するも、李鵬や楊尚昆の反対で合意できず。

5・17鄧小平宅で政治局常務委員五人と楊尚昆が集まり協議。趙紫陽が見解を表明し、李鵬と姚依林が戒厳令導入に賛成。趙紫陽と胡啓立が反対、喬石は態度を明確にせず。鄧が軍の北京への展開と戒厳令発動の決定を宣言。夜に政治局常務委員会会議が開かれる。

5・18李鵬が人民大会堂でウアルカイシや王丹ら学生代表と対話するも物別れ。

5・19未明に趙紫陽が天安門広場を訪れ、ハンスト中の学生たちを見舞う。午後一一時、北京市党・政・軍幹部大会が緊急招集され、北京への戒厳令の発動を決議。趙紫陽は姿みせず。

5・20午前一〇時、北京市一〇区のうち主要八区に戒厳令を発動。

5・23北京市で一〇〇万人デモ、全人代常務委員会会議の緊急開催と李鵬の首相罷免などの要求を掲げる。戒厳令発動後の最大規模のデモ。社会科学院や国務院、党中央直属機関の職員や労働者も参加。天安門にかかる毛沢東肖像画に湖南省瀏陽から来た青年三人がペンキをかける。

5・30中央美術学院の学生らが自作の「民主の女神」像を天安門広場に設置。

6・3夜に戒厳部隊が北京市周辺から天安門広場に向かって相次いで前進。

6・4午前零時過ぎに戒厳部隊が天安門広場に到着。同広場脇の人民大会堂に待機していた兵士も合流して、午前五時過ぎに最後まで広場に残っていた学生らを強制排除。

6・7午前一一時、塩川正十郎・官房長官が記者会見で邦人の退避勧告を発表し、日本大使館の「邦人救出作戦」が本格化。

6・9鄧小平が六月四日の天安門事件以降初めて姿を見せ、軍幹部を前に演説。

6・19～21政治局拡大会議を開催。

6・23、24第一三期党中央委員会第四回全体会議（四中全会）を開催、趙紫陽の総書記、中央軍事委第一副主席などの職務を正式に解任。会議に趙本人も出席。江沢民を総書記に選出。

一九九〇	1・11北京の戒厳令を解除。李鵬首相が一月一〇日に解除の国務院決定を発表。
一九九二	1・17～27鄧小平が特別列車で、武漢（湖北省）、長沙（湖南省）、広州、深圳、珠海などを視察し、「貧乏は社会主義ではない。改革開放を継続せよ」と持論を展開。改革開放政策を警戒、慎重になっていた江沢民指導部を叱咤。皇帝の南巡になぞらえ「鄧の南巡講話」とされる。

わ　行

さ　行

た　行

人名索引

あ 行

か 行

三好賢治（みよし・けんじ）

1951年，東京都生まれ。早稲田大学法学部卒，伊藤忠商事入社。1975～76年武漢製鉄所熱延設備プロジェクト，1978～81年上海宝山製鉄所建設プロジェクトに従事，1982～87年中国及び東南アジア向けプラント設備輸出を担当，1988～94年北京事務所駐在，2000～03年四川成都事務所長，2003～08年広州地下鉄向け車両及び中国高速鉄道車両プロジェクトに従事。2009～11年ルーマニアブカレスト事務所長兼ブルガリアソフィア事務所長，2014～16年伊藤忠香港会社勤務を経て，2016年３月退社。

櫻井澄夫（さくらい・すみお）

1948年，東京都生まれ。慶應義塾大学文学部卒。JCB 入社，本社営業部，総務部，企画部，国際営業部を経て，1984年アメリカ駐在，1988年香港現法代表，1990年 JCB インターナショナル北京事務所首席代表（全中国，モンゴル，北朝鮮担当），同社取締役を経て，2000年帰国して JCB 本社企画部長，監査部長などに就任の後，退職。いくつかの企業に勤務して，現在は各種媒体に寄稿などしながら，複数の分野で評論や講演，講義を行い，テレビ，ラジオ等への資料提供や出演を行っている。横浜地名研究会会長。クレジットカード，ペイメントカード関係では，『月刊消費者信用』（金財）に毎月連載を執筆（現在188回）するほか，『東アジアにおける公共性の変容』（共著，慶應義塾大学出版会，2010年）などの日本や中国の各種出版や調査に参加・寄稿し，世界で発行された150年にわたるペイメントカードのコレクションは日本では類例がない規模。地名研究では，『中国・食と地名の雑学考』（田畑書店，2005年），『古代地名語源辞典』（共編，東京堂出版，1981年），『地名関係文献解題事典』（共編，同朋社，1981年），『横浜の町名』（横浜市刊，1982年），『地名管理文集』（共著，北京，1992年）などを執筆した。文化大革命以前の早期毛沢東バッジの収集では世界的に知られており，日本や中国の雑誌（『収蔵』誌など）にも寄稿している。北京に関しては『北京を知るための52章』（共編，明石書店，2017年）などの著作があり，中国への関心を維持している。

六四回顧録編集委員会メンバー紹介

濱本良一（はまもと・りょういち）＝同委員会代表

1952年，愛知県名古屋市生まれ。東京外国語大学中国語科卒。読売新聞ジャカルタ特派員，上海特派員，北京特派員，香港支局長，中国総局長，調査研究本部主任研究員，米カリフォルニア大学ジャーナリズム大学院読売講座・非常勤講師，論説委員（中国・東南アジア担当）などを経て，2011年９月に退社。その後，2012年１月～20年３月まで国際教養大学東アジア調査研究センター・副センター長，グローバル・スタディズ課程教授。現在はフリーランス・ジャーナリスト。著書に，『「経済大国」中国はなぜ強硬路線に転じたか』（ミネルヴァ書房，2012年），『習近平の強権政治で中国はどこへ向かうのか』（同，2014年），『世界を翻弄し続ける中国の狙いは何か』（同，2017年），共著に，『中台危機の構造』（勁草書房，1996年），『中国は何処に向かう？』（蒼蒼社，2001年）など。訳書に『銭其琛回顧録』（東洋書院，2006年）などがある。

信太謙三（しだ・けんぞう）

1948年，静岡県生まれ。早稲田大学第一文学部中国文学科卒。時事通信社香港特派員，北京特派員，北京支局長，上海支局長を歴任。優れた中国報道によって96年度ボーン上田国際記者賞を受賞。本社解説委員時代の98～2000年早稲田大学で非常勤講師を務めた。2004年３月に退社。同年４月～14年３月まで東洋大学社会学部メディアコミュニケーション学科教授。現在はジャーナリスト，作家，公益財団法人新聞通信調査会評議員。著書に，『北京特派員』（平凡社新書，1999年），『中国ビジネス光と闇』（同，2003年），『中国ウオッチング』（時事通信社，1991年），『中国・赤い資本主義の秘密』（同，1993年），『中国人とつきあう方法』（同，1995年），『巨竜のかたち――甦る大中華の遺伝子』（同，2008年），小説『天孫降臨――日本縄文書紀』（花伝社，2015年）があり，同小説は2019年５月にＫＫベストセラーズから出版された歴史まんが『新日本縄文書紀』（竹姫＝ちくひめ＝作）の原作となった。

高橋茂男（たかはし・しげお）

1942年，新潟県生まれ。東京外国語大学中国語科卒。東京大学新聞研究所でジャーナリズム論を学ぶ。1969年日本テレビ放送網入社。北京支局長（1978～82年，1989～92年），香港支局長（1994～98年）として中国圏に12年滞在。その間，北京西単に貼り出された毛沢東批判の壁新聞，魏京生らの民主化運動，米中国交正常化，中越戦争，林彪・四人組裁判，歴史教科書問題，天安門事件，天皇・皇后の中国訪問，台湾初の直接総統選で李登輝当選，香港返還などを現場取材した。外報部，政治部，経済部，解説委員室などを経て，2002年退社。専修大学，中央大学大学院非常勤講師の後，2005年から文化女子大学（現在の文化学園大学）教授を10年務めた（メディア論，現代中国論）。著書に，『大陸・台湾・香港――両岸三地を行く』（露満堂，1999年），『香港返還』（共著，大修館書店，1996年）などがある。

証言　天安門事件を目撃した日本人たち
――「一九八九年六月四日」に何が起きたのか――

2020年10月30日　初版第1刷発行　〈検印省略〉
2021年5月20日　初版第2刷発行

定価はカバーに
表示しています

編　者　六四回顧録編集委員会
発行者　杉　田　啓　三
印刷者　坂　本　喜　杏

発行所　株式会社　ミネルヴァ書房
〒607-8494　京都市山科区日ノ岡堤谷町1
電話代表　(075)581-5191
振替口座　01020-0-8076

冨山房インターナショナル・新生製本

ISBN 978-4-623-08992-5
Printed in Japan